MIJN ONTSNAPPING

Benoîte Groult

MIJN
ONTSNAPPING

Vertaald door Nini Wielink

ARENA

Arena-boeken worden gedrukt op zuur- en chloorvrij papier

Oorspronkelijke titel: *Histoire d'une évasion*
© Oorspronkelijke uitgave: Éditions Grasset & Fasquelle, 1997
© Nederlandse uitgave: Arena Amsterdam, 1997
© Vertaling uit het Frans: Nini Wielink
Omslagontwerp: Studio Ron van Roon, Amsterdam
Foto voor- en achterzijde omslag: © Micheline Pelletier
Typografie en zetwerk: Studio Cursief, Amsterdam
Lithografie: Van Zijl Lithografie, Utrecht
Druk- en bindwerk: Ebner, Ulm
ISBN 90 6974 285 3
NUGI 301/321

*Voor mijn kleindochters,
Violette, Clémentine en Pauline,
die ongewild nu eenmaal
betrokken zijn geraakt bij mijn 'ontsnapping'.*

INLEIDING

De reden dat ik dit hybridische boek geschreven heb, dat noch een autobiografie in de gebruikelijke betekenis van het woord, noch een serie gesprekken, noch een feministisch essay is, maar iets van al deze drie genres heeft, is dat ik verscheidene benaderingswijzen wilde gebruiken om inzicht te krijgen in een zaak die niet alleen mij aangaat.

Want vijftig jaar nadat ik een Frans staatsburger ben geworden – ik heb pas op mijn vierentwintigste stemrecht gekregen – sta ik nog steeds argwanend tegenover mijn legitimiteit. Ik heb vaak het gevoel dat ik nog maar kortgeleden burgerrecht heb gekregen en dat ik een plaats inneem die mij is toegestaan, van hogerhand is toegekend, in een wereld die al sinds mensenheugenis aan mannen toebehoort. Erger nog, ik heb niet het gevoel dat ik word gestimuleerd om mijn achterstand, die toch duizenden jaren heeft geduurd, in te halen. Je moet al vechten om je verworvenheden te behouden in een maatschappij waarin heel duidelijk, na de euforische periode van na '68, wordt geprobeerd het vrouwvolk opnieuw te beteugelen.

Er worden geen televisieprogramma's meer gewijd aan vrouwen, aan hun geschiedenis waar zo weinig over bekend is, aan de moeilijkheden die hun beroep met zich meebrengt in een wereld die niet voor hen is bedacht. Er zijn geen feministische tijdschriften meer sinds het verdwijnen van *F Magazine*, dat zo'n mooi avontuur was. We zitten opnieuw opgesloten in de traditionele, afgeperkte ruimte: mode, schoonheid, verleidelijkheid, de obsessie van slank zijn of van borsten of billen, al naar gelang de omstandigheden, en niet te vergeten het privé-leven van filmsterren en prinsessen, steeds terugkerende onderwerpen die het misselijkmakende menu van onze tijdschriften vormen. Niet meer dan in mijn tienertijd kom ik in onze bladen voorbeelden tegen voor de meisjes van nu, sterke, originele, creatieve personen, met wie ze zich graag zouden willen identificeren. Ze krijgen als voorbeeld alleen de 'topmodellen' voorgeschoteld, een soort schoolvoorbeelden van vrouwelijkheid, schijnvrouwen, die een soort perfectie in het niet-zijn bereiken, maar die wel de droombeelden van mannen bevestigen en, doordat ze aanleiding geven tot vergelijkingen, de onzekerheid van vrouwen vergroten. In deze onduidelijke tijden, waarin de mannelijke identiteit in een crisis zou verkeren, is alles wat vrouwen uit hun evenwicht brengt mooi meegenomen.

Wat ervaren de meisjes van nu bij deze terugslag, zij die zich al in de wieg verzekerd wisten van alle rechten en zo graag de vrouwen vergeten die deze rechten stuk voor stuk bevochten hebben? Ik reken mezelf natuurlijk niet tot de pioniersters, dat zou belachelijk zijn. Ik denk aan de vrouwen die de echte baanbrekers waren en die tijdens hun leven niets bereikt hebben. Maar je komt niet vooruit zonder kennis van je verleden. De socialisten vergeten niet Condorcet, Proudhon (helaas!) of Jean Jaurès te vereren; de communisten laten zich vanzelfsprekend voorstaan op Marx, op Marty en Duclos en weet ik wie allemaal, en de christenen op hun kerkvaders. Alleen de vrouwen hebben zich hun geestelijke moeders laten afpakken en zich de steun van hun voorbeeld laten ontzeggen. We vergeten ze niet alleen, maar we verloochenen ze zelfs. Het feminisme heeft, vooral in Frankrijk, de naam een achterhaalde, of, en dat is het allerergst, uit de mode geraakte strijd te zijn. En 'uit' zijn is bij ons veel erger dan verstoten zijn! Daarom hebben de meeste vrouwen die geslaagd zijn, ook al wordt hun niets gevraagd, zo'n haast om te benadrukken: 'Ik ben geen feministe', want het is voor hen van fundamenteel belang de gunst en genegenheid van de mannen, die afgeschrikt worden door onze opmars, te behouden, zelfs als dat impliceert dat we onze duidelijkste bondgenotes laten vallen.

Voor een vrouw is het antifeministe-zijn een goed visitekaartje, waarmee succes eerder door de vingers wordt gezien. Afgeven op feministes valt nog steeds in goede aarde, zowel in hogere kringen als in de media. Als je dom genoeg bent om voet bij stuk te houden, krijg je ongenuanceerd een etiket opgeplakt: het is de MLF* of niets. Het is alsof je een chador draagt: ze zien je niet meer als persoon, maar als datgene waartoe je behoort, en alles wat je zegt draagt dat stempel.

Dat ik mezelf 'écrivaine' noem, dat kan nog. Dat maakt meteen duidelijk dat ik niet behoor tot de mannelijke schrijvers en alle vrouwen die zichzelf 'écrivain' noemen. De meerderheid. Ik draag netjes een bordje met opschrift op mijn rug. Ik geef het toe. Ik maak het ze gemakkelijk. Maar ik weet best dat ik met dat etiket niet normaal ben. Feministische romanschrijfsters worden trouwens in de pers of op de televisie meestal bij elkaar geveegd en onder de afdeling randfiguren gerangschikt.

Dat het zo moeilijk is om geaccepteerd te worden, om deel uit te maken van de geschiedenis en vooral om daarbinnen een spoor achter te laten, maakt dat wij vrouwen ons allemaal nogal machteloos voelen. Het lukt me niet me te bevrijden van een vaag schuldgevoel dat ik mezelf feministe noem, waardoor zelfs de keuze van mijn lectuur wordt beïnvloed. Wanneer ik in een openbare gelegenheid, bijvoorbeeld een trein of vliegtuig, feministische boeken lees, heb ik, ook al zijn het uitstekende boeken, het gevoel alsof ik een non ben die haar beroepsliteratuur leest, haar brevier of *La Vie édifiante du Curé d'Ars*. In geen geval zullen de mensen naast me of de meeste van mijn vrienden vinden dat ik een normaal boek lees, dat mensen die allerlei verschillende meningen zijn toegedaan zou kunnen of moeten interesseren.

Dit boek is evenmin een 'normaal' boek, hoewel het me

---

* Mouvement de Libération de la Femme. (noot van vert.)

heel duidelijk lijkt. Je vindt er in iedere fase van mijn kinderjaren en mijn jeugd de tegenhanger, de verzonken afdruk van het feminisme. En dat gemis tijdens die belangrijke jaren van de ontwikkeling, de eerste stappen in het volwassen leven, getuigt zonder dat er woorden aan vuil gemaakt hoeven te worden van de voedende rol die het had moeten spelen. Zonder het feminisme was ik overgeleverd aan alles wat het leven van vrouwen bekrompen maakt en heb ik niet de keuzes, de handelingen en weigeringen gevonden die me zouden hebben geholpen mijn situatie de baas te worden. Zonder het feminisme is het alsof ik te weinig calcium had: ik bleef schriel wat mijn geestelijke structuur betreft, dat wil zeggen het geraamte van een karakter.

Nadat ik al mijn illusies, angsten en ook misvattingen was kwijtgeraakt, kwam ik langzamerhand toch tot een ontdekking van het grootste belang: ik moest me bevrijden van het keurslijf van tradities, van al die banden die me zo goed en, naar het scheen, zo onvermijdelijk omsloten dat ik ze niet eens van mijn lichamelijke behoeftes kon onderscheiden. En om dat te doen, had ik geen boeken, wetenschap of een godsdienstig geloof nodig, vooral niet, en ook geen mannen. Die konden me natuurlijk wel fantastische dingen verschaffen, maar niet de dingen waaraan ik hevig behoefte had. Daarvoor had ik andere vrouwen nodig. Alles welbeschouwd hadden Christine, Olympe, George, Flora, Pauline, Jeanne, Hubertine, Marguerite, Séverine en de anderen voor mij gewerkt, opdat ik me, meer dan van mijn vrouwelijkheid, bewust werd van mijn waarde als mens. Ik had er behoefte aan hun wegen te kennen, hun moeilijkheden, de heroïsche keuzes die sommigen hadden gemaakt, altijd alleen tegenover hun naaste omgeving en tegenover de maatschappij, ondanks de behoefte aan liefde en erkenning die ze net als iedereen in hun hart hadden. Ik moest hun geschiedenis ontdekken, beseffen hoe groot hun moed, hun opstandigheid en hun grootmoedigheid was geweest.

Is feminisme iets anders dan die geestelijke transfusie, toegediend aan alle vrouwen die de regels hebben geaccepteerd die door anderen waren vastgesteld, aan alle vrouwen die niets ter discussie hebben gesteld, die goed of slecht hebben geleefd, maar altijd langs de aangegeven paden, zonder de mooie en pijnlijke leerschool van de onafhankelijkheid te doorlopen?

Na zes of zeven romans, waarin ik waarheid en fictie had vermengd, leek het schrijven van alleen een biografie me niet voldoende. De kinderjaren van Rosie Groult, de jeugd van Benoîte Groult, het huwelijksleven van Madame Heuyer en vervolgens van Madame de Caunes waren in mijn ogen alleen van belang met betrekking tot de positie van de vrouw. Van een afstand zag ik namelijk in dat die veel meer een stempel op me had gedrukt dan mijn persoonlijkheid. Zoals Simone de Beauvoir heeft geschreven in *De druk der omstandigheden:* 'Toen ik over mezelf wilde praten, ontdekte ik dat ik een beschrijving moest geven van de positie van de vrouw.' Daarom wilde ik me niet beperken tot een rechtlijnig verhaal, maar wilde ik een reeks confidenties doen, onderbroken door dialogen en confrontaties. Ik wilde ook terugkomen op een periode van mijn leven die me altijd negatief had toegeschenen, maar die, zoals ik ontdekte, niet alleen nadelen had gehad. Die periode had me in zekere zin een kans gegeven, de kans om mijn vrijheden één voor één te veroveren en zo na te kunnen gaan hoezeer ik iedere vrijheid had gemist, en ook wat die aan kostbaars, aan breekbaars had.

Alle vragen die de toegang tot een nieuwe identiteit bij vrouwen tegenwoordig oproept, wilde ik met één van hen aankaarten. Niet met een uitgesproken feministe, om de schijn van medeplichtigheid te vermijden, en ook niet met een van mijn tijdgenoten, maar met een vrouw van deze tijd, die gebruik had weten te maken van de troeven waarover haar generatie beschikt, een vrouw voor wie haar rechten geen verovering zouden betekenen maar haar rechtmatig deel, en die haar beroep zou uitoefenen – of zou hopen uit te oefenen – zonder te stuiten op al te veel seksistische vooroordelen.

Ik kende Josyane Savigneau alleen van haar boeken, haar biografieën van bijzondere vrouwen, wat ik leuk vond, en van haar kritieken in *Le Monde*. Haar standpunt over Simone de Beauvoir, wier betekenis je tegenwoordig hoort te vergeten en op wier talent je hoort af te geven, ging me ook aan het hart. Ik dacht dat ik door een dialoog, in afwisseling met mijn verhaal, zou ontkomen aan het zelfvoldane van een autobiografie, dat ik gedwongen zou worden oprechter te zijn, en me zou moeten verdedigen op punten die me misschien al te vanzelfsprekend leken. Zij zou van haar kant zonder omwegen problemen moeten aansnijden waarmee ze in haar beroep van dag tot dag te maken krijgt, zonder ze altijd te hoeven benoemen. Ik wilde ook met haar een paar problemen aanroeren die me na aan het hart liggen en die een stempel hebben gedrukt op mijn leven als actievoerster.

Dat ik mijn kinderjaren en mijn adolescentie ter sprake heb gebracht, is niet om vertederd terug te kijken op die jaren, die al met al gelukkig waren. Het is omdat ik hoop de druk van de traditites, gewoontes en conformismes te laten zien, en de soms hartverscheurende problemen om de keuzes waar we als vrouw tegenwoordig allemaal mee te maken krijgen met elkaar in overeenstemming te brengen. Het is om te zeggen wat ik ten slotte heb ontdekt: dat het belangrijker is om jezelf te worden dan wat dan ook.

In plaats van het verhaal van mijn leven is dit boek dus het verhaal van een bewustwording en de kroniek van een ontsnapping, waardoor ik kon beginnen aan de lange leerschool van de vrijheid.

HOOFDSTUK I

Rosie

De meeste schrijvers van tegenwoordig, mannen of vrouwen, keren voortdurend terug naar hun kinderjaren als naar een grot van Ali Baba, die al naar gelang de omstandigheden vol schatten of verschrikkingen, ontroering of onverzoenlijke rancunes kan blijken te zitten. In ieder geval beweren ze er de redenen van hun succes en vooral van hun mislukkingen te vinden, waarbij ze eindeloos de woorden van papa of mama analyseren, in een voortdurend proces verwikkeld zijn tegen hun verwekkers, hun te grote toegeeflijkheid of hun autoritaire houding, en zich zelfs afvragen hoe deze de liefde hebben bedreven op de dag waarop ze hun kind hebben verwekt; terwijl ze met dezelfde bitterheid klagen over het gebrek aan interesse van hun ouders voor de boeiende belofte die zij waren, of over hun onuitstaanbare verlangen dat hun kind resultaten zou bereiken.

Ikzelf vind, behalve wanneer de schrijver over uitzonderlijk talent beschikt, de kinderjaren oninteressant, en van akten van beschuldiging gericht aan de ouders, of ze nu biologisch of adoptief zijn, aanwezig waren of ervandoor gegaan, liefhebbend of onverschillig, heb ik zo langzamerhand meer dan genoeg.

Ik had er nooit bij stilgestaan dat wat zo rustgevend is aan de schrijvers uit de oudheid, evenals aan de klassieken of de romantici, het feit is dat ze ons hun kinderjaren hebben bespaard. Werd Corneille als kind geslagen? Masturbeerde Plato op zijn tiende? Heeft Musset veel gehuild omdat zijn moeder hem 's avonds niet welterusten kwam zeggen?

Het zou waarschijnlijk niet oninteressant zijn om te weten, en het is onontbeerlijk voor psychoanalytici tegenover patiënten die te lijden hebben van hun kinderjaren als van een wond die maar niet wil sluiten. En waarschijnlijk hebben zulke analyses wel een paar meesterwerken opgeleverd. Maar vroeger kon men heel goed zonder kinderjaren. Die namen in een leven geen doorslaggevende plaats in.

In dit boek zullen ze ook geen doorslaggevende plaats innemen. Want ik hoef geen enkel proces aan te spannen, geen enkele rancune te bevredigen, geen enkel excuus aan te voeren om uit te leggen dat ik geen buitengewoon begaafd kind was of zo'n geweldige slechte leerling als zo veel schrijvers met trots beweren te zijn geweest. Maar ik moet nu eenmaal mijn kinderjaren in een paar bladzijden ter sprake brengen om te proberen te begrijpen hoe ik die bang uitgevallen adolescente ben geworden die niet in staat was haar talenten uit te buiten, terwijl zich zo veel feeën over mijn wieg hadden gebogen.

Eigenlijk heb ik nooit veel belangstelling gehad voor mijn kindertijd. Ik aanbid die niet en denk er niet met verlangen aan terug, hoewel het een gelukkige tijd is geweest. De opvoeding die ik kreeg daarentegen, de mensen van wie ik die kreeg, werpen er een licht op dat onmisbaar is, wil ik begrijpen waarom dat eeuwig jonge meisje dat ik was zo'n vreemde voor me is geworden. Als kind stel ik mezelf teleur. Rosie Groult (voor de burgerlijke stand heette ik Benoîte, maar mijn ouders hebben me altijd Rosie genoemd) was een gewoon, gehoorzaam kind, dat eerder leek op Camille en Madeleine de Fleurville, twee modelmeisjes zonder ideeën en zonder geschiedenis, dan op de brutale Sophie van de Gravin de Ségur. Mijn ouders waren als ouders veel beter dan ik als kind. Uitstekende ouders, wier enige fout was dat ze zichzelf bleven met hun sterke persoonlijkheid, die ze nooit hebben opgegeven of hebben overwogen te temperen met het idee dat ze dan betere opvoeders zouden worden voor mijn zusje en mij. Zij leidden hun leven en verder waren wij er, dat is alles. In die tijd waren er geen therapeuten om zich bezig te houden met het late bedplassen, de woordblindheid, die men als gebrek aan aandacht of als onwil durfde te kwalificeren, of met het middelmatige schoolwerk, dat gewoon aan luiheid werd toegeschreven zonder dat men bang was de schuldige een trauma te bezorgen. Er waren geen theoretici voor degenen die de kantjes eraf liepen, geen camouflage van schoolvakken onder ludieke en bedrieglijke benamingen die leerlingen en ouders in de waan laten dat je kunt leren door werk te besparen. Geen 'bezigheden om de belangstelling van het kind te wekken', die impliceren dat de belangstelling zonder die bezigheden blijft slapen! Geen schoolpsychologen, ten slotte, om iedere vorm van straf te verbieden en om brutaliteit tegenover de leerkrachten, ja zelfs geweld te verklaren, en dus te rechtvaardigen. Meesters hebben geen rechten meer, vooral niet het recht om, als goede of slechte meester, gerespecteerd te worden. De leraar een klap in zijn gezicht geven, mishandelen, of zijn 2CV vernielen, betekent niet domweg dat iedere verplichting wordt geweigerd, iedere vorm van discipline wordt verworpen, die op zich als iets verkeerds wordt beschouwd, en betekent niet dat over het geheel genomen de volwassene wordt geminacht; maar het is een teken van angst van jongeren, een roep om hulp, die je niet hoort te bestraffen – het is verboden om te verbieden – maar waar je zorg aan moet besteden, door de onderwijzers, het onderwijs en de hele maatschappij ter discussie te stellen.

Wij van vóór de oorlog waren kinderen in de oerbetekenis van het woord: 'zij die niet spreken'*, niet hun mening geven, en onze ouders waren 'ouders', een slag mensen dat niet beoordeeld of ter discussie gesteld behoefde te worden.

Ik was een leuk meisje om te zien, met heel grote, enigszins starende blauwe ogen, heel steil kastanjebruin ponyhaar en een voor die tijd te vlezige mond die ik te vaak open hield, waardoor ik er idioot uitzag, wat mijn moeder heel jammer vond. Omdat ze geen vrouw was die daarover treurde, maar iemand die tot actie overging, fluisterde ze me, om

---

* 'Enfant' is afgeleid van het Latijnse 'infans': die niet spreekt.

me eraan te herinneren zo'n lief mondje te trekken dat in de jaren dertig voor meisjes in de mode was, publiekelijk, en naar mijn idee met een stentorstem toe: 'Pop, Puur, Poes!'

Ik reageerde nooit met: 'Je kan me wat!' Ik moet op een of andere manier wel achterlijk zijn geweest... Gedwee deed ik mijn lippen op elkaar, opdat ze zouden lijken op die van mijn zusje, die volmaakt waren. Zoals ook de rest van haar persoon, in de ogen van mijn moeder. Ha! denkt de psycholoog, het bekende liedje van jaloezie!

Maar nee, zelfs dat niet. Ik hield van mijn zusje, dat vier jaar jonger was dan ik, en in ieder geval heb ik haar nooit gehaat. Ik heb haar nauwelijks pijn gedaan, het waren heel gewone, onschuldige plagerijen. Alles welbeschouwd had ik nooit beweerd dat ik mijn moeder aanbad zoals zij. Het was dus normaal dat mama de voorkeur gaf aan het soort schoonheid van Flora en de hartstochtelijke genegenheid die zij voor haar aan de dag legde en waar trouwens nooit een eind aan is gekomen.

Nu nog, twintig jaar na de dood van onze moeder, zegt Flora soms tegen me: 'Ik zag mama vannacht in mijn droom. Het ging goed met haar.'

Ik droom zelden over haar. Waarschijnlijk omdat ik op haar ben gaan lijken.

Dankzij Pop-Puur-Poes heb ik geen hanglip. En ik heb ondanks mijn leeftijd en mijn beroep geen al te ronde rug, dankzij de martelstoel die ze voor me besteld had in een winkel voor hulpstukken voor gehandicapten: een massief houten zetel, zwaar en onbuigzaam als de gerechtigheid, waarop in het midden van het onderstel een hoge plank zat, zo breed als mijn rug, waardoor ik gedwongen werd heel rechtop, bijna aan de rand te zitten, en waaraan twee riemen zaten waar ik mijn armen in moest steken, waardoor ik erbij zat als Eric von Stroheim. Mijn ellebogen werden zo stevig naar achteren getrokken dat het me maar net lukte mijn vork naar mijn mond te brengen. (Vijftig jaar geleden kocht mijn moeder al zo'n 'ergonomische stoel' voor me, zoals tegenwoordig op avant-gardistische scholen wordt aanbevolen.)

'Kauwen, Rosie, kauwen! Kijk, André,' zei ze tegen haar man, 'ze doet alsof ze slikt, maar ze propt alles in haar wangen, als een hamster.'

Rosie kwam nooit op de gedachte het weer uit te spugen... Ze moet vast en zeker op een of andere manier achterlijk zijn geweest...

Omdat ik weigerde te eten – gelukkig noemden ze die kinderlijke uitingen van verzet nog geen anorexia –, kreeg ik als compensatie Bemax, zwaar op de maag liggende snippertjes met de magische naam 'tarwekiemen'; Gaduase, levertraan die zogenaamd reukloos gemaakt was (maar alleen al van de kabeljauwen die op de verpakking ronddartelden, moest je wel walgen); Ciba Phytine voor het skelet, appelstroop voor de bronchiën en Deschiens Hemoglobine voor de rode bloedlichaampjes.

Ik had een fantastische moeder.

Of ik kon op mijn beurt geen fantastische moeder zijn, of het type van het modelmeisje bestond niet meer: ik heb bij geen van mijn drie dochters die wezenloze volgzaamheid bereikt waarbij helaas tot op gevorderde leeftijd geen enkele vorm van opstandigheid kwam kijken.

Mijn moeder was onverschrokken in de weer voor mijn welzijn. Daar ga je toch niet tegenin? Ze kon niet anders dan gelijk hebben. Ze was mooi, met grote blauwe, enigszins starende ogen, net als die van mij. 'De koeienogen van de Poirets!' zei mijn vader altijd, die ogen had als de knoopjes van rijglaarsjes. Onberispelijk, maar te zwaar opgemaakt, zoals de 'knappe vrouwen' uit die tijd dat vaak waren, vooral wanneer ze in de mode werkzaam waren; ze was nooit ziek en trok er iedere ochtend op uit om de wereld te veroveren, met rode nagels, grote ringen aan haar vingers, een kort, piekerig kapsel, dat elke dag in model werd gebracht met de krultang die ik in de badkamer hoorde ratelen wanneer ze hem van zijn houder pakte waarin een metablokje brandde.

Ze hield alleen van de stad, mits het een grote stad was; ze had een hekel aan Bretagne, landhuizen en sportschoenen; ze zwom niet en kon niet autorijden; ze was alleen gelukkig als ze modellen schetste voor haar modehuis, of omringd was door kunstenaars en schrijvers die bij ons thuis kwamen om te genieten van de onbeschaamdheid van Nicole en de lamsbout in korstdeeg van André. 's Nachts betrapte ik haar er vaak op dat ze haar vele 'aanbidders' zat te schrijven, in haar mooie krullerige handschrift, dat verrassend krachtig en regelmatig was voor een vrouw die had leren schrijven bij de nonnen, in dat schuine schrift met gewrongen hoofdletters dat alle meisjes in die tijd moesten leren. Geboren in 1887 als Marie Poiret, besloot ze vanaf haar huwelijk in 1907 Nicole Groult te worden. Toen ze van burgerlijke staat veranderde, wilde ze tegelijkertijd haar handschrift, stijl en ambities veranderen. Ik wist nog niet dat ik op mijn twintigste hetzelfde zou doen. Behalve wat mijn handschrift betreft: ik heb altijd hetzelfde gehad als mijn moeder... en wat de ambities betreft... die van haar beperkten mijn horizon. Restte nog de voornaam, dat was een begin. Voorlopig moest ik op haar lijken of niet bestaan. Dus bestond ik niet... Want op wie anders had ik moeten willen lijken? In de salon van Nicole zag ik de vrouwen van kunstenaars of schrijvers. Ze leken me angstaanjagend. Allemaal een beetje heksachtig, zoals Élise Jouhandeau. Gekleed in wijde jurken in felle kleuren, met pony en kort haar, luid pratend en geen voetbreed wijkend van de zijde van hun beroemde mannen. En ook Marie Laurencin, mijn doopmoeder, die me een of twee keer per jaar met haar mooie bijziende ogen onderzoekend opnam door haar face-à-main, alsof ik een onbekend, lichtelijk weerzinwekkend insect was.

En dan had je in de buitenwereld de normale vrouwen, de moeders van mijn klasgenootjes. Die hadden knotten, droegen molières met blokhakken, breiden met vijf naalden de sokken van hun vele kinderen, en kwamen hen van school halen, 's winters in astrakan mantels en 's zomers in klassieke mantelpakken. Mijn moeder droeg lange tijd, te lang naar mijn smaak, een vreselijke mantel van apenbont met warrige, lange, zwarte haren. Het idee dat ze op een dag aan de poort van het Sainte-Clotilde-instituut in de Rue de Villersexel in het zevende arrondissement van Parijs zou kunnen verschijnen, met haar hooggehakte pumps die op een indecente manier op het trottoir klakten, haar extravagante hoeden en haar koninklijke manier van lopen, grensde aan een nachtmerrie.

Ze kwam gelukkig nooit en de school kon voor mij een toevluchtsoord blijven waar ik veilig was voor haar excentrieke verschijning, en waar me de mogelijkheid werd geboden me met ware hartstocht met mijn studie bezig te houden, daarbij geholpen door een gedwee en ijverig karakter. Later, aan de Sorbonne, zou ik het ene diploma na het andere halen, Grieks, filologie, Engels in de praktijk, biologie... Allemaal om studente te kunnen blijven en nog niet de arena te hoeven betreden waar je het de jongens 'niet gemakkelijk zou moeten maken' (nog een uitdrukking van mijn moeder); de jongens, die in mijn ogen een schrikwekkende stam vormden met mysterieuze gewoontes, maar die over het geheel genomen vijandig tegenover meisjes stonden. En toch zou ik uit die groep een man 'aan de haak moeten slaan' (altijd weer het vocabulaire van de sportprestaties), wat me, gezien de staat van mijn munitie, een krachttoer leek die buiten mijn bereik lag. Volkomen misplaatst zei mijn vader, Barrès citerend, herhaaldelijk tegen me: 'Ik houd van jonge mensen die vloekend en tierend het leven ingaan.' Tegen mij, die nooit 'Je kan me wat' had kunnen zeggen!

Met mijn complexen was ik geknipt om toegelaten te worden tot de kudde vrouwelijke lammeren Gods. Want was het niet eenvoudiger om het klooster in te gaan, waar een goddelijke echtgenoot op me wachtte? Dan was het afgelopen met de verplichting om mooi te zijn, en met de strijd om succes.

'Je wilt toch niet een onderwijzeresje blijven?' schaterde mama. Afgelopen met de hoge hakken, de rode lippenstift, de mislukte permanentjes en de afschuwelijke krulspelden. Mannen hielden, hoe dan ook, alleen van vlossige blondjes en van oppervlakkige kokette vrouwtjes. Ik heb dat religieuze plan bijna een jaar lang gekoesterd, zonder het serieus te menen en waarschijnlijk om mijn ouders te provoceren.

Verscheidene van mijn kameraadjes (je sprak nog niet van vriendinnetjes, alleen jongens hadden vriendjes) bereidden zich erop voor het klooster in te gaan. Toen ze klein waren hadden ze al deel uitgemaakt van de Mariavereniging, wat hun vroegtijdig die trieste waardige houding met een zweem van verwijt verleende die je wel zag bij de dames die terugkeerden van de Heilige Tafel. Sommigen, die een bloedverwant hadden verloren, waren 'bestemd voor het wit met blauw'. Dat had me wel wat geleken... Al met al had ik ook een zusje verloren, dat twee jaar jonger was dan ik; maar mijn moeder hield veel te veel van heldere kleuren en niet genoeg van de Maagd Maria om dat kledingvoorschrift te accepteren. En ze hield veel te veel van het leven, en van *mijn* leven, om in te stemmen met mijn zelfverloochening. Het woord alleen al boezemde haar afkeer in.

Ik was zo bang het vrije, onbestemde rijk van de kinderjaren te verlaten dat ik me lange tijd heb vastgeklampt aan de puberteit, een syndroom dat tegenwoordig niet meer bestaat. De adolescentie leek me namelijk zoiets als een leertijd die onvermijdelijk tot het huwelijk zou leiden, dat wil zeggen tot het vrouw-zijn. Dat vooruitzicht bezorgde me puistjes. En omdat ik geen uitweg zag, lukte het me ondanks de ozon, de incisies en de zwavelhoudende lotions, twee jaar lang mijn acne te behouden, afgewisseld met de herpes die iedere keer als ik werd uitgenodigd voor een bal of een feestje mijn lippen sierde.

Toch moest ik op zekere dag, ondanks al mijn ontwijkende manoeuvres, berusten in mijn lot van vrouwtjesdier en in het accepteren van de marktvoorwaarden.

De eerste voorwaarde was het hebben van een leuk 'snoetje'. Dat waardeerden ZE, werd er gezegd. Maar ik had een gezicht. Een minpunt.

Verder was het goed om geen al te diepgaande studie te volgen. Daar werden meisjes lelijk van (alleen meisjes), en dan werd je voor blauwkous uitgescholden.

En ten slotte was het wenselijk er geen storende ideeën op na te houden, het liefst helemaal geen ideeën en vooral geen politieke ideeën. Want verwaande types lieten ZE vallen en dan werd je heel snel een oude vrijster, zo'n zielig schepsel dat alleen maar medelijden of sarcastische opmerkingen opwekte. Een alternatief was er niet. Ook al wond ik me in mijn goudvissenkom nog zo op, uiteindelijk waren het de kerels, en zij alleen, die de sleutels van mijn toekomst in handen hadden. Iedere jongen begon een soort lotsbestemming te lijken.

Niet dat ik mezelf als waardeloos beschouwde: eigenlijk voelde ik zelfs bewondering en genegenheid voor mezelf. Maar ik zag niet in hoe ik een man kon overtuigen van mijn kwaliteiten. Dat ze me niet konden opmerken, onderscheiden van de kudde meisjes met wie je kon trouwen, was omdat het domkoppen waren. Mijn vader, die voor iedere gelegenheid een Latijnse spreuk had, was het helemaal met me eens: '*Margaritas ante porcos*!'* sprak hij om me te troosten. Daar schoot ik wat mee op!

Mijn middelmatigheid werd bezegeld op de dag dat Marc Allégret, die op het platteland bij gemeenschappelijke vrienden op bezoek was, mij opmerkte. Op het platteland of aan zee leek ik minder stijfkoppig... Hij zocht meisjes voor de film die hij aan het voorbereiden was en hij stelde mama voor proefopnamen van mij te laten maken. Ze bleek enthousiast. De moed zonk me in de schoenen.

De dag voor mijn afspraak in de studio liet ik hem weten dat ik me niet in staat voelde voor een camera op te treden.

'Ik ga nog liever uit werken,' zei ik somber tegen hem. Ik werd als een debiel beschouwd. Mijn opvoeding was beslist een mislukking.

Na de dood van mijn moeder, dertig jaar later, erfde ik het grote schrift van rood marokijnleer waarin ze haar overpeinzingen en gedichten noteerde en haar mooiste brieven overschreef, de brieven aan Marie Laurencin, Jean Cocteau, Pierre Benoit, aan haar broer Paul Poiret en aan vele anderen. Onder aan een bladzijde tien regels om haar teleurstelling te

---

* 'Paarlen voor de zwijnen!'

uiten over haar oudste dochter, die toen nog maar zestien was: 'Rosie heeft eerder een ontvankelijk dan een creatief karakter. Ik weet nu dat ze geen grote talenten heeft. Ze twijfelt aan zichzelf, aan wat ze behelst, en ze gelooft te veel in de boeken. Ze is koppig maar niet energiek en verkeert in een lethargie die zij voor wijsheid aanziet. Haar kracht, als ze die al heeft, schuilt in haar schede. Ik begin de hoop te verliezen haar van leer te zien trekken.'

Hoe kon ik verwachten de vrouw te verbluffen die een paar bladzijden verderop schreef: 'Als een amazone zonder schild, alleen gewapend met mijn onverschrokken hart, heb ik de tijd overbrugd, terwijl ik in dat hart, zoals in de mond een bloem, mijn bovenaardse liefde voor het leven droeg... Strijdlustig, galopperend heb ik mijn hele leven gefantaseerd. Lichtzinnig en serieus, zuiver en profaan, deugdzaam en heiligschennend heb ik alles willen beproeven. Want hoe zou ik kunnen weten wat boven alles gaat als er niet alles is geweest? Liefde, alleen u bent geen leugen. Edele trance, zwaarste vergrijp, ik bezing u op alle altaren.'

Arme moeder, ik zou je nog lang teleurstellen en het zou nog jaren duren voor ik mijn lethargie liet varen.

Veel later begreep ik wat me zo lang had verlamd: het was onmogelijk op mijn moeder te lijken en ik miste ieder ander voorbeeld. Nicole Groult was een van de weinige vrouwen die ik kende die, zonder de hulp van een man, in haar werk was geslaagd. Ze verdiende goed, waar wij ook van profiteerden. Ze werd haar hele leven lang bemind door haar man en had nooit gebrek aan bewonderaars of aan minnaressen. Tot op hoge leeftijd wist ze slank en mooi te blijven. Ze had een dochtertje van achttien maanden verloren, haar tweede kind, maar in plaats van weg te zinken in neerslachtigheid had ze tien maanden later een ander dochtertje ter wereld gebracht. In die tijd kwam het, net als tegenwoordig trouwens, zelden voor dat een vrouw zo in alle opzichten succes had. Het werd haar in onze burgerlijke kringen niet vergeven. Ze hadden graag gezien dat ze op de een of andere manier... werd gestraft. 'Het is een excentriekeling!' zeiden mijn tantes met een afkeurend pruilmondje. 'Probeer niet zulke slechte manieren te hebben als jullie moeder,' waarschuwde grootmoeder ons regelmatig, die honderd kilo woog en die sinds haar oudste zoon was gesneuveld in Verdun altijd in het zwart gekleed was.

Ik had de moed niet om een excentriekeling te zijn. En ook de capaciteiten niet.

En ik hoefde van niemand hulp te verwachten en al helemaal niet van mijn lectuur. Integendeel, hoe meer ik las, des te duidelijker het me werd dat er voor mcisjes geen zelfstandige toekomst was weggelegd. Ik had er geen flauw vermoeden van dat er iemand als Virginia Woolf kon bestaan. *Een kamer voor jezelf*, geschreven in 1929, zal pas in 1951 in het Frans worden vertaald! Ik wist natuurlijk niets van mensen als Marie Wollstonecraft, Olympe de Gouges, Flora Tristan of Louise Weiss. Simone de Beauvoir begon pas vijf of zes jaar later met schrijven, en ik zal het woord 'feminisme' niet voor mijn vijfentwintigste of dertigste jaar hebben uitgesproken. En als je geen woorden hebt om iets uit te drukken, hoe kun je je er dan een voorstelling van maken? Mijn moeder maakte zich niet druk over stemrecht of over de politiek in het algemeen. Ze had erkenning gevonden voor haar persoonlijkheid zonder dat ze behoefte had aan de theorie. Het was aan mij om het ook zo te doen.

Kortom, ik leefde in een soort onnozelheid, maar dan in de zin van 'een onnozele hals'. Wij van voor de oorlog, die in 1939 achttien waren, waren bijna allemaal onnozele halzen, de dorpsgekken van een wereldomvattend dorp. En elders was het nog erger! Ik was tenminste niet zo'n negerin met schotellippen die als een aap op een podium werd vertoond, en die ik op de koloniale tentoonstelling van 1936 had gezien. Ik was al zestien, maar de gedachte kwam niet bij me op dat ook zij vrouwen 'op voorwaarde' waren. Op voorwaarde dat ze in de smaak zouden vallen bij de mannen, die de criteria, ook al waren die nog zo wreed, vaststelden zoals het hun goeddunkte, en alleen met hen trouwden wanneer ze zich aan de regels hielden.

Zo had ik op mijn twintigste nog steeds niets abnormaals opgemerkt in het functioneren van de maatschappij. Ik had een lesbevoegdheid in de letteren op zak, ik gaf les in Latijn en Engels op een privé-school; waarom kon ik niet stemmen zoals de taxichauffeurs of de straatvegers, geen bankrekening openen zonder machtiging van een echtgenoot, en geen abortus krijgen zonder gevaar voor vervolging, een veroordeling door de maatschappij en misschien de dood?

Die vraag werd niet gesteld.

En waarom hadden tijdens de bezetting alleen de mannen recht op een tabakskaart, terwijl de vrouwen voor de zoveelste keer behandeld werden als minderjarigen?

Die vraag werd niet gesteld.

(Het antwoord werd daarentegen wel gevonden! Niemand van ons rookte, maar we hadden de tabakskaart van mijn vader geconfisqueerd en stuurden die naar de boeren in de Morbihan, die ons in ruil daarvoor boter en konijnen zonden.)

Waarom, ten slotte, heb ik het bij de lesbevoegdheid gelaten, zonder door te gaan tot het doctoraalexamen of de École Normale, zoals de jongeren in mijn omgeving? Ik zag hoe zij verder kwamen. Ik bleef zitten waar ik zat. Waar kwam dat defaitisme vandaan dat maakte dat ik het bijltje erbij neergooide, terwijl ik de tijd, het geld, een goede gezondheid en interesse voor de studie had?

Ook daarover werd geen vraag gesteld.

Maar ook daarop heb ik het antwoord gevonden toen ik jaren later een passage in *De tweede sekse* ontdekte die mij op het lijf geschreven leek:

'In de eerste plaats verkeert de vrouw in haar opleidingsperiode in een staat van minderwaardigheid... Wat uiterst demoraliserend is voor het meisje dat probeert in haar eigen behoeften te voorzien, is het bestaan van andere vrouwen die tot dezelfde sociale klasse behoren en in het begin dezelfde situatie, dezelfde kansen hebben als zij, maar die als parasiet leven. Vooral omdat het lijkt dat hoe meer ze vooruitgaat, des te meer ze haar andere kansen opgeeft. Door een blauwkous te worden, een vrouw die met haar hoofd werkt, zal ze bij de mannen in het algemeen niet in de smaak vallen; of ze zal haar man, haar minnaar vernederen door een al te opvallend succes... Hoe dan ook, het meisje is ervan overtuigd dat haar capaciteiten beperkt zijn... Door te berusten in deze ongelijkheid, versterkt ze die. Ze beeldt zich in dat haar kansen op succes alleen gelegen zijn in haar geduld, haar toewijding. Dat is een afschuwelijke verwachting... De al te consciëntieuze studente zal, verpletterd door haar respect voor de autoriteiten en het gewicht van haar cruditie, en met haar blik afgesloten door oogkleppen, haar eigen kritisch vermogen en zelfs haar intelligentie vernietigen.'

Een vreselijke beschrijving, die aansloot bij wat mijn moeder beweerde. Eindelijk begreep ik waarom ik zo weinig succes had in vergelijking met het werk dat ik verrichtte, waarom het mij ontbrak aan kritisch vermogen en waarom mijn intelligentie stagneerde. Het was zo precies mijn portret, dat Simone de Beauvoir daar schetste, dat ik zin had om dat zielige meisje dat ik was geweest een pak slaag te geven en vervolgens onder hete tranen te omhelzen.

Maar hoe hadden de anderen het dan aangepakt, die paar vrouwen die in de twintigste eeuw hun eigen weg hadden gekozen en erin geslaagd waren naam te maken? Ik bewonderde hen met verbijstering. Conchita Cintron, de eerste stierenvechtster in 1937. Marie Bashkirtseff, voor wie mijn vader bewondering had en die in 1884 op vierentwintigjarige leeftijd stierf aan tuberculose, toen ze al beroemd was door haar *Journal* en haar schilderijen. Marie Laurencin, mijn doopmoeder, natuurlijk, maar een bondgenote en vriendin van mijn moeder, dus verdacht. En Colette, die schandalige vrouw, en Elsa Triolet, die in 1945 de prix Goncourt kreeg, de eerste die sinds veertig jaar aan een vrouw werd toegekend! Maar wat zou er van Elsa zijn geworden zonder Aragon? Hier worden begrijpende blikken gewisseld... Altijd wordt Aragon ter sprake gebracht, terwijl er hoofdschuddend over Elsa wordt gesproken. En Maryse Bastié dan en Hélène Boucher, beroemdheden uit de Franse luchtvaart, die er, ondanks hun internationale records en hun heldenmoed, nooit in slaagden een baan te krijgen op een gewone lijnvlucht.

Goed, een paar vrouwen kregen het voor elkaar over de muur van de vooroordelen heen te klimmen, het taboe van de stilte te doorbreken, maar de maatschappij haastte zich hen af te kammen of uit onze geheugens te wissen. Ze kwamen de wereld van de mannen niet echt binnen en veroverden geen positie of macht. Behalve de kunstenaressen en de toneelspeelsters, maar hun status bleef precair, overgeleverd aan de willekeur van de mode, hun leeftijd en de gunst van het publiek. Dat was nog steeds niet de mannenwereld. En trouwens, daarbinnen slagen vereiste om te beginnen al een talent dat ik niet had.

Ik moet zeggen dat ik het grootste deel van mijn leven tot dan toe op katholieke scholen had doorgebracht, waar men er wel voor zorgde dat we onze vleugels niet zouden uitslaan. Alleen al de structuur van onze godsdienst zou voldoende zijn geweest om ons te overtuigen van onze onbeduidendheid. Geen godin van de vruchtbaarheid en de oogst, zoals Demeter bij mijn geliefde Grieken met hun vele goden. Geen spoortje van een godin-moeder zoals bij de Egyptenaren, en zelfs niet van de hindoeïstische Doergâ, de incarnatie van de dood maar ook van het leven. Onze goden waren slechts bebaarde mannen.

Aan de voeten van onze mannelijke drie-eenheid zag je wel een knielende gedaante, de Maagd Maria. Maar zij was door haar onbevlekte ontvangenis en door haar maagdelijkheid een dubbele uitdaging aan de natuur, en dus een voorbeeld waar vrouwen niets aan hadden. Het trieste lot van deze Mater Dolorosa, die geheel was bevangen door onderworpenheid aan God en zijn Goddelijke Zoon, was weinig geschikt om ons aan te moedigen in de richting van de emancipatie.

We hadden wel een paar vrouwelijke heiligen, meestal martelaressen, die werden geroemd omdat ze hun borsten of hun hoofd waren kwijtgeraakt, maar nooit ook maar het kleinste evangelie hadden geschreven, en ook geen zendbrieven, en zelfs geen profetieën zoals de Pythia in Delphi, noch ook maar de geringste stichtende tekst.

Ik geloof dat het feit dat ik tegen mijn twintigste mijn geloof ben kwijtgeraakt te wijten is aan die oorverdovende afwezigheid van vrouwen in de Kerk, zowel in de evangelische boodschap als in de hiërarchie en de liturgie. De vaste formule die je iedere zondag vanaf de kansel hoorde, 'Geliefde broeders', sloot mij als gesprekspartner al meteen buiten. Zonder dat ik het in feministische termen kon analyseren, voelde ik me onteerd door die uitsluiting. Een priester kwam iedere ochtend in het Sainte-Clotilde-instituut de mis voor ons lezen, maar hij nam zijn koorknapen mee, alsof er onder die honderden geknielde meisjes vóór hem geen enkele was die hij waardig achtte de mis te dienen. De aanwezigheid van die in het rood geklede kwajongens die aangewezen werden voor taken die in onze ogen prestige genoten, ten overstaan van de blatende kudde 'piskousen' die we in hun ogen waren, heeft me misschien wel eerder rijp gemaakt voor het feminisme dan heel wat redevoeringen.

Dat wat mijn katholieke vorming betreft.

En in de Griekse cultuur was er ondanks de vrolijke bende op de Olympus ook niets waar mijn ego flink door werd opgekrikt. Aristoteles en Plato hadden me tweeduizend jaar eerder laten weten dat ik slechts 'een gemankeerde man was, een mislukt mannetjesdier, een vergissing van de natuur'. Tegenover zulke onweerlegbare autoriteiten bleef de 'mislukkelingen' van het mensdom niets anders over dan het hoofd te buigen en zich te wenden tot de geslaagde exemplaren: de mannen! Onder hen had je geen gebrek aan helden. Maar wij bewonderden ze zonder hoop. De listige Odysseus, de lichtvoetige Achilles, de knappe Hector prikkelden onze fantasie slechts op de manier waarop iemand zonder benen in een rolstoel gefascineerd wordt door een atleet die de marathon loopt.

Onze eigen heldinnen leken alleen maar een pathetisch lot te kennen, dat werd bekort door God, hun vader of een orakel.

We hadden er stuk voor stuk van kunnen dromen net zo te zijn als Antigone, een personage dat zo veel schrijvers inspireerde, maar slechts een kort moment, totdat ze vanwege ongehoorzaamheid er door de staatswetten toe werd veroordeeld op haar twintigste levend ingemetseld te worden!

Dan hadden we nog Helena, wier schoonheid de aanleiding was geweest tot de Trojaanse oorlog, waarin de beste van de Grieken sneuvelden; en Iocaste, die zonder het te weten de echtgenote was van haar zoon Oedipus, en die zich van wanhoop verhing toen ze erachter kwam; en Iphigenia, die op haar zestiende werd geofferd om belachelijke redenen die met het weer te maken hadden... of Ariadne, die door Theseus werd verleid en op een verlaten eiland werd achtergelaten. En Medea, de kindermoordenares, een tovenares net als haar zuster Circe, wat niet wegnam dat ook zij in de steek gelaten werden. En verder natuurlijk de brave Andromache. Wat zinnebeelden aangaat, het leven van verslagen vrouwen, van slachtoffers. Trouwens, Aeschylus, Sophocles, Euripides en anderen hadden die levens beroemd gemaakt in verschrikkelijke, fantastische tragedies waarvan juist de schoonheid nog een extra argument tegen vrouwen betekende.

En dat was het wat de Griekse cultuur betreft.

Kortom, of een vrouw nu heidens of christelijk was, ze bleef de verkeerde helft van de aarde, en de kerkvaders zouden met minder talent maar met meer fanatisme dan de filosofen uit de oudheid de treurige waarheid bevestigen: Plato, Aristoteles, Paulus en Tertullianus, het was dezelfde strijd!

Dan bleef nog over de klassieke cultuur.

Helaas! Ook in de geschiedenis van Frankrijk ging men er al meteen vanaf het begin vanuit dat wij buitengesloten waren. En niet alleen door de Salische wet, een typisch Franse specialiteit die ons grote koninginnen zoals Elizabeth van Engeland of Catharina van Rusland heeft onthouden. Maria de Médicis was onze laatste gekroonde koningin. Catharina de Médicis en de anderen zouden voortaan slechts regentessen of echtgenotes zijn.

Voor ons, meisjes, die voor ons gevoel toch even belust op dromen waren als onze broers, waren er helemaal niet van die archetypische helden, aan wie zo veel jongens hun roeping, hun inspiratie of doodgewoon hun zekerheid hebben ontleend; de zekerheid te behoren tot de sekse die zo veel roemrijke voorbeelden had voortgebracht en het gevoel dat een beetje van dat prestige op ieder van hen afstraalde. Waar waren ónze legendarische figuren, tegenover het Trommelslagertje Bara, Le Grand Ferré, Bayard de Ridder zonder Vrees of Blaam, de Drie Musketiers, en Gavroche, de fantastische schooier? Of tegenover Dumouriez, die het volk en de Franse Revolutie redde in Valmy, tegenover Hoche, de knappe twintigjarige generaal, of Vader Victorie, die door mijn vader werd vereerd? En ik denk ook aan Napoleon, die je op je twaalfde niet kunt weerstaan. Van 'Waterloo, treurige vlakte' moest ik telkens weer huilen. Zelfs in de nederlaag, zelfs in ballingschap bleef hij groots. Ik verzamelde zijn borstbeelden, in gips, brons en aardewerk en zelfs in de vorm van een blaker, met de kaars in het midden van zijn steek geplant. Hij prijkte lange tijd op mijn nachtkastje, mijn Napoleon! Maar wat voor een voorbeeld kon hij me geven? Ik moest breken met mijn grote man. En met wat groots was.

Voor ons, meisjes, kwamen er in het studieprogramma ook geen schrijvers van onze sekse voor. In geen enkele fase van mijn studie, zelfs bij de lesbevoegdheid in de letteren, was ook maar één van die verdomde schrijvers een vrouw!

Erica Jong vertelt dat er aan Barnard, een universiteit die opgericht is door Amerikaanse feministes en die bestemd is voor meisjes, geen schrijfsters werden bestudeerd, geen romanschrijfsters en geen dichteressen. In de bibliotheek stonden noch de romans van Colette (die zogenaamd niet meer te koop waren), noch het werk van Simone de Beauvoir. In 1960! In het land van het feminisme! Dus kun je je voorstellen wat een woestijn de Sorbonne in 1941 was. In feite was ons pantheon leeg. Weliswaar met uitzondering van één beroemde heldin: Jeanne d'Arc, weer een maagd trouwens, de enige afstammelinge van de legendarische amazones en de enige die het lef had te breken met de positie en de tradities van het vrouw-zijn. Daar werd ze, zoals men weet, voor gestraft, en net als Antigone, Iphigenia of Iocaste werd ze veroordeeld tot een vroegtijdig en tragisch einde.

Een afschrikwekkend voorbeeld, daar kunnen we het over eens zijn.

De anderen traden alleen op als figuranten. Onze historici, er altijd op bedacht om de aanwezigheid van vrouwen in de geschiedenis te verhullen, beperkten hun optreden tot de opwinding die werd veroorzaakt door een paar splintergroeperingen, die men, om hen nog beter buitenspel te zetten, met lachwekkende benamingen aanduidde: de 'tricoteuses' in de Franse Revolutie, de waardige erfgenamen van de heldinnen uit *Lysistrata* en *Het vrouwenparlement,* van wie Aristophanes vertelt dat zij tussen twee politieke redevoeringen in ook de wol kaardden..., en de 'petroleuses', wier heldhaftige schermutselingen tijdens de Commune op die manier gebagatelliseerd of belachelijk gemaakt werden. Een bijnaam die Louise Michel bleef houden, naast die van 'Rode Maagd' (alweer een maagd!), en waardoor de politieke verlangens die ze haar hele leven had gehad, alles waarvoor ze had gestreden en waarvoor ze naar een strafkamp was gestuurd, naar de achtergrond zou worden gedrongen.

Zo noemde de pers in de twintigste eeuw de suffragistes, om hun eisen beter te kunnen ontzenuwen, al heel gauw 'suffragettes', wat betekende dat ze in de herinnering zouden voortleven als de vrolijke majorettes van het stemrecht. In diezelfde tijd vochten ze in Engeland heldhaftig, ketenden ze zich vast aan de hekken van Westminster, wierpen ze zich bij de Derby van Epson ten overstaan van een stomverbaasde menigte onder de voeten van de paarden of begonnen ze hongerstakingen, waardoor ze twintig jaar eerder dan de Franse vrouwen stemrecht verkregen!

Dezelfde tactiek in de literatuur: door ze voor 'précieuses ridicules' of 'femmes savantes' uit te maken, werd ten aanzien van vrouwen de draak gestoken met een neiging die bij een man voor zeer achtenswaardig doorging: het verlangen om zich te ontwikkelen en om een mooi taalgebruik te hanteren. Die krachtige formuleringen, door Molière gelanceerd in 1679, zullen lange tijd dienen om de ambitie van vrouwen die creatief willen zijn verdacht te maken.

Want je kunt je nauwelijks voorstellen wat het effect is van een formulering, wanneer die historisch gezien op het juiste moment komt. Het verband tussen *savante* en *ridicule* is voortaan gelegd, en de toon waarop erover gesproken wordt is gezet: dat is een laatdunkende toon.

De Bêlise van Molière, geflankeerd door haar schoonzus Philaminte en haar nicht Armande, zal gebruikt worden om samen met de kwezels, die hysterisch worden doordat ze geen man hebben, ook de verwaande wijven in diskrediet te brengen, die zich erop laten voorstaan dat ze schrijven in plaats van wambuizen te strijken.

De vrouwen worden tot de orde geroepen, wat des te treuriger is omdat in de Middeleeuwen en de Renaissance velen van hen een opmerkelijke ontwikkeling hadden kunnen bereiken en zich aan literatuur en kunst hadden kunnen wijden. Christine de Pisan had als bijnaam 'La dame savante', maar aan het eind van de zestiende eeuw was dat een compliment! Héloïse kende Latijn, Grieks, Hebreeuws en had kennis van de theologie, en niet de wetenschap maar de liefde was de oorzaak van haar ellende... en van die van Abélard. Louise Labé sprak vier talen en Margaretha van Valois deed haar invloed gelden in de hele zestiende eeuw.

De vrouwen uit het volk zaten evenmin thuis opgesloten. De Germaanse tradities hadden gezegevierd over het verschrikkelijke Romeinse recht: zij konden weefster, tapijtwerkster*, schouwster (de schouwer was de dokter van de Middeleeuwen) of 'prude-femme' (lekenrechter in arbeidszaken) in een gilde worden, dat leek de mensen in de vijftiende eeuw logischer dan ons 'Madame le prud'homme'.

De patriarchale zeventiende eeuw zou in het gezin weer

---

* Vrouwen maakten het beroemde *Dame à la Licorne* uit het Musée de Cluny.

orde op zaken stellen. En ondanks de rustige periode van de Verlichting in de achttiende eeuw, ondanks de mooie praatjes van de theoretici van de Franse Revolutie, die beneveld waren door het noemen van de grote principes, die zogenaamd universeel waren maar waarover ze vastbesloten waren ze niet op vrouwen toe te passen, zijn er nauwelijks meer intellectuelen te vinden die niet buiten de maatschappij zijn geplaatst en zijn beroofd van iedere kans om invloed uit te oefenen op de ideeën van die tijd.

Maar er waren wetten nodig om de dochters en de echtgenotes weer terug te voeren naar hun heilige plicht. De jacobijn Sylvain Maréchal, die terecht meent dat onderwijs de eerste stap is op de weg naar emancipatie, stelt in 1801 zijn beroemde *Projet de loi portant défense d'apprendre à lire aux femmes** op. De Code civil van Napoleon zal nog veel verder gaan en 'de voortdurende en verplichte lijdzaamheid van vrouwen' invoeren, waarmee ze hun leven lang burgerlijk onbevoegd en minderjarig blijven.

'Femme savante' had zijn tijd gehad, er moest een nieuw woord komen; dat werd 'blauwkous', een woord dat afkomstig was uit het negentiende-eeuwse Engeland. Een blauwkous, zo staat er in het woordenboek, betekent 'een vrouw die literaire pretenties heeft'. Want wanneer een vrouw schrijft, moet je wel begrijpen dat er sprake is van pretentie en niet van literatuur.

'Ik wil geen blauwkous in mijn huis,' zei Madame Dudevant tegen haar schoondochter Aurore Dupin, de toekomstige George Sand.

'Ik zal niet accepteren dat mijn dochter een blauwkous wordt,' verklaart de moeder van een van die *Dames aux chapeaux verts***.

'Geen rokken bij ons,' zullen de Goncourts er nog een schepje bovenop doen, wanneer ze in 1906 weigeren *Marie-*

---

* Ontwerp voor een wet die vrouwen verbiedt te leren lezen. (noot van vert.)
** Geschreven door Germaine Acrement (zie blz. 58). (noot van vert.)

Claire te bekronen, de prachtige roman van Marguerite Audoux, omdat ze... een rok draagt!

Net als 'femme savante' zou de term 'blauwkous' furore maken en de reputatie van de 'deserteuses', die hun huishouden in de steek laten om carrière te maken, schaden. Soms kunnen woorden doden en doen ze meer kwaad dan een lange schimprede. Barbey d'Aurevilly, een schrijver die evenals J.K. Huysmans, een andere notoire antifeminist, door mijn vader hemelhoog werd geprezen, gaf een van zijn venijnigste romans de titel *Les Bas-Bleus*, en Albert Cim zou tien jaar later hetzelfde doen. Vreemd genoeg slaat die uitdrukking nooit op mannen, hoe hoogdravend die soms ook zijn!

Niet dat er nooit filosofen, wetenschappers, dichters of politici zijn geweest die de gelijkwaardigheid van de twee seksen hebben bevestigd. Maar het bleven op zichzelf staande gevallen (Condorcet was, met Guyomar, praktisch de enige pleitbezorger van de vrouwen tijdens de Franse Revolutie), en ze gingen door voor ongevaarlijke gekken of gevaarlijke utopisten (de geniale Fourier verkeerde zijn leven lang in armoede). Ze werden in onze handboeken nooit geciteerd vanwege het feit dat ze voor de rechten van vrouwen opkwamen. Het feminisme was een gril, een onbelangrijk detail, een misvatting.

Zoals al mijn tijdgenoten ben ik dus verstoken gebleven van iedere vorm van referentie, van iedere analyse van mijn situatie, dus van iedere uitweg uit het patriarchaat.

'Als ik had moeten breken met de traditie, had ik over heldenmoed moeten beschikken, en ik ben geen held!' schreef Virginia Woolf.

Ik was ook geen held en ik bleef me dus voeden met boeken die me de grond in boorden. Want toen er nog geen televisie was, voorzag de literatuur uit verleden en heden de jongeren van de beelden, voorbeelden en zinsbegoochelingen die zich in de maatschappij manifesteerden. Samen met Malraux en Martin du Gard waren Gide en Montherlant tijdens de oorlog mijn geestelijke leermeesters. In mijn grote liefde voor *Les nourritures terrestres* gaf ik me er nauwelijks rekenschap van dat het de heldinnen uit de romans van André Gide verboden was te begeren of moeder te worden; ze waren, zoals hun zusters uit de klassieke oudheid, veroordeeld tot een akelige dood. Marceline, Alissa in *De enge poort*, Gertrude, de mooie blinde in *De pastorale symfonie*, die zelfmoord pleegt wanneer ze haar gezichtsvermogen terugkrijgt, Eveline in *Vrouwenschool*, Ariane, het zijn allemaal verslagen vrouwen, slachtoffers van het mannelijk egoïsme. Maar dan was er Nathanaël, die zonder te zien dat ik een meisje was tegen me zei: 'Geniet... Kijk om je heen... Bezit de wereld.'

Maar hoe kun je genieten als je jezelf herkent in de pathetische Andrée Hacquebaut van Montherlant? De Andrée uit het beroemde *Jeunes Filles*, die ligt op de deurmat van Costals van wie ze houdt, die voor hem kruipt wanneer hij zich verwaardigt haar open te doen... en haar dan uitscheldt en niet de liefde met haar bedrijft. Want haar 'fout' is dat ze intelligent is. Dat maakt haar lelijk, en de begeerte van Costals wordt niet gewekt, zal nooit gewekt worden. Die bewaart hij met de nodige minachting voor Solange Dandillot, die allercharmantst is in haar onnozelheid en onbeduidendheid, wat hem juist geweldig opwindt.

De jonge mensen die ik ontmoette, citeerden graag Montherlant, een schrijver van wiens grootheid ze deel meenden uit te maken door zijn obsessies van viriliteit over te nemen. De meesten waren gewend aan die typisch Franse salonvrouwenhaat waardoor ze dachten geestig te zijn zodra ze de meest afgezaagde moppen over wijven debiteerden. (Jean-Paul Sartre noemde in *Portret van een antisemiet* een vergelijkbaar verschijnsel 'salonantisemitisme'.) Niet met hen meelachen zou beschouwd zijn als een typisch vrouwelijk gebrek aan humor. Ik lachte dus met de anderen mee... je bent niet voor niets een stomme trut. En het duurt een tijd voor je begrijpt dat je aan vrouwenhaat meedoet door die te accepteren.

Door ons gezin, waarbinnen het matriarchaat op een plezierige wijze de gewoonste zaak van de wereld was, en de perfecte waardering van mijn vader voor zijn vrouw, zijn dochters en het vrouwenvolk in het algemeen was ik slecht voorbereid op de enorme omvang van de vrouwenhaat die ik in de buitenwereld zou tegenkomen. Het was niet zozeer een gefundeerde mening als wel een zijnswijze, een soort mondaine verplichting, een nationale sport. Een jonge man moest werkelijk intelligent of lichtelijk debiel ofwel buitengewoon origineel zijn, wilde hij normaal over vrouwen praten. En met vrouwen.

Ik was des te minder gehard omdat ik zelfs in de hoogste klas van het Victor-Duruylyceum nooit in gemengde klassen had gezeten, en nooit met de instinctieve boosaardigheid van jongetjes, met hun ruwheid, te maken had gehad. Ik was onervaren, ongewapend en ongepantserd, op de leeftijd waarop het pijn doet om gekwetst te worden. Gelukkig heelden mijn wonden snel en kreeg ik stevige eeltknobbels op de plaatsen waar gewoonlijk wrijving plaatsvond. Totdat ik brutaal genoeg zou zijn om op mijn beurt te kwetsen.

Het is niet verboden om te dromen: de opkomende psychoanalyse had kunnen uitgaan van nieuwe criteria en ons kunnen verlossen van de berusting in ons lot van ondergeschiktheid. Maar ze duwde ons er nog verder in. Freud, en zijn volgelingen na hem, zouden ons lot ten slotte helemaal vergrendelen door een definitie van de vrouw te geven die dramatisch dicht in de buurt kwam van de definities van Plato, Aristoteles en Tertullianus, die versleten begonnen te raken. In een modern jasje was een indrukwekkende algemene theorie verpakt, waardoor we door dezelfde vloek werden getroffen. We werden weer 'gemankeerde kerels, gecastreerde mannen, geestelijk en lichamelijk gebrekkige wezens'. Het ideale voorbeeld voor de mensheid bleef het mannelijke. We waren voor een hele eeuw weer terug bij af.

Freud was de vader van de psychoanalyse, maar er wordt niet genoeg gezegd dat die geen moeder had. Naar het beeld van het christendom, dat kort werd gehouden door een lange stoet pausen, werd deze nieuwe wetenschap gedefinieerd door een lange stoet wereldlijke pausen, onder wie een enkele vrouw, die dan de functie van de respectvolle, om niet te zeggen onderworpen dochter vervulde – Anna Freud, de Antigone van haar vader, Hélène Deutsch, Marie Bonaparte, enzovoort.

Het valt niet mee om geen moeder als grondlegger te hebben, vooral wanneer je bezwijkt onder de vaders, te beginnen met onze Hemelse Vader, de pater familias van de Romeinen, onze Heilige Vader de paus, afgewisseld met de kerkvaders, en niet te vergeten al onze 'Père Fouettards'*, despoten in het klein, 'Père Noël' en de eerwaarde vaders op onze scholen, en de biechtvader, aan wie we het diepste van onze kinderziel onthulden voordat we ons aan de voeten wierpen van God de Vader, en God de Zoon inslikten in de gedaante van brood en wijn die alleen de eerwaarde vader die op onze school godsdienstonderwijs gaf naar onze lippen mocht brengen. Zelfs op een politiebureau worden vrouwen tegenwoordig te woord gestaan door vrouwelijk personeel. De Kerk is daarin niet meegegaan: geen enkele non, zelfs niet de abdis, heeft het recht een vrouw of een meisje de biecht af te nemen.

Zo zien we telkens op het juiste moment mannen opduiken die door de voorzienigheid (die natuurlijk voorzienig is voor mannen) zijn aangewezen om de mannelijke heerschappij te komen bekrachtigen. In de negentiende eeuw begonnen, althans in onze hoogontwikkelde maatschappijen, een paar vrouwen juist na te denken en zich te emanciperen. Freud deed zijn uiterste best om ze in de schoot van het gezin terug te brengen. Iedere poging tot ontsnapping uit de traditionele rollen werd van tevoren al afgekeurd: 'De behoefte aan succes bij een vrouw is een neurose, het gevolg van een castratiecomplex, waarvan ze slechts door een volkomen acceptatie van haar passieve lot zal genezen.' De 'voortdurende lijdzaamheid' die door Napoleon in de wet was opgenomen, zou in Freud haar bemiddelaar in het sociale leven vinden.

Ik had Freud gelukkig niet gelezen. Anders had ik nog

---

* 'Père Fouettard' is een benaming voor de boeman. (noot van vert.)

kunnen denken dat het feminisme een neurose was, of had ik zelf een neurotica kunnen worden.

Maar zonder een neurotica te zijn (mijn karakter leent zich er niet toe), was ik besmet door dat onderwijs. Want ongelijkheid leer je al in je kinderjaren. Ik had die twintig jaar lang zonder een vies gezicht te trekken in dagelijkse doses naar binnen gepropt en volkomen geassimileerd. Ik had het nooit over 'het probleem dat geen naam heeft', dat Betty Friedan later in *De mystieke vrouw* zal beschrijven. Ik accepteerde de regels van het spel en bleek zelfs een goede verliezer te zijn.

Alleen had ik, zonder te weten waarom, die smaak van vernedering in mijn mond.

Het zou nog twintig jaar duren voordat ik besefte dat anderen het leven binnenstapten met betere kaarten, zelfs nog voordat ze begonnen te spelen. Dat ik in de val zat, vastgebonden in een meedogenloos netwerk van wetten, verboden, godsdienstige tradities en morele geboden, waaruit ik me met moeite, pijn en misschien met gevaar zou moeten bevrijden.

En dat ik honderd keer opnieuw zou moeten beginnen, en dat iedere vrouw zichzelf ter wereld zou moeten brengen, zonder te luisteren naar de kalmerende, onverschillig makende praatjes, de vijandige taal van mannen en van vele vrouwen die hun hulptroepen vormden en die na iedere stuiptrekking, ieder minuscuul sprongetje vooruit op de weg van de vrijheid verkondigen dat het feminisme geen bestaansreden had omdat gelijkheid ten slotte was erkend.

Het enige voordeel van je ergens niet van bewust te zijn is dat je daardoor zonder al te veel schade zo ongeveer alles kunt doorstaan. Bepaalde gebeurtenissen uit mijn leven als jonge vrouw die ik achteraf afschuwelijk of ondraaglijk vind, heb ik uiteindelijk vaak beleefd met tegenzin, maar zonder groot drama of verzet en ook zonder er werkelijk onder te lijden.

Hoe vreemd het in die schijnbaar moderne omgeving ook moge lijken, ik was een negentiende-eeuws meisje gebleven.

Op velerlei gebied is de twintigste eeuw pas na de oorlog echt begonnen.

Beetje bij beetje, met behulp van verloren partijen, vrolijk geaccepteerde vergissingen en steeds minder goed verdragen staaltjes van zelfverloochening ben ik uit de laag van conventies tevoorschijn gekomen en iemand geworden van wie ik zelfs geen voorstelling had.

Maar die me nooit meer zou verlaten.

HOOFDSTUK 2

Het geluk

André Groult 16 november 1939
Binnenhuisarchitect
25, faubourg Saint-Honoré
Paris 8e
Tel. Anjou 26-28

Lieve Rosie,

Ik denk niet dat je je vooral moet inzetten voor de vertaaloefening. Hoe goed je ook bent in vertalen, je kunt het laten vallen. Vertel me of je een leraar kunt vinden die, vervuld van kennis, jou kan leren een thema Grieks of Latijn te maken. Anders zal ik proberen in Parijs zo'n snuiter voor je te vinden.

Ik vind dat je iedere dag een thema of een vertaling zou moeten maken en dat je je niet zou moeten beperken tot het vertalen van de schrijvers die in je studieprogramma staan, maar dat je moet werken op grond van een breder programma. Je bereidt je voor op je lesbevoegdheid alsof het een eindexamen is! Maar je moet de geschiedenis van Griekenland en Rome grondig kennen, en ook hun literatuur. Werk niet om je diploma te halen maar om een helleniste, een latiniste te worden, en je zult zien dat je het met gemak haalt.

Als je de twee ingesloten vertalingen voor me maakt, zal ik ze voor je nakijken, *doctus cum libro*. De Seneca is gemakkelijk, maar er zitten fijne nuances in. Om je de waarheid te zeggen is het nooit gemakkelijk om te vertalen.

Gisteren zijn we met de Galani's naar de Cineac in de Rue Saint-Lazare gegaan. Tegen tienen gegeten *at home*: gegratineerde uiensoep, roereieren, aspergekoppen, gegarneerde zuurkool, verschillende desserts. Maar vanochtend groentebouillon!
Een kus, mijn duifje. Werk intens. Geef Flo een kus van me. *Vale et me ama.*

Pater

Typisch mijn vader: onze relatie volkomen buiten de tijd geplaatst, niets van het dagelijks leven afwetend, zich beperkend tot het speculatieve en een paar heel specifieke, maar oneindig rijke domeinen: de klassieke schrijvers, sport, plantkunde en de zee. Kortom, daar waar mijn moeder nooit een voet zette.

Flora was destijds helemaal in de ban van mijn moeder. Zij kon ook niet autorijden of kaartlezen of een adelaarsvaren (*pteris aquilina*) van een *scolopendrium officinale* onderscheiden. Maar ze bewoog zich behendig te midden van de jongens, tekende met een luchtige sierlijkheid, was door het minste vleugje wind geroerd als een meisje van Giraudoux en maakte vrolijk ladders in mijn zijden kousen, die ik gekocht had met het geld van mijn eerste lessen!

Ik realiseerde me dat toen niet, maar met mijn vader heb ik geleerd van alle activiteiten die mijn leven gelukkig zouden maken te houden en ze uit te oefenen.

Hij had net als ik eerbied voor inspanning, of het nu om een sportieve of een intellectuele inspanning ging. Mijn fout was dat ik daar vaak meer plezier in had dan in succes. 'Verpletterd door respect voor de autoriteiten en het gewicht van de eruditie,' had De Beauvoir geschreven... 'Een al te consciëntieuze studente'... Mijn vader had de diagnose gesteld dat ik aan dezelfde kwaal leed.

'Lezen, los van je studieprogramma's, een wandeling, vruchtbare momenten waarop studie en ontspanning samenvallen, daar kun je veel meer aan hebben, zelfs bij het vertalen van een Griekse thema, dan aan een duffe compilatie van dikke syntaxisboeken.'

Het leek wel of Pater De Beauvoir had gelezen! Maar ik kon alleen maar 'dikke syntaxisboeken compileren', en zo heb ik twee keer mijn diploma Grieks niet gehaald en ben ik noch in Latijn noch in filologie meteen de eerste keer geslaagd. Ik ben alleen met glans geslaagd voor mijn examens literatuur en Engels. Maar die vertragingen waren misschien een equivalent van de herpes die garant stond voor mijn mislukkingen in de liefde: mijn universitaire mislukkingen garandeerden me dat mijn geliefde studie zou voortduren.

In feite lukte het me niet 'tot mezelf te komen'. Aan de ene kant de verbetenheid zonder enige luister, die me een alibi verschafte, aan de andere kant de mooie momenten.

Mijn geplande toekomst vergat ik tijdens mijn lange tochten met mijn vader door de diepe sneeuw, waarbij we zeehondenvel hadden gebonden onder de enorme Scandinavische ski's van voor de oorlog met hun omhoog gebogen punten, waarvan de sluitingen even grof waren als het tuig van trekpaarden, en waarin je onmogelijke 'kistjes' moest schuiven, als van infanteristen uit de Eerste Wereldoorlog. Ik was begonnen met de telemark van papa, waarna de ongracieuze sneeuwploeg kwam en ten slotte de christiania en de zijwaartse beweging, waarmee mijn skicarrière zich heeft moeten aanpassen aan talloze veranderingen in materiaal en stijl, die steeds pijnlijker bleken te zijn, vooral voor mijn voeten.

Ja, ik verlang terug naar mijn lelijke Noorse lange broeken, waar de sneeuw aan vastkleefde, en naar mijn beenwindsels die zorgden dat de kistjes met de al te losse schachten waterdicht bleven.

Ja, ik verlang terug naar die lange ijzige tochten naar boven, door de donkere nauwe doorgangen die naar het Lac de Tignes en het nu verdwenen dorp leidden; Pater voorop met zijn bivakmuts als van een poolreiziger, ik erachter in zijn voetsporen, met een maag vol kola om zijn tempo te kunnen volgen.

Ja, ik verlang terug naar mijn essenhouten ski's die zo

zwaar waren. Papa had hickory. Die zou ik ooit ook krijgen, wanneer ik voor mijn eindexamen was geslaagd!

En ik verlang nog meer terug naar de pauze op de top die we eindelijk hadden bereikt, met onze jasjes opgehangen aan onze gekruiste ski's, onze zeehondenvellen in onze rugzakken, die we gebruikten om op te zitten in de sneeuw, wij alleen, in dat hele witte landschap, zonder bebakende routes, zonder kunstmatige heuveltjes, zonder bars die als autobussen volgepropt zitten met vrolijke, schreeuwende sportievelingen. We smikkelden van Meunier-chocolade, die ergens anders nooit zo heeft gesmaakt, we aten een banaan, we dronken sinaasappelsap uit een veldfles die altijd naar ijzer smaakte. En we werden vervuld van de gewatteerde stilte, terwijl de vermoeidheid in onze spieren gonsde.

Flora beweert tegenwoordig dat er in 1936 al skiliften en kabelbanen waren op de Mont Genèvre en elders, maar dat we van onze vader met de zeehondenvellen naar boven moesten opdat we de afdaling zouden 'verdienen'. Ik heb zo lang gedacht dat inspanning een deugd op zich was, dat ik me niet kan herinneren dat men mij de faciliteiten van de vooruitgang heeft willen onthouden.

Wanneer Flora van dezelfde tochten verslag zou uitbrengen, zou ze ongetwijfeld een beschrijving geven van de kwelling van de beklimmingen in de ijzig koude vroege ochtend, het snot dat aan je neuspunt bevroor, de blaar die bij iedere stap erger werd door de wrijving van onze afschuwelijke schoenen, waarvan het leer door de kou hard was geworden, de zeehondenhuiden die steeds maar weer van de ski's loslieten, de want die in de afgrond was gevallen terwijl we ons best deden om de riemen met onze verkleumde vingers strakker aan te trekken... en ten slotte, wanneer je denkt dat je alle ellende hebt gehad, de ski die losgaat en in zijn eentje spottend de afgrond in schiet... waardoor zijn eigenaar wordt genoodzaakt de andere ook af te doen en in de ochtendwind aan een kruisweg te beginnen, met de overgebleven ski over de schouder als een Christus. Tenzij Pater nog in de buurt was en de resterende lat voor zijn rekening nam, wat hem er niet van zou weerhouden een majestueuze afdaling te maken, terwijl het slachtoffer, dat plotseling honderd kilo woog, hem moedeloos nakeek!

Dat is ongetwijfeld allemaal waar. Dat moet mij ook allemaal zijn overkomen. Maar we weten dat het geheugen selectief is en mijn verhaal is alleen voor mij de waarheid.

En ik zie mezelf triomfantelijk mijn 'kistjes' uitschudden, die waren wat ze waren, om de sneeuw eraf te laten vallen, en mijn sluitingen weer in de stand voor de afdaling zetten – want dan kon een ski ervandoor gaan –, op zoek naar de hoogteverschillen die het meest geschikt waren voor het skien, trillend van opwinding om gauw in dat hele maagdelijke oppervlak het zigzagspoor van mijn ski's achter te laten.

En in dat plezier, zoals in alle plezier, de angel van de melancholie: het wordt weer eb, waarmee er een eind komt aan het vissen... het feest loopt ten einde, en je moet weg, het donker in... het laatste korreltje kaviaar zal worden opgegeten... de geliefde zal de laatste metro moeten nemen... Die top waarop je staat na een moeizame klim, die top zal uitlopen op de te kort durende jubelstemming van de afdaling; het is net als met de eerste helft van je leven, waarin je een ogenblik aarzelt op de top, terwijl de andere helling in zicht komt, waarvan je voorvoelt dat je daar je snelheid en je lot niet meer helemaal zelf in handen zult hebben.

Gelukkig zal de vitaliteit van het heden dat snel verschietende beeld met zich mee voeren.

De terugkeer op het vlakke land van de skiër, de terugkeer aan wal van de visser, maken deel uit van die momenten waarop je je superieur voelt aan de gewone stervelingen. De weerschijn van de eenzaamheid, de schoonheid van dat andere landschap schitteren in je ogen. Je spieren hebben gehoorzaamd, de techniek heeft je niet in de steek gelaten, je lichaam heeft gejubeld. Honger en dorst zijn van betere kwaliteit.

Tegenpolen van deze roes waren de talloze bescheiden vreugden van de tuinen.

We hadden er zelf nooit een gehad. Mama zag te veel op

tegen het voorbereiden van picknicks, buitenhuizen die je moest openzetten en afsluiten, muizen, spinnen, schimmel op de muren en ramen die niet goed sluiten. Ze ging liever naar andere mensen of bleef op haar grote schelpvormige bed van haaienleer jurken ontwerpen of haar nagels verzorgen, terwijl ze operetteliedjes zong die me deden huiveren.

Op haar achttiende had ze ervan gedroomd zangeres te worden. Een tot mislukking gedoemd idee in dat milieu! Jurken maken scheen minder schandalig, want dat leek op borduren of naaien, bezigheden die voor een vrouw waren toegestaan... hoewel mama nauwelijks een knoop kon aanzetten. Ze had dus, net als haar broer Poiret zeventien jaar eerder, gekozen voor de mode, maar ze had het zingen niet opgegeven.

Ik ben niet in staat te zeggen of ze goed of slecht zong, maar voor mij had ze een onfatsoenlijke stem, te schel, zoals veel vrouwen in die tijd, vreselijk vrouwelijk. Ik had gewild, als ze dan per se zo graag wilde zingen, dat ze de stem van Zarah Leander had! Wanneer ze *'Wij zijn het, meneer, Estelle en Véronique, neem ons'* aanhief of *'Geef een duwtje, een duwtje aan de schommel'*..., dan kon ik wel door de grond zakken. Iedere keer als ze in het openbaar voor haar vrienden zong, was dat in mijn ogen erger dan wanneer ze zich helemaal had uitgekleed. Met name haar repertoire van zeemansliedjes maakte dat ik me diep schaamde. Bij het banket in Saint-Céré in 1934, toen ze door Pierre Benoit was uitgenodigd om te vieren dat hij tot de Académie française was toegelaten, was ze bij het dessert opgestaan om ten overstaan van zo'n honderd beroemdheden, Dorgelès, Carco, MacOrlan, Bérard, Spinelli en anderen, te zingen: *'Wat een treurig zeemansbestaan / Niet genoeg slapen en van honger doodgaan'*... Een absolute verschrikking.

Maar de toehoorders leken opgetogen! En papa vond het heerlijk! Er was waarschijnlijk sprake van zo'n onbegrijpelijke fixatie op bepaald gedrag van een ouder, die je net zomin kunt beredeneren als overwinnen, zo'n kinderlijke fobie waarvan de oorzaak pas na vijf jaar analyse achterhaald zou kunnen worden. Aangezien ik nooit in analyse ben geweest, heeft die fobie mijn hele leven geduurd. Net als het verlangen naar de tuinen die we niet hebben gehad. Om dat te bevredigen heb ik mezelf later drie tuinen moeten geven! Je kunt toch geen weerstand bieden aan een aandoenlijk woord als 'bloementuin'?

Ik kreeg de eerste, in Bretagne, pas na mijn dertigste, toen ik mezelf beschouwde als definitief verbonden met Paul Guimard. Een tuin is ook iets voor het leven. Geen van mijn tuinen is groot genoeg om er een amberboom, een paulowniaboom of een magnolia grandiflora te kunnen planten, die volgens de catalogi een derde deel van mijn tuintjes in beslag zouden nemen! Maar ik zou nooit de tijd hebben gevonden om te schrijven als ik een park had gehad, het kleine bos uit mijn dromen, een ruimte voor de fantasie. Drie are en tachtig centiare is al heel wat.

Gelukkig bezat mijn grootvader Groult een grote tuin achter het strand 'des Dames' in Concarneau, die een groot huis omsloot waar grootmoeder Groult, die van niemand hield, zich toch verplicht voelde de hele familie, ooms, tantes, neven en nichten, tijdens alle schoolvakanties van het jaar te ontvangen. Alleen de plicht telde voor heel veel vrouwen van die generatie. Hoe het ook zij, niemand vroeg naar haar mening, maar alleen naar de datum waarop ze de zorgen voor ons allemaal op zich zou nemen.

Mijn moeder, die, zoals ik gezegd heb, totaal geen belangstelling had voor Bretagne, buitenhuizen, enzovoort, kwam altijd maar even. In dat seizoen bereidde ze haar wintercollectie voor.

Grootvader was dierenopzetter en stond aan het hoofd van de firma Deyrolle, naar de naam van zijn echtgenote, in de Rue du Bac. 'De Zonen van Émile Deyrolle' voerden de heerschappij over vier fascinerende, vervallen verdiepingen vol spierpoppen, fossielen, geologische monsters, skeletten van prehistorische planten- en diersoorten, insecten, vlinders en duizenden opgezette dieren. Pater, die een lesbevoegdheid in de natuurwetenschappen had en werkte voor het blad *L'acclimatation*, een soort *Rustica*, dat nu niet meer bestaat, overwoog zijn leven aan de planten en dieren te wijden, totdat mama, gebruik makend van de ontreddering van luitenant André Groult, militair erekruis, militaire orde, drie vermeldingen, in 1918 in het burgerleven teruggekeerd, hem uit die beestachtige wereld weghaalde en een antiquair van hem maakte en vervolgens een binnenhuisarchitect die in de jaren 1925-1930 beroemd zou worden.

Tot mijn twintigste, de datum waarop ten gevolge van de nederlaag en daarna de bezetting de Fransen niet bij hun eigen kust mochten komen, bracht ik de fijnste uren van mijn jeugd door in Ty Bugalé*, Concarneau, in de Finistère.

Daar heetten mijn beste vrienden *Lofius Piscatorius* en *Maïa Verrucosa*, *Gadus Merlangus* en *Gadus Morua*, *Zeus Faber* en *Scomber Scombrus*, de makreel.**

Elke keer als ik er een uit het water haalde met de hengel of het schakelnet, stak grootvader, die op grootvader Victor Hugo leek met zijn dichte bos wit haar en zijn snor, een door de artrose vervormde en door de Gitanes met maïspapier vergeelde wijsvinger op en zei: '*Gadus Merlangus*, een neef van *Gadus Morua*.' (Tenzij het een gele pollak was, want in dat geval was het een *Gadus Gadus*.)

In Ty Bugalé speelden we met overgave croquet (die moeten wel erg onnozel zijn geweest, zullen de kinderen van de elektronische wereld wel denken), jeu de boules en tennis, waarbij ik had geleerd onderhands te serveren, zoals al mijn tantes. Vanwege je borsten, zeiden ze mysterieus. Maar het echte spel was voor mij vissen op zee. Iedere ochtend om halfzeven vertrokken we op de kotter van grootvader. Tegen elf uur terug, waarbij we een hoeveelheid vissen meesleepten waar je tegenwoordig van op zou kijken.

Flora had last van zeeziekte, wat ik stiekem wel fijn vond, want daardoor verwierf ik op een gemakkelijke manier de reputatie van zeebonk. En ze kon niet tegen de lucht van de

* Ty Bugalé betekent in het Bretons 'Het Huis van de kinderen'.
** Te weten: de zeeduivel, de zeespin, de wijting, de kabeljauw, de petrusvis en... de makreel.

'gleure', een brij van sardinekoppen en meel, die naar behoefte werd gepureerd in een gewone gietijzeren vleeszeef zoals je in alle keukens vond, en die over de zee werd uitgestrooid om de vis te laten 'opkomen'.

Ik zat dus aan boord met de mannen: grootvader, schipper naast God, soms Pater, een of twee ooms die op bezoek waren, Flora, wanneer de zee spiegelglad was, en mijn neef Roland, die zich door ons in onze jonge jaren welwillend overal voor had laten gebruiken, zelfs voor het onthullen van de anatomie van de *Phallus miserabilis*. Hij was toen nog maar tien of twaalf jaar, en het spottende commentaar van zijn twee nichtjes, Rosie en Flora, bracht datgene wat hij ons als ontzagwekkend had afgeschilderd, terug tot heel geruststellende, zo niet lachwekkende proporties.

Bij springvloed ging ik niet mee op de boot en visten we op garnalen, mijn tantes, nichtjes en ik. De dames visten op garnalen (*Palaemon serrata*), dat kun je op alle prenten uit die tijd zien. Het was geen sport die mannelijk werd geacht. En toch is het optillen van tonnen bruinwier met een zaknet heel wat uitputtender dan vissen met een hengel vanaf een dijk, of zittend in een bootje. Die acrobatische drijfjacht tussen de rotsen, dat rennen naar de wonderbaarlijke poel die pas bij half eb zichtbaar wordt, maar waar je in vijf halen met je net zeker kunt zijn van je vangst; die tochten over de zandbanken die zich voor eeuwig in de zon lijken uit te strekken terwijl het twee uur later zal zijn... alsof ze er nooit geweest zijn... Die vreugde wanneer je onder in het net het vrolijke geknars hoort dat erop duidt dat zich een aanzienlijke hoeveelheid grote roze garnalen heeft laten strikken... Die voldoening de draagband van de vismand in je schouders te voelen snijden, een teken dat de buit steeds groter wordt... Nu nog zou ik tot het einde van de wereld willen gaan om dat weer te beleven.

Trouwens, dat doe ik ook, want ik ga al twaalf jaar lang ieder jaar vissen aan het einde van de westerse wereld, in Ierland. Ik ga erheen om de vreugden van mijn jeugd weer te beleven, van de tijd waarin de Bretonse kusten overvloeiden van de levende schatten, waarin ik in de poelen naar zeepaardjes viste, op de helling van de rotsen naar eendenmossels (*Pollicipes cornucopia*) en onder de steentjes naar zeekrabben. De tijd waarin het kleinste kind, gewapend met een eenvoudig vlindernetje, van het strand terugkwam met een emmer vol boeiende diertjes. Je ziet bijna geen vlinders meer. Met name de blauwtjes, zo groot als een bloemblaadje van een campanula, zijn verdwenen. Je hebt nog geen kans van één op honderd dat je een Noordzeekrab vindt wanneer je een steen omkeert. Maar in de toeristenwinkels worden nog steeds garnalen- en vlindernetjes verkocht, die ongeveer net zo veel nut hebben als een haakbus!

Iedere keer als ik me in Ierland boven aan een strand posteer, mijn blik strak gericht op het punt waaraan ik kan zien of de zee genoeg is teruggeweken om te kunnen gaan vissen, ben ik het kleine meisje, het jonge meisje, de vrouw van alle getijden die ik heb meegemaakt. Zonder leeftijd, of het moest zijn de leeftijd van de wereld juist op dat moment, kijk ik uit naar het magische ogenblik waarop de zee mij haar bergen en wonderen ter beschikking zal stellen. Tegen weer en wind ben ik gewapend: een oliepak, een noordwester om me te beschermen tegen wat uit de hemel valt, lieslaarzen om me buiten bereik te houden van wat er uit de diepten van de zee omhoogkomt. De telefoon zal niet rinkelen. Geen enkele slechte tijding kan me bereiken. De hele wereld kan me gestolen worden...

De lucht van zeewier, de zilverachtige geluidjes van het water dat zich zachtjes terugtrekt in duizend kleine stroompjes, het besef dat het plezier beperkt zal zijn tot de uren van de almanak voor de Bretonse zeeman en dat je geen moment te verliezen hebt (door een tactvolle attentie van de natuur is het in Kerry op hetzelfde tijdstip laagwater als in Concarneau), al die ingrediënten bij elkaar vormen mijn geluk.

De rest is bijzaak. De terugkeer, het uitstallen van de kilo's grote garnalen op een stuk wasdoek, het wegen, het sorteren van de schelpdieren, zwemkrabben en zee-egels – de wodka die we straks bij de warme garnalen zullen drinken, het altijd eendere verhaal van die voor de ware liefhebbers altijd volkomen nieuwe momenten, de beschouwingen over het weer dat het was, dat het wordt en dat het had moeten worden... En de volgende dag begint alles opnieuw, voor twee, drie of vier dagen, al naar gelang de duur van het getijde. Daarna laat de zee je aan je lot over, ze zal je weken lang niets meer van haar geheimen laten zien.

Pater is nooit naar Ierland gekomen. Hij stierf in 1967 en nam drie dagen later Nicole met zich mee. Voor toeristen zoals ik liep de visvangst in de Finistère nog wel een beetje, en ik dacht dat het mijn hele leven altijd zo zou blijven. In feite is het nog sneller achteruit gegaan dan ik! En als de dieren die naar een andere bergweide gaan om nieuw gras te vinden, heb ik een andere zeeweide moeten zoeken. Ik kon me niet voorstellen dat ik zo'n onstuimige wereld zou vinden. Het westen van Ierland, dat al duizenden jaren met volle kracht wordt aangevallen door een oceaan die vanaf het Amerikaanse vasteland geen obstakels is tegengekomen, dat gegeseld wordt door 'een aanhoudende reeks van storingen', zegt de *Guide Bleu*, die zijn kusten vernielen en stuiten op de kliffen die het onmogelijk maken het land binnen te komen, getuigt van de altijd weer opnieuw aangegane strijd tussen het land en de zee. Tussen twee confrontaties in kennen de westelijke provincies, Donegal, Connemara en Kerry, korte, sublieme momenten van rust. De zandkreken beginnen te glinsteren en plotseling worden de honderden eilanden zichtbaar die de Atlantische Oceaan niet heeft kunnen verzwelgen: eilandjes met een beetje gras waar een stuk of twaalf schapen grazen, of opeenhopingen van woeste rotsen waar geen mens aan land heeft kunnen gaan, een toevluchtsoord voor scholeksters en aalscholvers. Die eilanden die altijd aanleiding hebben gegeven tot dromen, die eilanden die maken dat men de zee altijd veel zal vergeven.

Maar in Ierland zijn de momenten van rust slechts geschenken die de hemel je met tegenzin geeft. Het land keert algauw terug naar zijn demonen, en de nevel wikkelt de kusten weer in zijn mantel met gaten van licht.

Het valt niet mee om de ronde vormen van het Bretonse graniet, de vriendelijkheid van de kreken daar en de geruststellende nabijheid van de haven te verruilen voor die barbaarsheid, waaraan de eenzaamheid nog een beangstigende dimensie toevoegt. Niemand gaat lopend vissen in Ierland, niemand verzamelt iets tussen de rotsen, zelfs geen alikruiken. Je bent op hectares zeegras alleen met je net, je elger, je schop voor de schelpdieren, je schroevendraaier voor de zeeegels en die hele uitrusting waardoor je eruitziet als een middeleeuwse ridder.

Ik heb die confrontaties lange tijd op prijs gesteld, maar sinds kort laten mijn troepen me in de steek. Ik, die nooit had gelet op de trouwe dienaar die mijn lichaam was, moet het nu aan zijn plichten herinneren. Ik spring niet meer zonder erbij te denken van de ene rots op de andere. Mijn automatische piloot weigert te functioneren, en ik word gedwongen na te denken: kom... als ik mijn laars op die steen daar zet, moet ik met een sprong de volgende kunnen bereiken zonder in dat gat van drie meter weg te glijden... Is dat wel zo zeker? Niets is meer zeker. Het hele landschap is erdoor veranderd. Voortaan moet ik het op een akkoordje gooien, mijn krachten goed inschatten, niet het uiterste vergen van die ene spier die geen overuren wil maken. Kunstgrepen toepassen. Snelheid minderen. Struikelen. Soms kruipen zoals Lucy, mijn voorouder. Tot nu toe was ik de baas... Het is alsof mijn werknemers zich plotseling bij een vakbond hebben aangesloten en met hun eisen komen! Wie weet zullen ze me op een dag in mijn eigen lichaam opsluiten en dan heb ik niets meer te zeggen.

Wie weet krijg ik op een dag spit terwijl ik uitglijd over de algen, blijft mijn laars vastzitten in een scheur of val ik in het water, het is de schuld van Rousseau; tevergeefs zal ik om hulp roepen en ik zal verdrinken in een poel die door het getij weer toegedekt zal worden op het tijdstip dat staat genoemd in de almanak voor de Bretonse zeeman. Wat een apotheose voor een vissersvrouw!

HOOFDSTUK 3

Het jaar 1943

Het is 1943. Ik ben drieëntwintig jaar. Het is buitenslands nog steeds oorlog en binnenslands is er de bezetting. Flora, die in 1939 vijftien werd, heeft nog steeds geen jeugd in vrijheid gekend. Onze jonge jaren vliegen zomaar voorbij.

Na Saint-François-Xavier, Chambre des Députés en Solférino, 'onze' toevoerwegen, zijn zojuist nog dertig andere metrostations op hun beurt gesloten.

De troepen van de Asmogendheden hebben Toulon bezet, en de Franse vloot heeft zichzelf tot zinken gebracht. Saint-Nazaire en Lorient liggen in puin en er is geen vrije zone meer. 'Het bolsjewistische gevaar is gebroken, de communistische dreiging is definitief van Europa afgewend,' heeft Hitler verklaard. De Duitsers hebben trouwens zojuist Charkow en Belgorod ingenomen. Von Paulus is gewond geraakt in Stalingrad, maar de oorlog duurt eindeloos en Frankrijk zinkt weg.

In Parijs is er nog steeds geen steenkool. We hebben de skispullen van zolder gehaald; we gaan vroeg naar bed en we lezen in bed met een muts op en wollen handschoenen aan. De Fransen die tussen januari 1912 en december 1921 zijn geboren (daar zou ik bijhoren als ik een Fransman was) zullen zich moeten laten registreren voor de STO*. Het uitstel van oproep voor studenten zal worden ingetrokken. En ten slotte hebben de Duitsers voor de kerst het vervaardigen van 'boomstammen' verboden. Hoe dan ook, er is geen room, er zijn geen eieren... en er is geen enkel soort boomstammen.

---

* *Service du Travail Obligatoire*: verplichte werkverschaffing.

Ik geef les aan het Bossuetcollege in de Rue de Chabrol, een meisjesschool die geleid wordt door nonnen in burgerkleding. Ik zou niet kunnen rondkomen als ik niet nog steeds kost en bewassing vrij had bij mijn ouders. Ik betaal hun een deel van mijn salaris. Nicole zorgt dat haar modehuis kan blijven bestaan door capes voor verpleegsters te maken. Met haar speciale toelagen voor garen en stof lukt het haar ook nog een paar jurken te maken voor bevoorrechte vrouwen. Pater gaat steeds meer op Bernard Palissy lijken: hij heeft een muts op, een pelerine om zijn schouders, hij ziet er woedend uit en heeft alleen nog maar eikenhout om te bewerken, en hij brengt zijn dagen en zondagen door in zijn atelier, terwijl hij het erover heeft dat hij de meubels die hij niet heeft verkocht wil opbranden om het huis te verwarmen, opdat hij weer andere meubels kan maken, die hij evenmin zal verkopen.

Hoe het ook zij, ook al verdien je de kost, je kunt afgezien van de zwarte markt niets met je geld doen. Niet meer skiën, niet meer reizen, en ik kan nog steeds niet autorijden omdat er geen benzine is en er geen auto's zijn. Ty Bugalé is door de Duitsers gevorderd en de kust is verboden voor mensen die er niet wonen. De enige ontspanning is: in de rij staan op de stoep bij de winkeliers in het zevende arrondissement, die we nog nooit van zo dichtbij hebben gezien en die nu op ons neerkijken. We gaan alleen uit met een net, een vouwstoeltje en een boek, voor het geval er een onverwachte distributie is.

Geen feestjes meer vanwege de avondklok, en dus geen jongens en geen liefde meer.

Natuurlijk ben ik nog steeds niet getrouwd en binnen twee jaar ben ik al vijfentwintig. Er wordt veel over gesproken in modekringen. In de twee ateliers van Nicole Groult, in de Faubourg Saint-Honoré 25, is er ieder jaar op 25 november een feest voor de naaistertjes die vijfentwintig worden en nog niet getrouwd zijn.

'Laat je dochter met rust,' zegt Pater. 'Als ze niet trouwt, blijft ze thuis om voor ons te zorgen, dat is heel lief.'

Het ergste is dat ik zojuist een heel aanbevelenswaardige partij heb laten schieten, de zoon van een beroemde schrijver.

B. was lang, gedist., nogal gesl. maar aantr. Vrij ber., hobb. muz. reizen, bios. Hoog soc. en cult. niv.

Ik meende te hebben begrepen dat hij zocht naar een j. vr., uitst. fam., lief, gevoel., bel. v. muz., voor gevoelsrel. Evt. meer.

Ik had hem ontmoet bij Yves Ciampi, een vriend uit mijn kinderjaren, die net als B. student in de medicijnen was. Hij werkte in het ziekenhuis en profiteerde van een ontheffing om zijn studie in Parijs af te maken. Medicijnen! Het beroep van mijn dromen, dat ik nooit had durven kiezen. Te lang, te zwaar voor een vrouw en een beroep dat de aanbidders op de vlucht joeg. Oude talen was beter, want je hoefde in gezelschap niet te laten zien dat je Grieks en Latijn kende. De minnaars gingen er toch wel vandoor...

B. en ik gingen iedere zondagochtend naar de concerten van het conservatorium, of we gingen luisteren naar het Hewitt-kwartet, en hij bracht me lopend naar huis, dwars door een ijzig koud Parijs, van de grote boulevards naar de Rue de Bellechasse, terwijl hij me vertelde over de richting die hij aan zijn leven wilde geven en de noodzaak een echtgenote aan zijn zijde te hebben die hem begreep en zijn ideaal deelde. Hij stelde me geen vragen over mijn eigen ideaal. Hij was nogal gesl., had hij me gewaarschuwd. Maar voor de poort van mijn huis drukte hij me even tegen zich aan, en door onze twee dikke jacks heen voelde ik dat het klikte.

Mama liep de beroemdste en duurste helderzienden van Parijs af. Terwijl ze in de handschoen knepen die ik B. afhandig had weten te maken, hadden ze haar allemaal op profetische toon verzekerd: 'Mevrouw, ik zie voor uw oudste dochter een huwelijksaanzoek. Heel nabij.'

Ze konden zich niet allemaal vergissen! Mijn verwachtingen werden iedere week hoger en er werd vertederd naar me gekeken. Ik had tot nu toe alleen maar onmogelijk geachte figuren mee naar huis genomen: een boerenzoon die er met behulp van diverse beurzen in was geslaagd tot de Sorbonne te worden toegelaten, maar die woonde bij zijn moeder die altijd een schort aan had in een huisje in Vanves, een onvergeeflijk adres... Vervolgens de jonge joodse student wiens moeder op markten vodden verkocht... maar hij was op het juiste moment ondergedoken... Na nog een paar zonderlingen van hetzelfde slag zou ik eindelijk het winnende lot trekken!

Verlamd van liefde leefde ik in hoger sferen, tot de dag waarop B. me schreef dat hij zich zojuist had verloofd met een ander en dat hij het passender vond om me niet meer te zien. Een loden deken viel over ons gezin.

'Nou ja, Zazate! Heb je niets zien aankomen? Een hele winter lang je dood vervelen, wachten tot hij zich uitspreekt, hem liefdesbrieven schrijven... Ik weet het, ik zag het licht onder je deur door... Dat alles om op zekere ochtend te horen dat hij van een ander houdt? Als je minder tijd in je boeken doorbracht, zou je de mensen misschien beter begrijpen.'

'En dan te bedenken,' voegde Pater eraan toe, 'dat je hem verscheidene potten van *mijn* kastanjejam te eten hebt gegeven, die ik met *mijn* handen had gemaakt, van echte suiker!' (Alleen wie de rantsoeneringen van de bezetting heeft gekend, zal de ernst van mijn gedrag begrijpen.)

'Je kunt geen vliegen vangen met azijn,' probeert Flora om mijn daad goed te praten.

'Blijkbaar is suiker ook nergens goed voor,' onderbreekt mama. 'Ach, had mij je brieven maar laten schrijven!'

Het doet me denken aan Cyrano. Maar ik ben Christian niet, en ik ben niet mislukt wat mijn schrijven betreft, dat weet ik zeker. Het probleem is dat ik lamgeslagen was zodra hij verscheen. Wanneer hij bij me op bezoek kwam in de Rue de Bellechasse en ik, twijfelend aan mijn eigen charmes, voor hem een pot kastanjecrème uit de heilige reserves weggriste, wanneer we daar in mijn kamer van zaten te smullen terwijl we naar de *Variations symphoniques* of de *Dialogues de la Mer et du Vent* luisterden en hij tegen me zei: 'Liefde is dat je allebei in dezelfde richting kijkt...', durfde ik hem niet te antwoorden dat voor mij liefde was dat ik hem in zijn grijsgroene ogen keek en daar helemaal in opging. Hij was altijd ergens anders met zijn gedachten.

Moet ik nog benadrukken dat ik nooit verder was gekomen dan de intimiteit van zijn mond? En dan nog niet eens elke keer. We beleefden de liefde met heel weinig in die naïeve tijden. Ik vatte vlam met een lucifer. En ik bleef lang branden. Hij had vast wel gemerkt dat ik een beetje achterlijk was... Dat kwam hem wel goed uit, denk ik. Zijn verloofde, die hij geheim had gehouden, verbleef in het buitenland en was nu net teruggekomen. Hij had mij gebruikt om zijn verveling te verdrijven, en op die manier was hij de prettige gewoonte om bemind te worden niet ontwend.

Deze keer zei Pater niet: '*Margaritas ante porcos.*' Ik had er genoeg van Margarita te heten! Ik had liever gehoord: '*Macte animo, generose puer.*'* Want die avond kon ik wel wat troost gebruiken. In plaats daarvan nam mama, onder de vertederde blik van Flora, die het heerlijk vindt om te lijden, me in haar armen en moest ik wel huilen waar de familie bij was.

'Je zult zien dat hij niet gelukkig wordt met dat domme mens.'

'En ze heeft niet eens de middelbare school afgemaakt,' voegde papa er lief aan toe.

B. is trouwens gescheiden, maar pas veel later.

Ik ook, maar dan van een ander.

Intussen zat er niets anders op dan mijn toevlucht te nemen tot een paar vriendelijke lummels, van het soort altijd beschikbare, altijd schuchtere aanbidders, die je helpen de moeilijke tijden te boven te komen en weer op krachten te komen voor een nieuwe liefde, waarvan zij nooit profijt zullen trekken. Alle jonge meisjes hebben dit soort jongens in voorraad.

Mijn echte probleem was dat ik in mijn beroep niet op gang kwam. Ik had nog steeds geen tragedie of dichtbundel geschreven, zelfs geen korte novelle. Het had nergens toe ge-

---

* 'Houd moed, dapper kind!'

leid dat ik bij ons thuis Paul Morand had ontmoet, Pierre Benoit, André Salmon, Marcel Jouhandeau... Flora had Boussingault, Segonzac, Zadkine en Van Dongen gezien... Oké, Flora tekende, dat was een kunstenares. En ik was precies wat ze voor mij het meest had gevreesd: een onderwijzeresje!

Ik durfde nauwelijks te zeggen dat ik het leuk vond om les te geven, dat ik niet ongelukkig was, dat het oorlog was en dat we later wel zouden zien, dat ik een dagboek bijhield en dat vrienden daar waardering voor hadden. Dat ik fragmenten daarvan aan mijn hartsvriendin, Hélène liet lezen, en ook aan militairen. Een van hen had mijn boekje meegenomen naar Narvik. Een ander, een spahi, had me zojuist mijn blaadjes teruggestuurd vol met zand uit de woestijn. Hij vergeleek me met Katherine Mansfield! Op een dag zou ik schrijven, dat was zeker. Ik wist het zeker... 'Wacht niet tot ik dood ben,' zei mama.

Verschrikkelijk levend nam ze elke avond op de bank in de woonkamer mijn opvoeding weer ter hand. Hoe kun je ontsnappen aan de indoctrinatie van je familie wanneer je niet kunt uitgaan en er geen televisie is? Een hele generatie, binnenkort twee, kan zich niet eens voorstellen dat we konden leven zonder televisie voor de oorlog of in de oorlog of zelfs nog vlak na de oorlog. Zonder dat we zelfs maar in onze slaapkamer naar een draagbare radio konden luisteren! Voor mijn lezerspubliek dat na 1945 is geboren en waarvan de voorhoede nu zo'n beetje vijftig wordt, is het eigenlijk ondenkbaar. Je kunt net zo goed praten over de tijd van Clovis!

Zonder tv moest je zelf voor je vertier zorgen. Mijn feuilleton was 'de trojka', de grote divan in de woonkamer, waarop mama, Flora en ik ons bijna elke avond met zijn drieën onder de deken van bont installeerden, wanneer Pater naar bed was. De gespreksleider was mijn moeder. Er was maar één programma: het hare. Hebben sociologen wel vastgesteld hoeveel aandacht ouders zijn kwijtgeraakt door de drie uur die kinderen tegenwoordig gemiddeld naar televisieprogramma's kijken? Wij waren permanent aan het gepraat van mijn moeder blootgesteld en konden ons daar alleen in de vakantie aan onttrekken.

Die zomer bracht ik, omdat ik verder nergens heen kon, met Flora door bij tante Jeanne, een achttien jaar oudere zus van mijn moeder, die een landgoed had in Poissy, in de buurt van Parijs.

De lichte verveling die kenmerkend is voor zomers aan de rand van een grote stad dreef me naar een van die fantastische zolders waar het geheugen van de familie rustte, uit de tijd dat huizen lang werden aangehouden en waar wat overbleef van elk van de generaties vóór ons, zich in opeenvolgende lagen opstapelde. Naast poppen met echt haar en porseleinen koppen, met hun geraffineerde uitzet, die mooier was geborduurd en genaaid dan de meeste van onze kleren in de oorlogstijd, naast de tenen wieg met grote wielen waarin vijftig jaar eerder Paul Poiret, mijn tante Jeanne en haar zussen hadden gelegen, naast hutkoffers en hoedendozen die de dames in de Dwaze Jaren op de droomachtige passagiersschepen meenamen, stonden er een paar kisten en een oude kast waarin de complete serie van *L'Illustration* en honderden stoffige boeken zaten. Het waren meisjesromans, en ik zag op de schutpagina in verbleekt potloodschrift de namen van de zussen Poiret staan, Jeanne, Germaine en Marie, de toekomstige Nicole, voor wie deze pathetische literatuur was bestemd.

De meeste van die romans waren geschreven door vrouwen en hadden vaak opzienbarende successen gekend, vooral wanneer er aanstootgevende jonge mensen in voorkwamen, die afweken van het aanbevolen model. De goede heldinnen kwamen na enige omwegen tot ontplooiing bij een cadet van de academie van Saint-Cyr of het liefst bij een polytechnicumingenieur, en vooral in het herhaalde moederschap. De slechte heldinnen, die aan het begin veel boeiender waren, werden zonder uitzondering na hun vijfendertigste, in ernstige gevallen na hun dertigste, meelijwekkende oude vrijsters, hetzij ziekelijk, hetzij paardachtig, vroom, tiranniek of hysterisch, gekleed in vormeloze jurken, geteisterd door vroegtijdige menopauzes en hun leven eindigend in eenzaamheid en ellende.

Zo las ik vluchtig *Les Sévriennes* van Gabrielle Réval, *De bewaarschool* van Léon Frapié, *L'Initiatrice aux mains vides* van Jeanne Galzy, en *Ces dames aux chapeaux verts* van Germaine Acrement, dat in 1922 een opzienbarend succes had gekend en dat ging over vier oude vrijsters die even lelijk als kwaadaardig waren en van wie de jongste nog maar vijfendertig was, maar al geen enkele hoop meer had nog een man te vinden. En verder ontdekte ik *Les Enseignantes* van Marcel Prévost, *Les Émancipées* van Albert Cim, *La Rançon* en *La Rebelle* van Marcelle Tinayre en ten slotte *Les Cervelines* van Colette Yver, die in 1907 de prix Femina kreeg. Een jury van vrouwen, en van geletterde vrouwen, bekroonde uitgerekend de roman waarin geëmancipeerde vrouwen en de decadente maatschappij die dergelijke fouten van de natuur toeliet, werden veroordeeld! Het bewijs dat de dames van de prix Femina, zelfs nu ze beroeps waren geworden, genoeg masochistisch en respectvol ten opzichte van de traditties bleven om zichzelf te veroordelen, in de vergeefse hoop dat men ze hun succes zou 'vergeven'.

Dankzij dat publieke succes zou het woord 'cerveline' een aanduiding worden voor al die vrouwen met een baard, die intrigantes die te kennen gaven de pretentie te hebben geletterde mensen, dokters of geleerden te zijn, ondanks hun intellectuele tekortkomingen die door de wetenschap waren aangetoond.

Natuurlijk had ik de klassieken gelezen: *La Cousine Bette* en *La Vieille Fille*, waarin Balzac laat doorschemeren wat een afkeer ongetrouwde vrouwen hem inboezemen.

Was het onvermijdelijk dat je door de afwezigheid van een man ertoe werd veroordeeld zo'n afschuwelijke karikatuur te worden en te behoren tot de treurigste en onsympathiekste figuren uit de literatuur?

Ik had ook Henry James gelezen, één van de onbarmhartigste rechters van het vrouwencelibaat. Mij was noch *De moeilijke jaren* noch die persoon bespaard gebleven, die gek van ellende werd en ten slotte haar moeder vermoordde om daarna zelfmoord te plegen. Het lot bleek altijd meedogenloos voor deze ongelukkigen.

Ik ontdekte voor de eerste keer het vergif dat druppel voor druppel werd afgescheiden door al die romans die zo veel onschuldige jonge mensen als adolescent hadden gelezen. En plotseling begreep ik op die zolder de afkeer van mijn moeder voor het beroep van onderwijzeres. Want de meeste heldinnen uit die romans waren onderwijzeres!

Arme mama! In haar ogen kon de status van lerares slechts een garantie zijn voor de ongehuwde staat, die je noodzaakte je vrouwelijkheid op te offeren, tenzij die leidde tot een leven van losbandigheid, wat op hetzelfde fiasco zou uitlopen. En wat was ik dus in haar ogen anders dan ook zo'n 'cerveline', van wie Colette Yver zei 'dat ze hun leven naar hun hersens hadden laten terugvloeien'?

De statistieken gaven haar trouwens gelijk: zeventig procent van de onderwijzeressen en de leraressen in de jaren dertig vond inderdaad geen man, terwijl de grote meerderheid van de schoolmeesters een normaal huwelijksleven leidde. Nog in 1938 werd vierenzestig procent van de leraressen op een middelbare school 'juffrouw' genoemd en werd het onderwijs voor vrouwen nog steeds over één kam geschoren met een soort religieuze roeping die kuisheid impliceerde. In de loop van mijn middelbare-schooljaren had ik trouwens maar twee getrouwde leraressen meegemaakt. De eerste, Madame Ansermet, was weduwe, dus teruggekeerd tot correct gedrag. De andere, Madame Espagne, lerares geschiedenis en aardrijkskunde (zo'n naam zou je niet kunnen verzinnen), had niet alleen een man, maar was ook nog zo brutaal door te gaan met les geven terwijl ze hoogzwanger was. Iets waarover we ons in de vijfde klas verkneukelden maar waaraan we tegelijkertijd ook aanstoot namen. Dus Madame Espagne bedreef de liefde? We hadden nog nooit zoiets van onze andere docenten hoeven denken.

Verward kwam ik terug uit Poissy. Ik had bijna iets begrepen. Maar ik had mijn positie nog nooit van buitenaf bekeken en ik wist niet dat ik deel uitmaakte van een seksuele categorie die nog bindender was dan een sociale klasse. Maar wat een direct feit bleef: ik had bij gebrek aan een werkelijke kwalificatie een beroep zonder toekomst gekozen. Zonder doctoraal geen promotie, en zonder promotie geen fatsoenlijk salaris. 'Misschien ben je, alles welbeschouwd, iemand voor een bijrol,' zei mijn moeder. Waarom zou ik nog koppig volhouden?

Toch zag ik dat het eerste moment van helder besef in me begon te gloren. Maar ik moest de bakens verzetten. De dag waarop een vriend van de familie, een groot verzetsstrijder, me voorstelde bij de Franse radio te gaan werken, op het secretariaat van Jean Marin, die roemrijk uit Londen terugkwam, ging ik zonder spijt weg bij het Bossuetcollege. In november 1944 werd ik secretaresse. Ik zou het dubbele verdienen van mijn salaris als lerares en ik had het gevoel dat ik het ver had geschopt.

Nicole had me tevergeefs aangeraden naar een baan als journaliste te solliciteren. Maar net zoals ik vijf jaar eerder niet in staat was gebleken voor een camera te verschijnen, voelde ik me niet capabel om achter een microfoon te zitten of te improviseren of zelfs maar hardop een tekst te lezen. Bovendien begon ik me over mijn politieke slapheid gedurende de hele oorlog te schamen tegenover de mannen, en ook tegenover de vrouwen, die uit Londen of Afrika terugkeerden, waar ze allemaal hadden gevochten voor waarden waar ik mee instemde, maar die ik me niet verplicht had gevoeld te verdedigen. En ook daarvoor kan ik mijn familie niet verantwoordelijk stellen. Mijn vader, die uit haat tegen de 'Moffen' en uit liefde voor het vaderland al heel vroeg gaullist was, had langzamerhand ruzie gekregen met al zijn vrienden die aanhangers waren van Pétain. We luisterden achter onze verduisterde ramen aandachtig naar het nieuws uit Londen en zongen als een bezwering de herkenningsmelodie van het vrije Frankrijk: radio-Parijs liegt, radio-Parijs liegt, radio-Parijs is Duits!

'Hitler is geestesziek, zoals trouwens veel Duitsers, en

daarom zullen ze de oorlog uiteindelijk verliezen,' zei mijn vader steeds, zelfs op de somberste dagen.

Maar de nederlaag van de Duitsers liet lang op zich wachten, in de Elzas werd nog gevochten. We zagen de divisie van Leclerc en de Amerikaanse troepen in Parijs verschijnen, en die strijders uit de duisternis opduiken dankzij wie wij zonder al te veel schaamte in de overwinning konden delen. We prezen ons gelukkig dat we ondanks alles altijd aan de goede kant hadden gestaan, en al had ik dan niets om trots op te zijn, ik dacht dat ik mezelf niets te verwijten had. Uitzonderingen daargelaten waren vrouwen niet bestemd om de geschiedenis te maken, maar om die te ondergaan. Toch raakte ik met de terugkeer van de gedeporteerden en de eerste getuigenissen van de kampen door een vaag gevoel van schaamte bevangen, en kwam er een herinnering bij me boven die ik had willen vergeten: mijn ouders woonden nog steeds op nummer 44 in de Rue de Bellechasse, maar tegenover ons, op nummer 35, had het Judische Geschäft van juwelier Markovitch zijn deuren niet meer geopend.

'Die komen nooit meer terug,' zeiden de mensen die op de hoogte waren.

En plotseling zag ik weer het gezicht voor me van een meisje van dertien of veertien jaar. Ik herinner me dat ze kastanjebruin haar en dikke, bleke wangen had, en dat ze op een avond bij ons had aangebeld. Ze hadden zojuist haar ouders gearresteerd en meegenomen naar een 'onbekende bestemming'. De woning was verzegeld en ze wist niet waar ze heen moest. Omdat onze ouders twee dochters hadden die nauwelijks ouder waren dan zij, dacht ze waarschijnlijk dat ze medelijden zouden hebben en haar op zijn minst een paar dagen zouden herbergen. Maar ze hadden nu juist die twee dochters, en mijn vader weigerde die in gevaar te brengen voor een onbekende, die bovendien nog joods was. We bespraken het op fluistertoon.

'Als we worden aangegeven, als ze haar bij ons vinden, worden we allemaal gearresteerd,' zei Pater. 'Ik heb plichten tegenover mijn gezin. Als ik alleen was, zou het wat anders zijn.'

En het was waarschijnlijk waar dat hij anders had gehandeld als hij alleen was geweest. Het was ook waar, want dat had men ons zo vaak verteld, dat de joden voor een heel groot deel verantwoordelijk waren voor onze nederlaag, vooral Léon Blum, die ons niet had voorbereid op de oorlog. Maar tegelijkertijd was papa een verdediger van Dreyfus geweest, daar liet hij zich graag op voorstaan. En tegelijkertijd had hij zijn tabaksrantsoenen maandenlang naar zijn vriend Max Jacob gestuurd, voordat die in Drancy terechtkwam, waar hij zou sterven. Je kon medelijden hebben met iedere joodse vriend als individu, maar in zekere zin werd hun collectieve straf geaccepteerd. Zo werkte het Franse antisemitisme.

Zo werkte ook dat van mij, terwijl ik er toch prat op ging dat ik een humaniste was.

Ik had op de borst van mijn studievrienden, Hélène Heller, Maurice Werther en Annette Birman, de gele ster zien verschijnen die ook hen verwees naar een 'onbekende bestemming'. Die formulering hield rekening met onze gevoeligheid en rechtvaardigde ons gebrek aan opstandigheid. Ik had gezien hoe hun in de metro het achterste rijtuig werd toegewezen, en ik dacht dat ik al veel deed door samen met hen achter in de trein in te stappen. Maar verder ging ik niet: de joden hadden een lot dat niet mijn zaak was.

Ik herinner me niet meer of ik erbij was of niet toen de kleine Markovitch weer naar buiten werd gestuurd, het donker in. Als ik me heb geschaamd, ben ik dat vergeten. Ik weet dat ze niet eens tot de woonkamer is gekomen. Het is net als met een verdwaald dier: als je het binnenlaat, ben je verloren. Je moet meteen flink zijn. Ouders weten dat en vermijden dit soort ervaringen. Ook wij vermeden te lang naar het meisje Markovitch te kijken.

Al met al waren wíj niet schuldig en moest er wel een zondebok worden gevonden voor onze verpletterende nederlaag. Pater had zich in 1914 heldhaftig gedragen. Hij was bij de slag bij de Marne, daar was hij gewond geraakt, en hij kon nu niet van lafheid worden verdacht.

Maar ik, wat had ik gedaan om niet heldhaftig te hoeven zijn? Of zelfs niet moedig? Of om niet eens na te hoeven denken? Wat voor toverdrank had ik gedronken dat ik een vierde deel van mijn leven onverschillig was gebleven terwijl de beschaafde wereld om mij heen instortte, zonder dat ik erbij betrokken raakte, zo niet bij de Geschiedenis, dan toch op zijn minst bij mijn eigen geschiedenis, zonder dat ik de dringende noodzaak voelde uit mijn cocon te breken en iets anders te worden dan een larve, namelijk een mens?

Die vraag begon zich aan me op te dringen door donkere lagen heen, door die ondoorgrondelijke, inerte materie waarvan ik was gemaakt, en met mij vele jonge meisjes van mijn generatie. De vraag kwam nog maar net bij me op, maar ik voelde dat het antwoord van fundamenteel belang zou zijn. Ik geloof dat er geen belangrijker vraag bestaat; en geen antwoord dat essentiëler is voor miljoenen mensen van het vrouwelijk geslacht.

'Hoe noem je dat, wanneer de dag aanbreekt zoals vandaag en alles is bedorven, alles is vernield, en je toch lucht hebt om te ademen...?' Hoe noem je dat, wanneer je jeugd voorbij is gegaan zonder dat je werkelijk iets hebt begrepen, en je op de drempel van het leven staat in een verscheurd, verwoest land, zonder goed te weten wat je met je toekomst moet doen?

Op de beroemde vraag van de vrouw Narsès, wanneer alles is volbracht in de tragedie *Electre*, geeft Giraudoux een niet minder beroemd antwoord: 'Dat heeft een heel mooie naam, vrouw Narsès, dat heet de dageraad.'

HOOFDSTUK 4

Een fantastische moeder

Josyane Savigneau — Uit de beschrijving die u van u moeder geeft, komt ze, ondanks een paar nogal onsympathieke kanten, als heel aantrekkelijk tevoorschijn. Je ziet hoe die vrouw heeft geleefd in een maatschappij die volledig door mannen werd gedomineerd en hoe ze, om zich te verweren, zichzelf heeft willen vormen.

Benoîte Groult — Ze heeft zichzelf gevormd, uitgaande van haar eigen moraal, die niet de moraal van haar omgeving was. En omdat ze heel geestig was en ervan hield om in gezelschap te schitteren, gasten te ontvangen, het spel van de verleiding te spelen, was Nicole Groult een persoonlijkheid geworden in de Parijse wereld. Maar ik denk dat wat vooral aantrekkelijk in haar moet zijn geweest, die waanzinnige levenslust was, die ze uiteindelijk aan mij heeft doorgegeven... dat besef ik de laatste tijd.

Waarschijnlijk merkte ze, wanneer ze naar de vrouwen om haar heen keek, hoezeer die door de mannen werden gedomineerd. Ze is dus heel ver de andere kant op gegaan. Maar de balans is bij haar zo ver doorgeslagen dat je je afvraagt of ze in staat was een echte relatie te hebben met een man, of ze zich niet eerst en vóór alles tegen hen moest beschermen en verdedigen.

Ongetwijfeld. Maar in de eerste helft van deze eeuw, en zelfs later, kwam het heel zelden voor dat je een echte relatie kreeg met een man. Alles speelde zich af volgens het schema dominante man/aantrekkelijke vrouw. Zo was het ook voor haar, behalve dan toch met mijn vader, omdat hij voortdurend van haar heeft gehouden, haar heeft beschermd, ook al werd hij aan alle kanten voorbijgestreefd door het type vrouw dat zij was. Hij heeft haar voortdurend gesteund in haar carrière door zich bezig te houden met de boekhouding van het modehuis, met al die cijfers die mijn moeder naar haar zeggen minachtte. Maar wat weet je eigenlijk van het privé-leven van je ouders? Ik denk dat ze veel geheimen heeft bewaard, en dat ze een nog rijker leven heeft gehad dan ik denk.

Ik heb de indruk dat er in haar leven een paradox schuilt, want ze had in haar kinderjaren niet in een milieu geleefd waar werd geprobeerd vrouwen aan banden te leggen.

Jawel! Welke vrouw die omstreeks 1900 is geboren, is niet aan banden gelegd? Ze werd opgevoed met het oog op het huwelijk, punt uit. Dat wil zeggen om de teugels in handen van een man te geven, met de bedoeling dat hij haar zou leiden waarheen hij wilde. Dat ze operettezangeres had willen worden, werd al beschouwd als een heel zorgwekkend teken! En toen kwam die oorlog van 1914; en oorlogen hebben, net als revoluties, de vrouwen altijd bevrijd... in het begin. Mijn moeder was een van de weinige vrouwen die hun verworvenheden hebben behouden. Tussen 1914 en 1918 is ze alleen, zonder kind, in Parijs gebleven, met haar boezemvriendin Marie Laurencin, die al schilderde en in de Bateau-Lavoir kwam, en met Apollinaire en andere kunstenaars omging. Ik vermoed dat ze met Marie de verstandhouding, het plezier van vrouwen onder elkaar heeft ontdekt, waarvoor de maatschappij in die tijd veel begrip had. Die vorm van liefde werd niet serieus genomen. En vervolgens beging Marie de grote domheid aan het begin van de oorlog te trouwen met een Duitser, een heel rijke schilder, een playboy, en was ze gedwongen Frankrijk te verlaten en in Spanje in ballingschap te gaan leven. Als afleiding is mijn moeder jurken gaan maken voor haar vriendinnen, en daarna is ze een modehuis begonnen. En dat was het begin van haar succes.

Maar als ze haar jonge echtgenoot had laten begaan in haar huwelijksnacht in 1907, had ze in 1914, net als haar zus Jeanne, al vier kinderen gehad, of drie, zoals haar broer Paul Poiret, of twee, zoals haar zusje Germaine, en had ze zich geen beroep of minnaars kunnen veroorloven! André zou, terug uit de oorlog, in zijn enthousiasme nog twee kinderen bij haar hebben verwekt, en dan was het een verloren zaak geweest: dan zou Madame André Groult nooit Nicole Groult zijn geworden.

Deze vrouwen, zowel Marie Laurencin als uw moeder, leefden in een tijd waarin een vrouw, als ze creatief wilde zijn, alleen maar een 'sociale', echtelijke verhouding met mannen kon hebben. Echte intieme verhoudingen waren onmogelijk, miserabel, onoprecht... vanwege de sociale druk. Maar u hebt vervolgens noch het voorbeeld van uw moeder willen volgen, noch het voorbeeld waartegen zij zich had verzet, dat van de gehoorzame vrouw. U hebt eerst geweigerd zo te worden als zij, deel te nemen aan de strijd die zij had gestreden.

Met als gevolg dat ik... helemaal niets werd. Ik had bewondering voor mijn moeder, maar alles wat ze deed ergerde me: ik had een hekel aan mode, hoeden, jurken, de klantenkring; een hekel aan recepties en grote diners. Bovendien was ik geen kunstenares: ik zag nauwelijks het verschil tussen het Heilig Hart in de Saint-Sulpice en de *Heilige Sebastiaan* van Mantegna. Ik had 'de smaak van een Engelse nurse', zei mama. Ik moet zeggen dat ik tot mijn tiende was grootgebracht door een Ierse nanny! Ik vluchtte dus in het schrijven, maar eigenlijk op een vage manier. Ik schreef nogal onbeduidende tekstjes, die ik achter in laden verstopte of dacht te verstoppen.

Toen ik bijna veertien was, besloot mijn moeder dat ik een toneelstuk zou schrijven als mijn debuut in de literatuur. Ze zorgde ervoor dat er kostuums en een decor werden gehuurd. In feite had zij dat stuk geschreven. Ze had een rijmwoordenboek voor me gekocht en ze keek me voortdurend op de vingers en bedacht alle dialogen. Ik had een onderwerp gevonden van het niveau van Bécassine. Een houthakker, een fee en kleine kinderen. Paul Poiret kwam de houthakker spelen. Flora was het elfje en ik natuurlijk de fee. Ik hield mijn toverstokje vast als een paraplu. Mijn oom Paul had niet de moeite genomen om zijn tekst te leren, de spelbreker! Hij improviseerde, waardoor alle acteurs van hun stuk werden gebracht. Aan het einde liet mijn moeder me het publiek groeten en gaf ze te kennen: 'U hebt zojuist het eerste stuk gezien dat is geschreven door Rosie Groult.' Ik voelde me iemand die onterecht met de eer ging strijken en had opnieuw een bewijs van mijn talentloosheid.

In uw geval is er sprake van een buitengewoon interessante paradox en tegenstrijdigheid. Over het algemeen is men van mening dat vrouwen die er niet in zijn geslaagd zich te ontplooien, zich los te maken uit de korst van een 'vrouwenbestaan', daarin zijn gehinderd door hun maatschappelijke situatie. Ze hebben geen andere keuze gehad dan gedrag en tradities na te bootsen. Terwijl u juist afkomstig bent uit de gegoede burgerij, die bovendien kunstzinnig en non-conformistisch was. Toch lijkt het alsof u nog meer vast zat dan anderen!

Non-conformistisch, dat is waar, behalve soms wat de uiterlijke schijn betreft. Mijn moeder zou in de wolken zijn geweest als ik tegen haar had gezegd: ik wil een komische opera schrijven of realistische liederen gaan zingen... Maar nee: ik gaf Latijnse les aan de kindertjes uit de buurt. Bovendien was ik verbijsterd door haar raadgevingen om mannen te manipuleren. Mijn seksuele opvoeding was een antiseksuele opvoeding, waarbij geslachtsverkeer werd afgeschilderd als een naar moment waar je even doorheen moest. Ze bekeek me met afschuw toen ze lucht kreeg van mijn eerste opwinding. Ze had een vreselijk goede intuïtie, of ik kon niets verbergen. Ik was een keer thuis gekomen met een knoop van mijn blouse open. 'Heb je hem de borst gegeven?' vroeg ze waar de hele familie bij was. Mijn vader boog zich over zijn bord en durfde niet te zeggen: 'Laat je dochter met rust!'

Die eerste jongen was een Egyptische student die met mij Latijn en Grieks studeerde aan de Sorbonne. Mijn moeder waarschuwde me onmiddellijk: 'Pas op voor Egyptenaren, ik ken ze' – ze had verscheidene keren haar collectie in Caïro gepresenteerd. 'Ze zijn altijd met hun ding in de weer. Het zijn maniakken die alleen maar "daaraan" denken.' Ze had trouwens geen ongelijk... De Arabische studenten die in Frankrijk kwamen en zelfstandige jonge meisjes ontdekten, dachten natuurlijk dat het hoeren waren. Je voelde bij hen altijd tegelijkertijd hun begeerte en hun minachting. Hoe dan ook, het was heel moeilijk om verliefd te worden wanneer je was overgeleverd aan de praatjes van mijn moeder.

Had uw moeder een soort afkeer van haar lichaam?

Ik geloof niet dat het afkeer was. Ze hield van haar lichaam, verzorgde het met raffinement, maakte zich met zorg op. Maar het is waar dat ik mijn ouders altijd gescheiden heb zien slapen. Het genot heeft ze hopelijk gekend met de vrouwen die haar nooit bang hebben gemaakt, die ze niet hoefde te domineren. Vrouwen, dat betekende genot zonder verdriet... Ik kwam er veel later achter dat ze veel homoseksuele vriendinnen om zich heen heeft gehad. Vrouwenparen, meestal mooi en excentriek. Twee daarvan waren tamelijk bekende antiquaires aan de Quai Voltaire, met een vrijmoedigheid in hun manier van praten en hun gedrag die mij fascineerde. Ik vond hen geweldig. Ze kwamen vaak bij ons thuis, of gingen met ons mee op vakantie. Pater hield veel van ze. Het was in kunstenaarskringen in de Dwaze Jaren en tot de oorlog van 1939 een periode van heel losse zeden. Maar de man bleef degene om wie alles draaide. Kijk maar naar Colette! Ik herinner me dat mijn moeder op de dag dat ze zestig werd (haar sterrenbeeld was natuurlijk Ram) met een triomfantelijke blik thuiskwam, terwijl ze tegen mijn zus en mij zei: 'Ik hoop dat jullie het net zo zullen doen als ik, mijn wijfjes: vrijen op je zestigste! Neem er een voorbeeld aan.'

Haar aanbidders, die over het algemeen schrijvers of schilders waren, onderhielden briefwisselingen met haar, droegen gedichten aan haar op, stuurden haar bloemen, cadeaus en tekeningen... De telefoon heeft aan dat alles een eind gemaakt. Ik veronderstel dat ze wist hoe ze komedie moest spelen in de liefde. Veel vrouwen waren in die tijd frigide, bij gebrek aan seksuele voorlichting en ervaring. Maar mannen vonden dat uiteindelijk wel best. Het was voor hen minder verontrustend dan de vrouwen die ze 'nymfomanen' noemden. De begeerte, de sensualiteit van vrouwen, en vooral van echtgenotes, heeft mannen altijd afgeschrikt.

Maar hoe komt het dat uw vader, die heel vastomlijnde ideeën had over zijn leven en zijn werk, zich nooit heeft doen gelden 'als man'?

Man-zijn had bij ons thuis op zich geen betekenis! Het kwam neer op een paar huishoudelijke karweitjes: steenkool uit de kelder halen, stopcontacten repareren, de auto besturen, en onder de motorkap kijken als die pech had... En verder bediende hij zichzelf af en toe als eerste aan tafel om te kunnen zeggen: '*Ego, primam tollo, quia nominor leo.*'* Maar net als bij de leeuwen, was de leeuwin de belangrijkste figuur! Zelfs in artistiek opzicht wist hij niet op de voorgrond te treden, zichzelf te verkopen. Zonder mijn moeder, die zijn ontwerpen liet zien en klanten voor hem vond, had hij het waarschijnlijk opgegeven.

Heeft ze hem in zijn beroep geholpen?

Ja, zeer. Omdat ze op dat gebied bewondering voor hem had en vond dat hij talent had. Jammer genoeg is de decoratiestijl uit de jaren dertig na de oorlog uit de mode geraakt, en heeft mijn vader de moed laten zakken. Kort voor zijn dood heeft hij zijn laatste meubels verkocht bij Drouot. Paul en ik hadden geen geld, maar ik had veel zin om een haaienleren meubel dat ik als kind altijd in onze woonkamer had zien

---

* 'Ik neem het eerste stuk, omdat ik leeuw heet.'

staan weer terug te kopen. Maar mijn vader heeft me ervan weerhouden op de veiling op te staan. 'Verroer je niet. Ik wil zien hoezeer niemand zich meer interesseert voor wat ik doe.' En zijn meubels zijn allemaal weggegaan voor belachelijke prijzen. En daar zat hij te genieten van zijn nederlaag. Het was een verslagen man. Trouwens, ik had ook geen besef van zijn talent. Je onderschat je naaste familie bijna altijd. Ik heb pas tien jaar na zijn dood echt waardering voor zijn werk gekregen. En hij is heel ongelukkig gestorven. Vooral omdat zijn vrouw er niet meer was om hem te steunen: ze leed aan cerebrale anemie. Tegenwoordig zou je zeggen: de ziekte van Alzheimer, denk ik.

Denkt u dat dit defaitisme een stempel op u heeft gedrukt?

Nee, omdat ik, om je de waarheid te zeggen, jarenlang heb gedacht dat ik niet van hem was. Ik houd als dochter erg veel van mijn Pater. Hij heeft me opgevoed, waarschijnlijk was ik zelfs zijn favoriet, en het is een persoon die mij roert. Maar waarom ben ik pas in 1920 geboren, terwijl ze in 1907 zijn getrouwd? Mijn moeder heeft me verteld dat haar eigen moeder op de avond van haar trouwdag, toen ze het huwelijksbed opmaakte, een zeiltje onder het laken had gelegd met de woorden: 'Dat is voor het bloed, meisje,' zonder nadere uitleg. Van de gedachte dat ze geofferd zou worden op het altaar van het huwelijk was juffrouw Marie Poiret vreselijk geschrokken. En nog meer toen ze de bedreigende, volkomen onbekende geslachtsorganen zag. Omdat ze niet leeg wilde bloeden, weigerde ze haar huwelijksplicht te vervullen. Mijn arme vader, die geen verkrachter was, zal wel onhandig hebben aangedrongen en gesmeekt, maar hij wist ook niet hoe een vrouw gebouwd was, hoewel hij een lesbevoegdheid in de natuurwetenschappen had! Jonge mensen gingen voor de Eerste Wereldoorlog vaak als maagd het huwelijk in. Kortom, hij kreeg niets voor elkaar en ging in 1914 in militaire dienst, terwijl hij, naar wat ik begrepen heb, een jonge vrouw als maagd achterliet.

Mijn moeder had beloofd zich door een gynaecoloog te laten onderzoeken, want ze was ervan overtuigd dat ze verkeerd gebouwd was. Ze ging erheen met Marie Laurencin, en de dokter zei tegen haar: 'Mevrouw, u bent volkomen normaal, en het moet naar binnen... op de plek die ik u zal laten zien.' Haar kennende kan ik me niet voorstellen dat ze voor de terugkomst van haar man niet wat praktische oefeningen heeft uitgeprobeerd. Zij, die te jong was getrouwd, is in de oorlog veel uitgegaan, heeft veel vrienden gemaakt. Ik heb zelfs achteraf verdenkingen gekregen ten opzichte van L., die mijn doopvader was. Hij is overleden toen ik zeven was en het had, hoe dan ook, niets te maken met een zoektocht naar het vaderschap. André was misschien niet mijn vader, maar wel mijn papa! Weet je, veel kinderen verbeelden zich dat ze door de zigeuners zijn gestolen... En ik verzon een mysterieuze vader, dat had iets romantisch. Toch had ik een aanwijzing. Ik wist dat mijn vader een of twee keer had gezegd: 'Rosie heeft precies zulke voeten als L., met de grote teen gescheiden van de tweede teen.' In het begin zijn er dus twijfels geweest. Zo veel vrouwen zullen tijdens oorlogen hun man hebben bedrogen en zo veel kinderen die van een ander waren, zullen aan hun wettige vader zijn toegewezen! In ieder geval is Nicole ook daarin geslaagd: haar man ervan te overtuigen dat zijn verdenkingen niet gerechtvaardigd waren. Ze was 'pienter', zoals ze in die tijd zeiden! En verder leek ik, afgezien van mijn tenen, heel erg op haar... Ook daarin heeft ze geluk gehad...

Toen ik het had over het gevoel van verslagenheid, zinspeelde ik niet noodzakelijkerwijs op een erfelijke invloed, maar op het feit dat u een vaderbeeld hebt gehad van een man die vluchtte in bitterheid en negatieve gedachten.

Het was niet volledig negatief, omdat er altijd nog de kunst was, het respect dat we allemaal hadden voor mensen die iets creëerden, zelfs als ze verdoemd waren.

Uw vader is overleden vóór de hernieuwde belangstelling voor de mode van de jaren '25-'30.

Helaas, ja. Terwijl er voor zijn meubels nu waanzinnige prijzen worden gevraagd. Een expert op het gebied van de kunst uit die tijd, Félix Marcilhac, heeft zojuist een prachtig geïllustreerd boek geschreven over André Groult, dat verschenen is bij L'Amateur.* Maar het heeft veel moeite gekost om zijn carrière te reconstrueren, want hij gooide uit defaitisme alles weg. Mijn moeder noemde hem als iemand aan wie je geen voorbeeld moest nemen: 'Stort je in het leven. Laat je niet terneerslaan zoals hij.' Mijn zus was heel sentimenteel, lichtgeraakt en gemakkelijk ontmoedigd. Ik geloof dat Nicole haar heeft gered, haar karakter heeft gevormd... De invloed van mijn moeder op mijn zus heeft haar volledig doen opbloeien, terwijl die mij heeft verlamd... Daarom moet ik lachen om de theorieën over de opvoeding...

Die geheime tuin die u met uw vader deelde, de studie, de sport... Bent u daar niet door opgebloeid?

Ik heb er veel vreugde aan beleefd, maar ik wist dat het niet het belangrijkste was. Dat was niet het echte leven. Trouwens, ik was nergens kampioene in: noch in skiën, noch in tennis, en ik zwom middelmatig. Ik kon me niet voorstellen dat je kampioene kon zijn. De competitiegeest werd bij meisjes niet aangemoedigd, op enkele uitzonderingen na: Sonia Henie, Suzanne Lenglen.

Meisjes waren niet geschikt voor de hoofdrol. Op het gebied van sport had ik bijvoorbeeld dolgraag aan atletiek gedaan, vooral hardlopen. Ik had een groot uithoudingsvermogen, ik had een traag hartritme, veel adem... maar ik heb nooit kunnen trainen. Je moet je voorstellen dat er op het Sainte-Clotilde-instituut, waar ik mijn hele opleiding heb genoten, niet eens een schoolplein was! Geen ruimte waar je

* *André Groult, décorateur-ensemblier du XXe siècle*, maart 1997.

kon springen of aan gymnastiek kon doen. Het was meisjes niet verboden om aan gymnastiek te doen, er was eenvoudigweg geen sprake van. Niemand protesteerde. Om de twee uur liep je tien minuten wat heen en weer; dat was dan de pauze!

Hoe komt het dat het gevoel dat u lichamelijk goed functioneerde u geen zelfvertrouwen gaf?

Het waren alleen momenten van genoegdoening, momenten van vakantie. Als ik weer terug was in Parijs moest ik me weer buigen onder het juk van de 'echte waarden', het belang van succes hebben in Parijs, en niet in Concarneau! Dan voelde ik dat de rest niet meer dan een fabelachtige tussenperiode was, verbonden met de vakantiegeest, om het zo maar eens te zeggen. Ik weet dat het moeilijk voorstelbaar lijkt, vanwege de afstand en de posities die ik later heb ingenomen, maar mijn persoonlijkheid slaagde er niet in zich te ontwikkelen. Het verbaast me dat zelfs de oorlog niet als elektroshock heeft gefungeerd. Het was waarschijnlijk ook een kwestie van gebrek aan moed. Ik heb een groot uithoudingsvermogen, maar ik ben niet dapper. Nu denk ik bij mezelf: waarom ben ik eigenlijk niet in het verzet gegaan? Maar je ging niet in het verzet door een deur open te duwen. Je moest karakter hebben, dodelijke risico's accepteren, duidelijke politieke stappen hebben ondernomen, en dat had ik niet. Ik zag later dat Simone de Beauvoir die ook niet had ondernomen. Toen schaamde ik me minder. Veel jonge intellectuelen hebben op die manier de Geschiedenis afgewacht. Zelfs Sartre. Het was tegelijkertijd egoïsme en een zekere lafheid.

Onder welke omstandigheden hebt u die oorlogsperiode doorgebracht?

Alsof ik door een heel, heel lange tunnel liep. De studie verschafte me een fatsoenlijk alibi. En verder had je het razend druk met overleven: zorgen dat je voedsel had, de avondklok, de metrostations die gesloten waren, de stroom die werd onderbroken, 'hooikisten' die je moest maken om het voedsel te koken, de uren dat je probeerde de Engelse radio te pakken te krijgen. En dan waren er anderhalf miljoen gevangenen. We maakten pakjes klaar, breiden, stuurden boeken...

Aan welke kant stond uw vader in politiek opzicht?

Pater was vóór alles een patriot, van het type '14-'18. Hij was bij de vuurkruizers van kolonel De la Roque geweest, dus dat was rechts. Maar De la Roque is gedeporteerd vanwege verzetsdaden, laten we dat niet vergeten. Natuurlijk heeft mijn vader het Volksfront niet op prijs gesteld. Maar in 1940 heeft hij zich meteen geërgerd aan de wapenstilstand en aan de namaakstaat van Vichy. Als wij jongens waren geweest, had hij ons op een trawler naar Engeland gezet. Dat was gemakkelijk, we waren in juni 1940 in Concarneau.

Door dat patriottisme heeft hij op zijn minst aan bepaalde afdwalingen kunnen ontsnappen.

Absoluut. Hij minachtte collaborateurs. Wat het des te onbegrijpelijker maakt dat ik me zo weinig heb geëngageerd. Ik was nog steeds een verlate adolescente. Twintig jaar was in 1940 niet ouder dan vijftien nu. Wij waren 'oppassende' meisjes, dat wil zeggen gehoorzaam en meegaand. Je kunt het niet vergelijken met de jeugd van nu, die van alles op de hoogte is, een eigen mening heeft en dankzij de anticonceptie seksuele vrijheid geniet. Kortom, een heel ander klimaat.

Het blijft verbazingwekkend dat in dat gezin, dat in zekere zin feministisch avant la lettre was, uw feminisme niet tot uiting is gekomen. U verwierp het voorbeeld van uw moeder. Maar voelde u ook wrok ten opzichte van uw vader omdat hij niet méér solidair met u was?

Ik neem het hem kwalijk dat hij me heeft laten geloven dat er maar één type meisje bestond, het type dat mijn moeder aanprees, en dat ik een mislukkeling zou worden als ik me daar niet aan aanpaste. Vooral omdat ik mijn zus moeiteloos het door de familie gewenste kader zag binnengaan.

Wat deed uw zus aan het eind van de oorlog?

Flora volgde een tekenopleiding aan La Grande Chaumière. Ze had borden voor Christofle ontworpen. Ze had tekenares kunnen worden, maar toevallig ontmoette ze een heel rijke Engelse bankier, met wie ze is getrouwd. Men was van mening dat ze gesetteld was, en over de rest werd niet meer gepraat. Ze ging in Londen wonen en mocht niet werken.

En uw eigen huwelijk? Het eerste?

Ik ben getrouwd in juni 1944. Pierre Heuyer is op zijn drieëntwintigste in het sanatorium van Sancellemoz gestorven aan tuberculose. Hij bereidde zich voor op een inwonend co-assistentschap in de geneeskunde, was dichter en had al twee toneelstukken geschreven, zo'n beetje in de trant van Jean Anouilh. Het was een begaafde, moedige jongen, vol humor. Ik heb een paar van zijn brieven geciteerd in *Een eigen gezicht*. We hadden met elkaar gevrijd op grond van een persoonsverwisseling à la Marivaux! Hij was niet degene die ik die nacht in mijn kampeertent in Ingrandes verwachtte... En hij kwam als vervanger voor zijn vriend, Jean Deniker*. Dat was gebruikelijk, dat er onderling geruild werd, in de groep medicijnenstudenten waar hij deel van uitmaakte. En met een algeheel cynisme waar ik helemaal geen weet van had. En toen gebeurde er iets wat niet in het programma stond: omdat hij het niet was... omdat ik het niet was! Kortom, we werden verliefd.

* Jean Deniker, die ook medicijnen studeerde, zou in 1945 sneuvelen tijdens de campagne in de Elzas.

Met vierentwintigenhalf jaar ging u 'eindelijk' trouwen... Was uw moeder opgelucht?

Nee, niet echt opgelucht.
Ten eerste kreeg Pierre een bloedspuwing op de dag voordat hij langs een clandestiene weg via Spanje zou vertrekken om zich bij de divisie Leclerc in Afrika te voegen.
Ten tweede was hij een jaar jonger dan ik en maar drie centimeter groter, en had hij zijn studie niet afgemaakt.
En ten derde was hij de zoon van een barones die geweldig Russisch en aan de drank verslaafd was en een eminente professor in de geneeskunde, die echter door zijn communistische ideeën lange tijd in zijn carrière was gehinderd. Bovendien was de professor heel klein, heel slecht gekleed en had hij heel weinig geld.
'Je trouwt met de zoon van een zuiplap en een dwerg!' zei mijn moeder. Ze had de professor de bijnaam Nimbus gegeven, een figuur uit een in die tijd beroemde strip, een verbijsterde, piepkleine geleerde met een kuif op zijn kale schedel.

Toen u met Pierre Heuyer trouwde, wist u al dat hij dood zou gaan.

O nee! Je gelooft nooit dat iemand op zijn drieëntwintigste dood zal gaan! Hij had acht maanden in het sanatorium doorgebracht, hij kwam naar huis om te trouwen, en we geloofden in een remissie; in feite was hij niet genezen. In de oorlog was er niets te eten in een sanatorium. Ze hadden zelfs gebrek aan steenkool. Ik stuurde hem Nestlé-meel, eieren, een of twee tegelijk, dat was al een hele prestatie. Nadat we getrouwd waren, zijn we op huwelijksreis de stad uit gegaan... naar Isle-Adam. De Amerikanen waren zojuist in Normandië geland. Een maand later werd Pierre weer ziek en keerde hij terug naar de hoogvlakte van Assy.

Werd hij door uw familie afgewezen?

Nee, die had zich erbij neergelegd. Bovendien was mijn moeder niet helemaal harteloos! Maar ze beschouwde hem als een jongetje, niet als een echte man. Bovendien was hij heel blond, niet groot, met blauwe ogen en uitstekende jukbeenderen als van een moezjiek, waardoor hij er nog jonger uitzag. Maar hij had een ontstellende galgenhumor. Hij is op zijn Russisch gestorven, grinnikend over God, ongeluk en onrechtvaardigheid, in het bijzijn van de aalmoezenier van het sanatorium, die was gekomen om hem kalmerende woorden toe te spreken. Hij schreef gedichten, een beetje in de stijl van Jules Laforgue, die ook gestorven is aan tuberculose.

Zou hij een beetje de zoon zijn geweest die uw moeder nooit heeft gekregen?

Ik weet het niet. En ik weet niet of ze het jammer vond dat hij doodging. Nicole verloor geen tijd met treuren. Als bewijs noem ik de manier waarop ze reageerde op de dood van mijn zusje Marion. Marion en ik waren, toen we respectievelijk achttien maanden en drie jaar oud waren, op wintersportvakantie in Saint-Gervais met oma Poiret, mama's moeder. Bij een maaltijd liepen veel gasten van ons hotel een voedselvergiftiging op. Mijn zusje stierf binnen vierentwintig uur door uitdroging. Mijn moeder kwam meteen, zag dat ik ook erg ziek was en ondanks de vermaningen van de dokter, die zei dat ik niet vervoerd mocht worden, nam ze me als een wolvin in haar muil en ging ze met de nachttrein terug naar Parijs, om me te laten behandelen door de dokter in wie ze vertrouwen had, terwijl ze het lijkje van haar andere dochtertje bij mijn arme oma achterliet. Ze vocht alleen voor de levenden, de doden interesseerden haar niet meer. Marion is trouwens ter plaatse begraven in Saint-Gervais. Mijn moeder heeft altijd geweigerd daarheen terug te keren, en ervoor gezorgd dat wij niet in nagedachtenis aan 'het verdwenen engeltje' hoefden te leven, zoals zo veel gezinnen in die tijd deden. Ze zette in op het leven en maakte tien maanden later een ander kind. Dat was Flora, die wel als een engel uit de hemel werd verwacht... Ik herinner me dat ik dat heel goed voelde. Nicole had weer graag een dochter gewild. Dochters slaagden in onze familie. We hebben nooit een broer of een neef gehad die ons in de schaduw stelde. Ik zorgde wel voor mijn eigen schaduw!

Hoe reageerde u toen Pierre Heuyer stierf?

Eerst was ik opstandig. Ze hadden hem een extrapleurale pneumothorax gegeven, een afschuwelijke variant op de klassieke pneumothorax. De operatie was mislukt. Het litteken op zijn rug ging over een lengte van tien centimeter weer open en ademde als een walgelijke mond. Hij overleed veertig dagen later aan een infectie van het borstvlies en aan sepsis, terwijl de Amerikanen met hun wonderbaarlijke penicilline kwamen. Een week te laat. Ik had zo veel bewondering voor hem en voor zijn vadertje, voor hun grootmoedigheid, hun tolerantie, hun linkse ideeën avant la lettre, dat ik heb geprobeerd na zijn dood een kind te maken met de jongere broer van Pierre. Ik heb dat, onder andere namen, verteld in *Dagboek voor vier handen*. Bovendien wilde ik, romantisch, een kind met Russisch bloed. De moeder van Pierre was in Leningrad, de stad die tijdens een twee jaar durend beleg zo veel angst en bewondering had gewekt.

We moesten heel snel te werk gaan, opdat dit kind voor het kind van Pierre kon doorgaan. Philippe had maar drie dagen verlof om zijn broer te begraven. Zijn vader had mijn plan meteen geaccepteerd. Het was een man van zeventig jaar, maar in de eerste plaats een man met een hart; en door ons hart, en alleen daardoor, werd ons die dwaze daad ingegeven. In ons verdriet bracht dat idee ons een soort hoop. Je moet beseffen hoe de stemming toen was aan het eind van de oorlog, met de ontdekking van de gruwelijkheid van de kampen, Oradour, het bombardement op Dresden met zijn honderdduizend doden, de Franse steden die met de grond gelijk waren gemaakt... Je had geen normaal leven meer... Je kon doen wat je wilde, en mijn kleine, persoonlijke gebaar woog niet zo zwaar in die context. Het was een gebaar van leven tegenover de alomaanwezige dood.

Helaas besliste het lot anders. Ik, die zo vaak zwanger ben geweest zonder het te willen, had die keer geen succes. Bovendien, als toppunt van afschuwelijkheid, sneuvelde Philippe, de broer van twintig, een paar dagen later. Het was alsof Pierre voor de tweede keer stierf. Het verhaal was afgelopen. Dat verhaal. Ik was weer alleen en vrij in een Frankrijk dat zelf ook zijn vrijheid terugvond. Ik woonde niet meer bij mijn ouders, had een eigen appartement, en werkte bij de radio. Generaal de Gaulle stond aan het hoofd van de regering, Parijs herrees en ik had ook zin om te herrijzen. Ik was zojuist een maandlang van heel dichtbij met de dood geconfronteerd geweest, de dood van al die jonge mensen die toen de sanatoria bevolkten, vooral Pierres dood, die er veertig dagen over had gedaan om dat jonge lichaam, vezel voor vezel, klein te krijgen... Ik kon niets meer voor hem of voor zijn familie doen, behalve leven.

De bevrijding kwam me te hulp: de aanwezigheid van de Amerikanen in Parijs, het recht om op straat te glimlachen tegen soldaten, de uitbarsting van vreugde na vijf jaar onder het juk. Ik heb toen zes maanden een uitgelaten leven geleid. Wat ik op mijn achttiende had moeten leren, heb ik in versneld tempo op mijn vijfentwintigste verslonden! Je leert heel snel op die leeftijd, wanneer je niet meer wordt gehinderd door al te veel illusies. In die periode was ik echt een ander, waardoor ik ontdekte dat je niet uit één stuk gemaakt was, zoals ik dacht, maar dat je personages met je meedroeg die volkomen onverwacht en verrassend waren en... soms heerlijk om mee om te gaan! Mijn Amerikaanse leerschool is een essentiële kuur geweest. Dat had ik wel nodig om Mademoiselle Rosie Groult en Madame de weduwe Heuyer uit te wissen. En om echt het leven van een jong meisje, van een vrije jonge vrouw te leiden, dat ik eigenlijk nooit had gekend.

HOOFDSTUK 5

Mijn Amerikaanse leerschool

Josyane Savigneau — Ik zou graag willen dat u wat uitvoeriger ingaat op wat u uw 'Amerikaanse leerschool' noemt. Ik zou graag willen weten wat die periode net aan het eind van de Tweede Wereldoorlog in uw leven heeft betekend. Was het alleen, zoals voor veel andere jonge mensen, de enorme opluchting van de bevrijding, van de herkregen vrijheid? Een soort feest na al die donkere jaren, of was dat moment werkelijk een keerpunt in uw leven, of juist een tussenperiode, iets losstaands tussen twee momenten van uw leven in?

Benoîte Groult — Ik heb er hier maar even op gezinspeeld, omdat ik die periode nogal uitvoerig heb beschreven in *Dagboek voor vier handen* en ik er in *Een eigen gezicht* weer over heb gesproken. Maar het is voor mij een uitzonderlijk moment gebleven. Een soort spijbelen en een inwijding in het leven, na een moeilijke jeugd en een eerste huwelijk in het teken van ziek zijn. De dood van Pierre had een grote leegte in mijn leven teweeggebracht, en de bevrijding van Frankrijk na die vijf oorlogsjaren was als een luchtgat, waarbij plotseling de deuren naar de toekomst opengingen. We hadden sinds 1939 maar half geleefd en nu begon het echte leven weer. Ik was net bij de radio gaan werken, ik was financieel en in gevoelsmatig opzicht onafhankelijk, ik had een appartement, zin om te vergeten en misschien zin om eindelijk die jeugd te beleven die volledig aan me voorbij was gegaan. Die zes of acht maanden zijn mijn scholing geweest... ik durf niet te zeggen in de liefde... ik zou ook niet willen zeggen in de erotiek, want na een oorlog denk je niet speciaal in termen van erotiek. Je hebt zin om de schade in te halen, je hebt weer het recht om te lachen, om je alle pleziertjes tegelijk te veroorloven, al was het alleen maar dat je naar hartelust kon eten van voedsel waarvan je het bestaan was vergeten. De Amerikanen blijven voor mij verbonden met gecondenseerde melk, chocolade, spam, whisky, jazz...

Maar niet alleen daarmee, schijnt het, en zelfs niet alleen met de liefde, met avontuur.

Het had allemaal met elkaar te maken, we hadden een geweldige honger naar alles!

Maar hoe kon u van zo nabij met die Amerikanen omgaan? Hoe kon u toegang krijgen tot dat wat u toen wonderen leken?

Door tolk en hostess te worden. Het centrum voor Frans-Geallieerden en het Amerikaanse Rode Kruis zochten meisjes of jonge vrouwen die goed Engels spraken om als onbetaalde gids op te treden voor de Amerikanen, hun Parijs te laten zien en tijdens hun korte verlofperiodes Franse gezinnen te laten ontmoeten. Flora en ik gaven ons op, zoals veel van onze vriendinnen, met de cultuur als alibi. Ik heb toch verscheidene keren de Arc de Triomphe laten zien... De overwinningen van Napoleon behoorden tot de weinige evenementen uit de Franse geschiedenis die hun iets zeiden! En ik ging voor de eerste keer van mijn leven naar de hoogste verdieping van de Eiffeltoren... Ik heb Parijs nooit beter leren kennen dan toen ik het aan buitenlanders liet zien!

Maar ik moet toegeven dat de cultuur vooral als voorwendsel werd gebruikt. In werkelijkheid gingen we niet naar de clubs voor de liefde, zoals jij schijnt te denken, maar om te eten!

Onze voornaamste bezigheid was het bezoeken van de thé-dansants van de Independence, een officiersclub in het Hôtel Crillon, van de Rainbow Corner, bestemd voor GI's, of van de Club des Canadiens, mooie kerels met brede schouders als van houthakkers – dat was aan de Avenue Montaigne, in een groot herenhuis dat was gevorderd – en van nog een paar andere clubs. We konden kiezen, net waar we zin in hadden. We kwamen tegen vijven, wierpen als paardenkopers een blik op al die schitterende, goedgevoede jonge mannen in smetteloze uniformen, heel wat anders dan onze arme, ontredderde zandhazen...

Dan was het *'Shall we dance?'*, en dan begon het. Maar je moest wel zorgen dat je er was! Om zeven uur moest je je toegangskaartje voor het restaurant hebben verdiend, dat wil zeggen er door een Amerikaan voor zijn uitgenodigd. Ze hadden ieder recht op een meisje. We wisten dat ons in de eetzalen van de Independence Club, op de eerste verdieping van het Crillon, een feestmaal wachtte, dat was beter dan bij de gewone soldaten. Gecondenseerde melk zoveel als je wilde, Coca-Cola – voor ons een exotische drank –, witte wijn natuurlijk, biefstukken die ieder twintig voedselbonnen waard waren, gebakjes met een dikke laag slagroom, echte koffie... alles waar we maandenlang van hadden gedroomd, terwijl we koolraap aten en dicht tegen onze zaagselkachels aan zaten.

Het was een volkomen ongewoon tafereel om die jongedames van goeden huize om het hardst mannen te zien ronselen en bijna hoerige opmerkingen tegen elkaar te zien maken (hun partners spraken praktisch nooit Frans): 'Heb jij er al een gevonden? Ga je vanavond naar boven?', terwijl ze gelukzalig keken naar kerels tegen wie ze op een feestje in Parijs geen woord zouden hebben gezegd. Maar we waren tot alles bereid om niet verbannen te worden naar de duisternis buiten, dat wil zeggen naar onze ijzig koude appartementen, waar we honderd gram van ons rantsoen maïsbrood konden opknabbelen bij een omelet van eierpoeder.

Dus werden we in een versneld tempo ingewijd in de technieken van het versieren. Ik weet zeker dat ik daar later iets aan heb gehad... Naarmate de tijd verstreek, gingen we onze eisen wat minder hoog stellen. Om tien voor zeven kon onverschillig welke boerenpummel in uniform doorgaan voor de Sprookjesprins!

Maar na die agapen, waar je in die tijd met recht naar verlangde, na die smulpartijen zeg maar, wat gebeurde er dan?

Niet veel bijzonders, geloof ik. Weet je, deugdzaamheid, maagdelijkheid was in die tijd nog erg in trek. Bovendien hadden de meesten van die militairen geen nachtpermissie, of waren gelegerd in kazernes buiten de stad. Ze stapten om tien uur weer in hun trucks. En veel van die 'hostessen' woonden nog bij papa en mama. Kortom, ze veroorloofden zich de flirt zonder tot de daad te hoeven overgaan... Een echte meisjesdroom!

Ik had een piepklein appartementje in de Rue Raynouard, met uitzicht over heel Parijs, heel Mimi-Pinsonachtig en passend bij het beeld dat de Amerikanen hadden. Dat heeft bijgedragen tot mijn verderf! Elke keer als ik nu naar het Crillon ga, waar de jury voor de prix Femina sinds drie jaar bijeenkomt, denk ik met nostalgische en beschaamde gevoelens aan de jonge weduwe die haar blauwe fiets aan het hek van het gebouw vastmaakte, tegenover dat schitterende Place de la Concorde, waar je in 1945 bijna geen auto's zag, en die verscheidene keren per week naar de thé-dansants ging zoals je naar de Mannenmarkt gaat!

Wat zo fijn was van die mannen, was dat ze nooit lang bleven. We hadden geen tijd om van die verwoestende romances te beginnen, in de val van de hartstochtelijke liefde te lopen waar zo veel onschuldige meisjes aan ten prooi vallen, die denken op die manier hun buitenissige gedrag achteraf te rechtvaardigen. Je moest jezelf wel de waarheid bekennen: je bedreef de liefde (min of meer) met volslagen onbekenden... Iets wat de meesten van ons nooit van hun leven meer zouden durven doen!

Maar toch, als ik nu hoor hoe u met een soort vrolijkheid die momenten weer in herinnering brengt, lijkt het alsof u die jonge echtgenoot, die nauwelijks een paar maanden eerder aan tuberculose was gestorven, wel snel was vergeten.

Ten eerste cultiveer ik de kunst van het vergeten. Soms is dat een deugd. Bovendien waren de Amerikanen geen mannen: het waren onze bevrijders! We bedreven de liefde met de teruggevonden vrijheid... nou ja, de instrumenten van die vrijheid, als je het liever zo formuleert... In de armen van die mannen vierden we het einde van het nazisme, het feit dat we ons grondgebied hadden teruggekregen, dat er hoop was op een wereldvrede. Dat gaf een historische dimensie aan onze... uitspattingen.

En verder moet ik toegeven dat de seksuele straffeloosheid ons een tot dan toe onvoorstelbare lichtzinnigheid verleende. Want de Amerikanen gebruikten systematisch voorbehoedsmiddelen. Er werd niet eens over gesproken, ze haalden ze als het zover was uit hun zak. In het begin voelde ik dat als een vernedering. Ik had zelfs nog nooit van dichtbij een 'kapotje' gezien, zoals ze die toen noemden. Hadden ze hun soms verteld dat alle Françaises een geslachtsziekte hadden? Maar daarna vond ik het al heel snel fijn dat ik niet meer aan het eind van iedere maand bang hoefde te zijn. Die zekerheid woog ruimschoots op tegen het knalletje van het condoom wanneer het werd omgedaan, op een moment waarop je graag aan iets anders zou denken... In ieder geval heeft het mij toegang gegeven tot zorgeloos plezier.

Maar hoe stond het Amerikaanse leger tegenover dit alles? Hoe keek het aan tegen die Françaises, die zo bereid waren om de soldaten te bezorgen 'wat hun toekwam'?

De Amerikanen waren ervan onder de indruk dat ze in Parijs waren, en ze werden getroffen door de houding en de vrijpostigheid van de Parisiennes. Frankrijk had nog een echte reputatie in die tijd en vooral de Françaises! Ze beschouwden ons graag als experts in de liefde, op het gebied van geavanceerde technieken... alsof wij allemaal aan de Place Pigalle hadden gestudeerd! Het was verheerlijkend en vernederend tegelijk. Maar uiteindelijk was het allemaal van geen enkel belang, aangezien ze nooit bleven. Het was de man in onvervalste staat, met verschillende gezichten, in de meest eenvoudige relatie, ontdaan van sociale verplichtingen en het oordeel van anderen.

Daarnaast hadden ze er geen flauw idee van wat de bezetting voor de Fransen had betekend. Ze geloofden ons nauwelijks wanneer we vertelden dat we gebrek aan steenkool, hout, elektriciteit, zeep, boter en warm water hadden gehad... Oorlog, oké, maar hoe kon je gebrek aan zeep hebben? Wanneer Tex of Red of Bill bij mijn ouders kwamen lunchen, brachten ze zoveel als ze konden mee uit hun besloten magazijnen, de PX: dozen eieren die twee weken eerder in de Verenigde Staten waren gelegd, blikken paté, chocolade, honing, sigaretten... Nicole wist niet zo goed wat ze van mijn gedrag moest denken. Ze vroegen zich af of ik geen snol werd, of een 'halvegare,' zoals Pater zei.

'Dat komt door het verdriet,' legde Flora uit. 'Rosie klaagt nooit, maar ik weet zeker dat ze diep in haar hart verdriet heeft. Dus heeft ze behoefte aan afleiding, die arme meid...'

Ik liet ze praten en zocht afleiding, dat wel!

Een paar van mijn vriendinnen hebben zich zover laten afleiden dat ze met Amerikanen zijn getrouwd en zij zijn naar Winnipeg (Manitoba) of Austin (Texas) vertrokken. We hadden beloofd elkaar te schrijven, elkaar vaak terug te zien. In feite waren ze voor mij evenzeer verloren als die kleine Afrikaanse meisjes die tot een huwelijk worden gedwongen en voor altijd hun geboortedorp moeten verlaten om naar een onbekende stam te verhuizen, waar ze dan een vreemde 'mama' moeten noemen.

Hebt u nooit dat verlangen gehad om weg te gaan? Bent u nooit in de verleiding gekomen ergens anders 'van voren afaan te beginnen'?

Geen seconde. Het idee dat je bij elkaar zou zitten op een boot met *war brides*, zoals de krijgsgevangen vrouwen uit de oorlogen in de klassieke oudheid, die werden meegenomen in de bagage van de winnende soldaten... en dan de Atlantische Oceaan oversteken om geconfronteerd te worden met de vreselijke Amerikaanse 'Moms', die zich zouden hebben afgevraagd met wat voor tovermiddelen die Françaises hun zoon toch hadden kunnen weghouden van de onberispelijke meisjes die voor hen waren bedoeld... Dat vooruitzicht deed het bloed in mijn aderen stollen.

Toch ben ik verliefd geweest op een van mijn bevrijders, een B52-piloot. Ongetwijfeld was hij heel capabel, want hij is een van de privé-piloten van Eisenhower geworden. Hij wilde met me trouwen en me meenemen naar Blue Bell, een dorpje in Pennsylvania. Het was een jood, de zoon van een dorpsslager, wiens familie, die een betere intuïtie had gehad dan de anderen, al in 1925 uit Duitsland was gevlucht, toen hij nog maar twaalf was. Hij had in geen enkel van zijn successieve vaderlanden enige ontwikkeling opgedaan. In zijn Duitse dorp was hij als jood achter in de klas neergezet en de onderwijzer overhoorde hem nooit. In Philadelphia had hij meteen als banketbakkersleerling moeten werken. Hij las nooit een boek, kende van de landen waar hij heen was gereisd alleen de vliegvelden en was alleen geïnteresseerd in vliegende forten en C54's. Wat zou er van mij zijn geworden in Blue Bell, een arme vissersvrouw uit Paimpol die niet eens meer in Paimpol woonde, wachtend op haar knappe piloot die haar zijn vliegavonturen zou vertellen?

Hij heeft nooit begrepen dat ik weigerde in Amerika te wonen, ik, arme onderdaan van een verslagen Frankrijk. Ik ben hem trouwens mijn hele leven blijven zien, en hij is de persoon die mij heeft geïnspireerd tot de held uit *Zout op mijn huid*, van wie ik in de roman een visser heb gemaakt.

Maar nu u besluit niet te vertrekken, wat doet u dan in 1946, wat gebeurt er met u na de Amerikanen?

Nou, ik dacht dat ik een ervaren vrouw was geworden, die zich zou weten te redden met de mannen. Natuurlijk zou het met Fransen lastiger zijn. Maar ik dacht dat ik gepokt en gemazeld was en ik meende dat de man die ik als echtgenoot zou kiezen (nog steeds die obsessie van het huwelijk) keurig zou worden ingepakt en daar dolblij mee zou zijn.

Met als gevolg dat ik drie maanden later weer naar de kerk ging om een nieuwe verbintenis te laten inzegenen, die ons beiden alleen maar teleurstellingen, rancune en onbegrip zou opleveren. Maar ook daarin bleken we het slachtoffer te zijn van de versnelling van de Geschiedenis. We deden alles te snel: we wilden aanknopingspunten vinden, een nieuw leefklimaat opbouwen, een gezin stichten, kinderen krijgen, het gebruikelijke naoorlogse syndroom...

Met kinderen was ik heel snel: twee in twee jaar tijd. En het huwelijk ging helaas ook nogal snel...

HOOFDSTUK 6

Die arme Zazate

Vaak worden de rollen al in de eerste dagen van een huwelijk verdeeld en zal degene die het meest van de ander houdt zich kwetsbaar opstellen, soms een leven lang.

Vanaf mijn trouwdag, in maart 1946, vormde Nicole zich een mening over het soort verhouding dat wij als echtpaar zouden krijgen.

De lunch in een restaurant van de zwarte markt waar de vedetten van de radio en de pers vaak kwamen, was voor mijn kersverse echtgenoot Georges de Caunes de gelegenheid om te laten zien dat hij niet 'marié-marié' was, zoals ze op Tahiti zeggen, en dat zijn vrienden en zijn werk het belangrijkste voor hem bleven. Mijn gedrag als van een verliefd ateliermeisje en mijn zekerheid dat de liefde al zijn geheime deuren voor mij zou openen, irriteerden hem. Ik probeerde zijn hand te pakken, ik verwachtte van hem een gebaar waaruit moest blijken dat ik van hem was, ik keek naar zijn ogen om op zijn minst een teken van echtelijke verstandhouding op te vangen, terwijl hij er juist een eer in stelde die dingen te vermijden.

'Beheers je,' beet hij me ten slotte toe, terwijl hij, om het gezelschap aan het lachen te maken, deed of hij gechoqueerd was, 'het lijkt wel of het de eerste keer is dat je trouwt!'

'Misschien is het niet de laatste keer, pas maar op!' had ik hem vrolijk moeten antwoorden.

De gedachte kwam niet bij me op en ik voelde me verplicht als eerste te lachen. Georges was echt onbetaalbaar, was men algemeen van mening. Mama, die ons observeert, leest mijn toekomst al uit mijn onderworpen blikken. Dat wordt niks, denkt ze. Mijn arme Zazate heeft het verkeerd aangepakt.

Het leek inderdaad alsof ik niets had onthouden van mijn Amerikaanse leerschool, van al die privé-lessen waarin ik ervan had genoten me te gedragen als een vrije vrouw die zeker weet dat ze aantrekkelijk is. Nu Parijs was bevrijd en de Amerikanen weer waren vertrokken, was 'die arme Zazate' weer terug. Bovendien vermoedde ik dat ik al zwanger was, en dat clandestiene kind beroofde me van mijn laatste restje vrijheid, dat beetje dat je net kan helpen om de stap te wagen... Waardoor je zo dwaas kunt zijn te denken dat je tot het kerkportaal nog van mening kunt veranderen en ervandoor kunt gaan, terwijl je de gasten verbijsterd achterlaat. Deze keer was de teerling geworpen.

Ik had Georges een paar maanden eerder ontmoet bij de radio, waar we allebei werkten. Hij was lang en slank, met moskleurige ogen, precies zoals dat in de liefdesromans voor ateliermeisjes wordt beschreven... Hij dartelde al rond in de voorhoede van jonge journalisten die gauw naam zouden maken. Zijn deinende manier van lopen, zijn nonchalance, de gekrulde haartjes die uit de manchetten van zijn overhemden staken, zijn ironische glimlachjes en een zekere onhandigheid tegenover vrouwen leken me het toppunt van aantrekkelijkheid.

'Ja, het is nogal een knappe jongen,' had mama toegegeven, 'maar hij heeft iets provinciaals, vind je niet, André?'

André wees erop dat Georges inderdaad in Toulouse was geboren! Je kon niet van iedereen verlangen dat hij in het zevende arrondissement was geboren! Iets provinciaals hebben was in de ogen van mijn familie een handicap, en het feit dat Georges bezig was een briljant journalist te worden, bekend vanwege zijn woordspelingen en zijn bijtende spot, woog geenszins op tegen zijn afkomst. De radio maakte, net als de televisie toen die een paar jaar later verscheen, helemaal geen indruk op de kunstenaars en de gegoede burgerij. Georges was in hun ogen uiteindelijk niet veel meer dan een acrobaat, nauwelijks beter dan een standwerker die dankzij zijn mooie praatjes stropdassen verkoopt op de markt. Maar ik was toch al zesentwintig, en Nicole begon het op te geven. Een 'teringpatiënt' – men vermeed het woord tuberculosepatiënt in die tijd –, een teringpatiënt die bovendien nog was overleden... en nu een standwerker die zijn accent uit het Zuidwesten nog niet kwijt was, ik had beslist geen enkele consideratie met mijn familie.

Maar sinds mijn vorige huwelijk ontleende ik mijn beweegredenen aan het tegengestelde van de principes van de familie: Georges was des te beminnenswaardiger omdat mijn ouders hem afkamden. Een voorval met een appartement dat me werd aangeboden, een minnares die bij mijn toekomstige echtgenoot bleef aandringen en van wie ik bang was dat ze me zou verdringen, mijn verlangen naar een kind, deze factoren kwamen in de plaats van een serieuze beschouwing of er een kans was dat wij samen gelukkig zouden worden. We waren zo dom om heel snel te trouwen in plaats van samen te gaan wonen, zodat we tijd hadden gehad om in te zien dat we ons in elkaar hadden vergist, wat zo overduidelijk was dat we het al heel snel zouden hebben ontdekt.

Ik heb nooit geweten of Georges zich ook vanaf het begin heeft gevoeld alsof hij in de val was gelopen. Het was geen man die vertelde wat er in hem omging. Maar de treurige herinnering die ik heb overgehouden aan onze huwelijksreis, geeft te denken dat hij er niet gelukkiger mee was dan ik.

We waren gaan skiën dankzij Tourisme et Travail, die goedkope reizen organiseerde die in overeenstemming waren met onze magere salarissen. Ik was in al die oorlogsjaren niet in het buitenland geweest en had al zeven jaar niet geskied, en niet een man van wie ik hield voor mij alleen gehad, een man die een blakende gezondheid had en verondersteld werd verliefd te zijn. Deze keer zou niets me ervan weerhouden gelukkig te zijn, en die zekerheid maakte dat ik straalde op een manier die hem obsceen moet hebben geleken. Toch had Nicole me altijd op het hart gedrukt mijn enthousiasme niet al te zeer te laten blijken, me te laten begeren voordat ik mijn verliefde gevoelens liet zien, en ik had weliswaar gezien hoe dat soort tactiek werkte bij Flora, bij mijn vriendinnen en in alle romans, maar ik wilde er zelf niet aan meedoen. Weg met de tactieken wanneer je van iemand houdt. Het leek me eerlijker om mezelf helemaal te geven, aan handen en voeten gebonden. Daarbij hield ik geen rekening met het karakter van de onbekende die mijn man was geworden.

De eerste les kreeg ik in de trein. De formaliteiten aan de grenzen, vooral met Oostenrijk of Duitsland, waren nog uiterst streng. Mijn nieuwe 'gezinshoofd' bewaarde onze passen, de papieren voor ons verblijf in Kitzbühel en onze kaartjes voor de derdeklas. Bij de grenspost ging hij de trein uit om sandwiches te kopen en onze vergunningen te laten aftekenen. De trein vertrok weer zonder dat Georges in de coupé was teruggekomen. Ik dacht dat hij per ongeluk in een ander rijtuig was gesprongen en dat hij wel weer zou verschijnen, zwierig, aantrekkelijk en dolblij dat hij mij had bang gemaakt... Hij verscheen pas een uur later, of het leek mij althans wel een uur. Bij het bange gevoel dat ik me in een vijandig land zou bevinden zonder kaartje en zonder paspoort kwam nog de angst dat hij op het perron was gearresteerd. Al vijf jaar dachten we in termen van arrestatie, elke keer als iemand te laat was. Ik overwoog alle hypothesen behalve de goede: namelijk dat hij eerst over het perron en daarna de hele trein door was geslenterd op zoek naar een kameraad die ook op reis moest zijn, en dat we getrouwd waren, was voor hem nog geen reden om voortaan rekenschap te geven van al zijn bewegingen.

Ik stelde mezelf gerust met de gedachte dat hij nooit getrouwd was geweest en in zijn kinderjaren niet had geleerd om bemind te worden. Ik zou hem de geneugten van echte intimiteit laten ontdekken. Ik twijfelde er niet aan dat ik daarin zou slagen. Hij zou het heerlijk vinden.

De week die we in Kitzbühel doorbrachten was ik aan één stuk door misselijk en al het eten stond me tegen. Ik was inderdaad een maand zwanger, maar zonder het te weten had ik ook nog verdriet.

Georges scheen het verschrikkelijk te vinden om met mij alleen te zijn. Ik zou hem kunnen uithoren, vragen kunnen stellen over zijn verleden, zijn gevoelens... allemaal dingen waar hij bang voor was. En nergens een kameraad te bekennen! Ik verdacht hem ervan dat hij geprobeerd had er een te strikken voordat hij vertrok, precies degene die hij in de trein niet had teruggevonden. Gedurende de hele reis nam hij het me kwalijk dat ik zijn vrouw was en maakte hij de ene onaardige opmerking na de andere. Hij probeerde me juist genoeg te kwetsen opdat ik het zou begrijpen. Maar ik was zo'n vrouw die glimlachend, zonder wrok weer opstaat, met een wanhopig makende neiging om per se gelukkig te zijn. Later zou de gewenning er zijn, de kinderen, zijn reportages – hij zou trouwens naar het einde van de wereld reizen –, maar daar, op die huwelijksreis, was het onmogelijk te ontsnappen. Het was verplicht opgetogen te zijn en oog in oog te zitten. Afschuwelijk!

Hij onttrok zich er op zijn manier aan, door zich in zijn kranten te verdiepen. Vijftig jaar later zie ik mezelf geen enkele keer in zijn armen. Het zal natuurlijk wel zijn voorgekomen... Maar ik zie alleen zijn kranten op zijn lits-jumeaux in onze kleine Tiroolse kamer en hem daarachter verscholen. *But, Club, Sport-Dimanche, l'Équipe, Cheval-Pronostic, Paris Turf*... hij las ze allemaal van de eerste tot de laatste regel. En bovendien nog sportkranten, waarop ik geen enkel commentaar mocht leveren.

'Laat me lezen, Chouquette, je ziet toch dat het mij interesseert!'

Zijn nicht in Toulouse heette al Chouquette! Maar dat was waarschijnlijk slechts een stap op weg naar het moeilijke 'schat' en het onuitsprekelijke 'lieverd'. Bij de herinnering aan de gedichten en brieven van Pierre kreeg ik tranen in mijn ogen. Hij noemde me 'mijn A'. De A van aanbedene...

Ik vond het tenminste fijn om weer te skiën. Georges hield er niet zo van. Ik deed het beter dan hij. Dat was de omgekeerde wereld.

Al heel snel vermoedde ik het fiasco: 'In de steek gelaten

op de avond van haar huwelijk... Nog maar net getrouwd, onthult de gemene verleider zijn ware gezicht...' Uiteindelijk was ik niets beter dan de deerniswekkende hoofdrolspeelsters uit de romans die ik op de zolder van tante Jeanne had gelezen, zo'n domoor die dacht dat ze met de liefde zelf was getrouwd, en wakker wordt naast een man van wie ze niets begrijpt. Ik kon me er niet bij neerleggen dat ik zo'n ernstige vergissing had gemaakt. Er bleef me maar één uitweg over: de vergissing veranderen in succes, en om dat doel te bereiken was er maar één middel: in ieder opzicht de ideale echtgenote worden, de vrouw van wie hij wel zielsveel móest houden.

'Het is, geloof ik, onvermijdelijk dat een van beiden in het huwelijk zichzelf volledig verloochent en niet alleen zijn wil, maar zelfs zijn mening opoffert; dat die het besluit neemt te zien door de ogen van de ander, te houden van datgene waar de ander van houdt. Maar wat een onuitputtelijke bron van geluk is het ook om zo te gehoorzamen aan degene van wie je houdt! Je doet tegelijkertijd je plicht en maakt jezelf gelukkig.'

Dat dacht ik in het begin, zoals zo veel andere vrouwen, en dat had ook Aurore, geboren Dupin, gedacht, die deze brief in 1823, bij haar huwelijk met Casimir Dudevant, schreef aan haar dierbare kostschoolvriendin Émilie de Wismes. Vier of vijf jaar en twee kinderen later zou Aurore gaan scheiden en George Sand worden, een zelfstandig leven leiden, warmlopen voor zowel de politiek als de liefde en meer dan dertig romans schrijven. Ik wist nog niet dat ik vier jaar en twee kinderen later ook zou scheiden, mijn meisjesnaam weer zou aannemen en zou gaan nadenken over de mogelijkheid te gaan schrijven...

Hoever kun je jezelf uit liefde dwingen te gaan in je zelfverloochening? Welk percentage van je meningen kun je geweld aandoen zonder jezelf kapot te maken? Tot hoever kun je de gelijkvormigheid doorvoeren? Ik wist er nog niets van en ik roeide blindelings op weg naar de perfectie harmonie.

Na een jaar huwelijk raakte Aurore ook beneveld door

haar opoffering en schreef ze haar Casimir een brief waaraan ik maar een paar woorden had hoeven veranderen... als ik Georges er zo een had durven schrijven.

'Ik zag dat je niet van muziek hield en ik hield me er niet langer mee bezig omdat het geluid van de piano jou op de vlucht joeg. Uit vriendelijkheid las je, en na een paar regels liet je het boek van verveling en slaap uit je handen vallen. Vooral wanneer we praatten over literatuur, poëzie of de moraal, kende je of de schrijvers niet waarover ik het had, of deed je alsof mijn ideeën dwaasheden, geëxalteerde of romantische gevoelens waren... Ik sprak er niet meer over. Ik besloot jouw smaak aan te nemen.'

Ik nam hetzelfde besluit. Het vervelende was dat de smaak van mijn man aannemen in de eerste plaats bestond in het vergeten van mijn eigen smaak. Er was geen plaats voor twee waardensystemen. In mijn programma kwamen voortaan sporten voor waaraan ik tot dan toe nooit enige aandacht had besteed: rugby, boksen, stierenvechten, paardenrennen en de zondagse sportuitslagen. Gelukkig werd me, doordat Georges erop stond het bedrag dat hij bij het spelen verloor geheim te houden, bespaard dat ik vaak mee moest naar Vincennes of Longchamp. Maar ik zat met een enthousiast gezicht bij rugbywedstrijden, zonder dat ik er ooit in slaagde te begrijpen waar dat geworstel op sloeg, behalve dat ik daardoor achterwerken en stevige kuiten te zien kreeg; ik ging met Georges mee naar bokswedstrijden, waarbij ik bij iedere harde klap mijn ogen dichtdeed van afgrijzen; ik deed alsof ik de schoonheid van stierengevechten waardeerde en de weerzin tegen het bloedvergieten vergat; ik begon met veel moeite commentaar te leveren op sportuitslagen, de heilige programma's van onze zondagen, 's ochtends voor de voorspellingen, 's avonds voor de resultaten. En ten slotte probeerde ik me te interesseren voor zijn vrienden, wat al heel snel impliceerde dat mijn vrienden, die mijn echtgenoot er op onplezierige wijze aan herinnerden dat ik een leven had gehad vóór hem, minder vaak kwamen en vervolgens verdwenen. Al heel snel ook gaf hij er de voorkeur aan zijn vrienden zonder mij te zien, aangezien zijzelf ook meestal zonder hun vrouw kwamen. In die jaren na de oorlog wisten mannen en vrouwen nog niet hoe ze samen moesten leven. De mannen vormden een groot gezelschap, waar de vaandels van de mannelijkheid klapperden en waarin ze zich op hun gemak voelden, vooral de mannen uit het Zuidwesten, waar een gedegen traditie bleef bestaan: jachtpartijen, pétanque, Baskisch kaatsspel, borreltje, PMU*, allemaal activiteiten die vrouwen buitensloten. Net als bij de Rotary Club werden de dames alleen op jaarfeesten uitgenodigd.

Nog serieuzer probeerde ik zelfkritiek uit te oefenen op de punten die door Georges aan de orde waren gesteld en met name op mijn blauwkouserij, waarvan, naar zijn stellige overtuiging, de eisen van het huwelijk en het moederschap me wel snel zouden verlossen, want blauwkousen vertolkten in zijn ogen geenszins de echte vrouw, maar een altijd tot mislukken gedoemde poging de man na te apen.

De prettige afstomping en het dierlijke plezier die de zwangerschap teweegbrengt, vooral de eerste, stimuleerden mij tot dat opgeven van mijn persoonlijkheid. En wat had ik te verliezen, aangezien ik alles welbeschouwd maar een onderwijzeresje was, dat onlangs een onbeduidende secretaresse was geworden?

Voor die identificatiewaan had ik excuses. Dat hartstochtelijk zoeken om tot een eenheid te geraken werd lange tijd beschouwd als de hoogste vorm van liefde en als gedrag dat voor een echtgenote uitermate wenselijk was. Zozeer dat honderdtwintig jaar na Sand en bijna vijftig jaar na mij één van mijn dochters, net als wij, schriftelijk heeft beloofd dat ze door te trouwen afstand zou doen van haar eigen smaak en een gelofte van gehoorzaamheid zou afleggen, zoals trouwens door de wet werd voorgeschreven...**

Er was bij haar, op haar twintigste, sprake van dat ze zich

* Pari Mutuel Urbain: gokkantoor in Parijs, waar je voor de paardenrennen kunt inzetten. (noot van vert.)
** De belofte van 'trouw aan de echtgenoot' maakt pas sinds 1988 geen deel meer uit van het huwelijksritueel.

zou binden aan een knappe, gefortuneerde, maar buitengewoon serieuze jongeman, die van mening was dat de fantasie en de zorgeloze neigingen van zijn verloofde onverenigbaar waren met de status van een kersverse echtgenote die voortaan in de buurt van Zürich zou wonen. Terecht waarschijnlijk, want ze zouden na twee jaar huwelijk uit elkaar gaan.

'Ik, ondergetekende, geef de verzekering dat ik, eenmaal getrouwd en ingericht, iedere ochtend mijn huishouding zal doen: stofzuigen, afstoffen, borstelen. De afwas zal regelmatig gedaan worden, de vuilnis buiten gezet, de koelkast zal gevuld zijn.

Eenmaal ingericht, zal ik een parel zijn.

Lison de Caunes, 29 mei 1970.'

Aan de achterkant van dat met de hand geschreven contract waarvoor ik van haar toestemming heb gekregen om het te gebruiken (en waarvan ik tot die dag niet wist dat het bestond), heeft haar toekomstige echtgenoot in hoofdletters geschreven: TE BEWAREN TOT AAN DE DOOD. En, wat lager, heeft Lison er in een vlaag van helderheid aan toegevoegd: 'of tot de koek op is'.

Vrouwen hebben altijd de treurige neiging gehad de meest hartstochtelijke liefde te vertalen in termen van huishoudelijk werk. Afstoffen, afwassen, stofzuigen is je liefde bewijzen. Waarschijnlijk omdat dit bij mannen erg hoog wordt aangeslagen... Iedere andere belofte, zoals bijvoorbeeld 'ik zweer dat ik mijn studie af zal maken' of 'ik beloof dat ik door te trouwen mijn literaire (of artistieke of politieke) ambities niet zal opgeven', zou met de grootste argwaan worden bekeken.

Ik heb zelf ook gemeend dat een parel worden het grootste bewijs van mijn liefde voor Georges zou zijn. En zolang ik verliefd bleef, lukte het me om gelukkig te zijn. Zelfs al viel het soms niet mee om zo'n groot deel van mijn vrije tijd te besteden aan die 'kunst van het niet-zijn' zoals Proust het noemde, vooral in een tijd waarin het woord 'taakverdeling' nog niet was uitgevonden. Ik sloeg me erdoorheen door ieder corvee tot de rang van bewijs van liefde te verheffen. Blijkbaar was het de toekomstige George Sand die als eerste van ons tweeën vermoedde dat de vrouwen bij dat spel de verliezende partij waren.

'Je moet je afvragen,' schreef ze, nog steeds aan Émilie, 'of de man of de vrouw zich zo zou moeten modelleren naar het voorbeeld van de ander. Maar "omdat bij de baard de absolute macht ligt" en mannen trouwens niet in staat zijn tot zo'n aanhankelijkheid, behoren wij ons neer te leggen bij gehoorzaamheid... Je moet van je man houden, en veel van hem houden, om zover te komen,' concludeerde ze scherpzinnig.

Meer dan twee jaar lang hield ik veel van hem.

Mijn moeder wist al veel eerder dan ik dat mijn liefde niet tegen die taak was opgewassen. Ik merkte vaak dat ze wanhopig haar best deed om niets te zeggen wanneer ze mij op heterdaad betrapte in mijn onderwerping of als ze Georges betrapte op zijn kennelijke onverschilligheid. Niet dat hij werkelijk onverschillig was, daar bleef ik van overtuigd. Maar hij achtte het onverenigbaar met zijn waardigheid als man om zijn gevoelens publiekelijk te uiten en hij had eens en voor altijd besloten dat zijn beroep, waar hij dol op was, vóór zijn privé-leven zou gaan.

Nicole had niet geprotesteerd toen mijn oudste dochter vlak voor de kerst was geboren en Georges erin had toegestemd dat hij de kerstnacht op straat zou doorbrengen om de feestvierende Parijzenaars te interviewen. Maar ik maakte uit haar zwijgzaamheid op dat ze het bespottelijk vond dat hij zijn vrouw om die reden alleen liet bij hun eerste kerstfeest samen en op de eerste dag van hun eerste kind. Vanuit mijn kamer in de Belvédèrekliniek hoorde ik bij de pas bevallen vrouwen naast me de champagnekurken knallen en hun mannen lachen.

'Het is een belangrijke uitzending voor mij, maar wil je dat ik weiger die nacht te werken?' had Georges me gevraagd.

Ik wilde dat hij weigerde zonder dat ik het hem hoefde te vragen. Ik wilde dat hij niet eens had overwogen het te accepteren.

Toen mijn tweede kind geboren werd, nog geen anderhalf jaar later, zat Georges met de Franse poolexpeditie in Groenland. Dat was eenvoudiger.

'Natuurlijk wordt het deze keer een jongen. Zie je mij al met twee dochters?' had hij lachend tegen me gezegd voordat hij vertrok, terwijl hij me achterliet met alleen een jongensnaam voor het kind dat geboren zou worden. Zijn eigen moeder had godzijdank alleen maar jongens gekregen! De mooie naam De Caunes zou dankzij de bekwaamheid van mijn schoonmoeder gegarandeerd blijven voortbestaan. Nu was het mijn beurt om te laten zien dat ik die naam waard was. De arme naam Groult was echter in de huwelijksstorm ten onder gegaan. Niet één van mijn kinderen zou die naam dragen en ik dacht er verder niet meer aan.

Hoe dan ook, het werd een tweede dochter. 'We beginnen opnieuw, schat,' had Georges bij de geboorte van Blandine liefdevol maar vastberaden tegen me gezegd. Ik stelde hem opnieuw teleur, en ik zou twee keer zoveel mijn best moeten doen en een twee keer zo grote parel moeten worden om dit te doen vergeten.

Overigens moet ik bekennen dat we allemaal verantwoordelijk waren voor dat verlangen naar een jongen. Ik ken niemand, geen man en geen vrouw, die in die tijd eerst een meisje wilde. Wanneer we eenmaal gerechtvaardigd waren doordat we een mannetje ter wereld hadden gebracht, een mini-penis die uiteindelijk uit onze schoot tevoorschijn was gekomen, konden we op luchtige toon te verstaan geven: 'Een meisje zou ik wel leuk vinden...' Maar niet vóór die tijd. Moeders van jongens leken verdienstelijker, dapperder, alsof ze hun functie op aarde beter hadden vervuld.

Tegenwoordig beginnen we die onverbiddelijke voorkeur voor een zoon te vergeten, die er de oorzaak van is dat vlak bij ons, aan de andere kant van de Middellandse Zee, een vrouw wordt afgeranseld omdat ze zojuist is bevallen van weer een vrouwtje.* En de klappen die daar gegeven wor-

* *La Voyeuse interdite*, Nina Bouraoui, Gallimard, 1991.

den vinden hun weerslag in de buik van alle moeders van dochters. Gisèle Halimi*, Françoise Giroud** en vele anderen hebben in hun boeken verteld over de rouw om de verhoopte zoon die hun geboorte voor hun vader betekende.

Nu moest ik nog een telegram naar de vernederde vader sturen. In plaats van 'Bravo, goed gedaan, Georges!' waarop hij zo hoopte, zouden zijn kameraden op de Expeditie hem een vriendelijk schouderklopje geven: 'Trek het je niet aan, ouwe jongen, meisjes zijn lief...'

Bij mijn teleurstelling over mijn prestatie kwam nog de zorg dat ik een voornaam moest bedenken voor dit kind, dat toch niet Fabrice kon heten! Waarom eigenlijk niet George zonder s? Ik heb er niet aan gedacht en Georges had het waarschijnlijk niet gewaardeerd. In een tijd van vierentwintig uur kreeg het arme kind alle mogelijke namen. Violaine, vanwege Claudel, maar dat was een al te treurig lot; Félicité, naar de roos Félicité Perpétué, die mijn grootvader de mooiste vond; Delphine, vanwege Germaine de Staël; Daphné vanwege de door Apollo beminde nimf; Marie, omdat Marie... Zo heette de moeder van Georges, en de mijne ook in het begin. Toch aarzelden we. 'Je kiest Marie zoals je voor wit kiest bij het inrichten van een huis,' zei Nicole. 'Dat is een non-keuze!' En plotseling verscheen Inès aan het firmament. In ons uitgeputte kringetje leek die voornaam gewaagd, interessant. Pater was nog maar net naar het gemeentehuis van Boulogne-Billancourt vertrokken, of we kregen het Spaans benauwd van die naam. André kreeg van de ambtenaar van de burgerlijke stand te horen dat hij door de familie werd teruggeroepen voor overleg. De baby was niet blij. Ze spuugde na iedere voeding.

Omdat de termijn van aangifte van de pasgeborene ten einde liep, stemden we in met Marion, de naam van mijn overleden zusje. 'Onmogelijk,' besliste de ambtenaar van de burgerlijke stand, die zich er al op kon beroemen dat hij de

---

* *Le Lait de l'oranger*, Gallimard, 1988.
** *Leçons particulières*, Fayard, 1990.

Bretonse voornamen van de familie Le Goarnic had geweigerd – die familie zou zich uiteindelijk wenden tot het Internationale Gerechtshof in Den Haag om haar twaalf kinderen te wettigen. 'Onmogelijk. Ik accepteer Marie of Marinette, maar geen Marion.'

Opgejaagd door de vertraging gaf Pater de naam Marie op, en, overeenkomstig onze instructies, verder Laurence, Lison en Delphine. Omdat Marie niet werkte, noemden we de baby Lorenzo, totdat Georges terugkwam, die op zijn beurt voor Marie-Laurence koos. Maar ze spuugde nog steeds na iedere voeding een beetje om haar afkeuring te laten blijken. Toen gingen we over op de derde voornaam, dat was de goede. Lison was waarschijnlijk prettig om te zeggen en te horen, want het kind stopte heel snel met haar oprispingen.

Ik hoorde dat kinderen als ze nog maar net uit je zijn gekomen een onfeilbaar talent hebben om hun moeder te gijzelen. Vaders ontkomen tijdens de eerste jaren, en soms hun hele leven, geheel aan die gevoelschantage die maakt dat moeders zich – soms hun hele leven – schuldig voelen. Blandine zou Georges niet verwijten dat ze een weinig gewenst zusje had gekregen. Ik was degene die haar had verraden! Lorenzo, dat wist ik zeker, strafte me op de enige manier die ze ter beschikking had voor het feit dat ik haar niet gewenst had en ervan had afgezien haar de borst te geven. Toch was dat vanwege Georges: ik wilde per se de borsten niet bederven die ik mijn man bij zijn terugkomst zou aanbieden.

Sinds we getrouwd waren, had Georges me namelijk alleen gezien als het vrouwtje dat het razend druk heeft met haar dierlijke functies, wat ik vernederend vond. Ik was meteen de eerste maand dat we samen waren al zwanger, gaf Blandine, mijn oudste, de borst en zat vervolgens, toen ik weer was gaan werken, twee keer per dag aan een elektrisch melkapparaat; verder was ik voortdurend zwanger van embryo's die zich tegen onze zin in ons leven probeerden te nestelen. Bij het vierde moesten we ons er maar bij neerleggen. Vooral omdat we niet meer wisten tot wie we ons moesten wenden: Madame Rollières, een vroedvrouw die bevriend was met mijn moeder en mij bij de eerste had geholpen, was met pensioen gegaan naar het andere eind van Frankrijk. Die eerste abortus was trouwens alleen de eerste bij Georges. Ik was erin geslaagd de vorige, die ik bij Pierre had ondergaan, uit mijn geheugen te wissen, want ik was me er wel van bewust dat je moest vergeten, als je wilde blijven vrijen zonder aan de redmiddelen te denken die je vervolgens nodig had om de zaak weer ongedaan te maken.

Vlak voor Pierres hernieuwde aanval van tuberculose bleek ik zwanger van hem te zijn. We waren officieel verloofd en het was twee weken voor het huwelijk, maar we hadden gedacht dat het beter was om te wachten met het stichten van een gezin tot hij genezen was. Zijn 'Baas' in het ziekenhuis waar hij co-assistent was, die ook een collega van mijn toekomstige schoonvader was, voelde zich uit vriendschap gedwongen datgene te verrichten wat toen nog geen zwangerschapsonderbreking werd genoemd. Hij deed het met tegenzin. 'Je weet dat we altijd aangegeven kunnen worden en je weet ook dat dat het einde van mijn carrière zou betekenen,' zei V. tegen me. 'Ik kan je dus niet in het ziekenhuis curetteren. Ik stel voor het bij mij thuis in mijn spreekkamer te doen. Zonder verdoving natuurlijk, daar heb ik de uitrusting niet voor.'

Natuurlijk. Ik wist, we wisten allemaal dat er in vier jaar tijd door de regering van Vichy vierduizend veroordelingen hadden plaatsgevonden vanwege abortus opwekkende handelingen en dat onlangs, in 1943, een wasvrouw 'bij wijze van voorbeeld' was onthoofd. In die context was verdoving een detail, en tegenzin ook. 'Pas op,' verduidelijkte V., 'er zullen waarschijnlijk patiënten in de wachtkamer zitten. Geen lawaai maken. Je moet een kwartier, twintig minuten dapper zijn. Na afloop heb je recht op een cognacje! En je zult zien, zo vreselijk is het niet.'

Wanneer je iets echt heel graag wilt, lijkt niets wat je ervoor moet doen vreselijk en ik profiteerde van de bedrevenheid van een beroemde dokter, een zeldzaam voorrecht bij dat soort aangelegenheden. Alles ging zoals we verwachtten en ik was V. dankbaar dat hij me mijn vrijheid had teruggegeven, want een paar weken later keerde Pierre terug naar Sancellemoz, waar hij zeven maanden later zou sterven. Zonder die abortus had ik tijdens die vreselijke periode niet bij hem kunnen zijn en ook niet naast hem kunnen zitten toen hij overleed.

V. was nu professor in de geneeskunde, en er was geen sprake van dat we op hem nog een beroep konden doen. Dan hadden we onze vriendin Rollières nog, maar als vroedvrouw mocht ze geen curettages doen. Ze volstond ermee een sonde bij me aan te leggen. Vervolgens moest ik dan 'afwachten wat er ging gebeuren'. 'Let onderweg goed op,' had ze tegen me gezegd toen ik op mijn fiets stapte om naar Parijs terug te keren. 'Krijg vooral geen ongeluk! Mochten ze je met die sonde vinden, zeg dan dat je die zelf hebt aangebracht...'

Nu pas besef ik hoezeer de weg die wij gingen, onze beproevingen, de risico's die we namen, wij, 'de vrouwen van vroeger', van voor de wet-Veil, hoezeer die krankzinnig, weerzinwekkend en soms onwaarschijnlijk kunnen lijken. Toch was het ons gewone leven, en we moesten het wel accepteren. Of het klooster in gaan. Zo gewoon was het, dat ik drie maanden later weer zwanger werd. Zo vlak na mijn eerste hulpvraag durfde ik niet weer naar Rollières toe te gaan, wier genegenheid en bezorgdheid toch veel voor me hadden betekend.

We moesten het clandestiene circuit in, vernederende verzoeken doen, in min of meer anonieme telefoontjes, waarbij de echte woorden nooit werden genoemd, we moesten verontwaardigde weigeringen of hypocriete uitvluchten incasseren, tot op een dag de vriendin van een vriend een min of meer verdachte route voorstelde. Deze keer werd me een conciërge genoemd die 'het' achter in haar loge op een wasdoek bij de lucht van stoofpot deed, heel goed naar het scheen, maar voor zo'n enorme som geld dat ik Georges het bedrag niet durfde te zeggen. Hij verweet me al dat ik me niet wist te 'redden', terwijl de irrigators, de injecties met azijnwater, vermengd met steeds grotere hoeveelheden eau de cologne waarvan de beestjes geacht werden dood te gaan, het haastig opstaan terwijl je nog heerlijk met elkaar verstrengeld lag, behoorden tot de treurige en nutteloze procedures van na het liefdesspel.

De conciërge stak eerst het bedrag in haar zak en plaatste vervolgens de sonde. Ze bleek eerlijk te zijn: we hadden in geval van mislukking recht op een tweede poging. Die had ik niet nodig, maar ik had nauwelijks tijd om me daarover te verheugen, want drie of vier maanden later zou alles weer opnieuw beginnen. Maar de engeltjesmaakster was inmiddels aangegeven en gearresteerd, daar kwam ik achter toen ik op de deur van haar loge in het negentiende arrondissement een politiebericht zag hangen, en ik moest doen of ik de trap opging, voor het geval er een valstrik was geplaatst. Achteraf geschrokken en terneergeslagen bij de gedachte dat ik voor de zoveelste keer bijna mijn maandsalaris moest uitgeven voor die akelige klus, besloot ik het alleen te doen. Omdat de verkoop van sondes bij de apotheek verboden was, werd mij in welingelichte kringen aangeraden een aquariumslang te gebruiken; maar vissnoer, dat per meter werd verkocht in hengelsportwinkels, leek mij heel geschikt als vervanging. Misdadigers hebben altijd een voorsprong op hun achtervolgers. En breinaalden, de vrouwelijke instrumenten bij uitstek, waren nog steeds in de vrije verkoop.

Nadat ik kennis had genomen van de anatomie van de vrouw en de schema's van de voortplantingsorganen had bekeken in een handboek dat Pierre me had nagelaten, stortte ik me in deze reis naar het onbekende. Het ging erom dat ik dertig centimeter vissnoer op een metalen naald moest schuiven die van tevoren stomp was gemaakt, nummer 3, als ik me goed herinner. Mijn systeem functioneerde prima in de open lucht: het met vaseline ingesmeerde snoer schoof netjes over de naald. Maar in de tunnel van de vagina lukte het me niet om het snoer blind voorbij de baarmoederhals te krijgen, waarvan ik niet zo goed wist of die zich aan het eind of aan de wand van het kanaal bevond. Na twee uur, verstijfd door mijn acrobatische, gebogen houding, woedend dat de liefde moest uitlopen op deze afschuwelijke gymnastiek en maar liever niet denkend aan de drama's die vrouwen die een abortus zouden ondergaan of er zojuist een hadden ondergaan elkaar heimelijk vertelden – perforaties, bloedingen, sepsis, plotselinge dood door hartstilstand –, slaagde ik er eindelijk in mijn apparatuur te plaatsen. Het snoer zou zich binnen de baarmoeder oprollen en ik kon de naald rustig terugtrekken. Ik hoefde alleen nog maar 'af te wachten wat er zou gebeuren'.

Georges kon zijn walging niet verbergen bij het aanhoren van die 'vrouwenverhalen', al die zwangerschappen, miskramen, abortussen, die het dagelijkse lot van al mijn soortgenoten schenen te zijn. Ik wachtte dan ook tot hij een paar dagen weg was voor een reportage, voordat ik mijn schandelijke handelingen verrichtte. Ik vond het net zo walgelijk als hij, maar voelde me bovendien nog verantwoordelijk, en verontwaardigd over mijn machteloosheid. Ik haatte dat lichaam dat probeerde mij zijn wil, die niet de mijne was, voor te schrijven. Het was ook heel vermoeiend om buiten alle informatie, iedere medische hulp om te moeten handelen en je te moeten beperken tot heksenmethodes, vrouwenmiddeltjes waarvan sommige uit de oudheid dateerden; abortus was immers de meest geheime maar ook meest voorkomende daad uit de geschiedenis van de vrouw. Want de vooruitgang in de wetenschap, de komst van de democratie en de mensenrechten en de toegang tot onderwijs voor iedereen hadden niets veranderd aan het obscurantisme waarin die praktijk voort bleef bestaan en aan de wreedheid van de maatschappij, die deed alsof ze van niets wist.

Ook deze keer ging alles goed en werd ik weer een vrije vrouw, die niet langer voor haar man de vreselijke straf voor iedere liefdesdaad betekende. Maar omdat ik deze keer waarschijnlijk te lang had gewacht met ingrijpen, had ik de volgende dagen koorts en moest ik een curettage ondergaan, die mijn verloskundige, dr. Lamaze, uitvoerde. 'Als het ooit zover komt,' had Rollières tijdens haar ingreep tegen me gezegd, 'hoef je de dokter die dingen niet uit te leggen. Ze weten heel goed wanneer het geen natuurlijke miskraam is. Er worden ieder jaar in Frankrijk meer dan vijfhonderdduizend clandestiene abortussen gepleegd, dus je begrijpt wel... Die Lamaze van jou is een aardige man. Hij zal je niets vragen.'

'Het ging niet goed, hè, die zwangerschap,' zei hij alleen tegen me, om me te laten zien dat hij me doorhad. 'Het werd tijd dat ik ingreep. Toch moet u proberen enige tijd niet zwanger te worden...'

De woorden die een gynaecoloog wel moest zeggen, een raadgeving waarnaar een jonge vrouw wel moest luisteren, zonder dat één van beiden ook maar de geringste mogelijkheid had om ze in praktijk te brengen.

Omdat dezelfde oorzaken dezelfde gevolgen hebben, stond ik vier maanden later weer op het vakje Zwangerschap van dat Ganzenbord waarop je iedere maand al gokkend je leven op het spel zet. Ik was weer aan het werk gegaan bij de radio, Blandine kon nog niet lopen, de badkuip lag voortdurend vol luiers, de spatel om ze schoon te maken lag op de rand en we vonden onze tweekamerwoning al te klein. Maar je kon in die jaren na de oorlog evenmin woningen krijgen als anticonceptiemiddelen, wegwerpluiers, potjes babyvoedsel of wasmachines. Er bleef me niets anders over dan mijn mouwen op te stropen en bij het gemeentehuis een nieuwe zwangerschapskaart te halen om gebruik te kunnen maken van de extra voedselrantsoenen.

Lorenzo werd geboren zonder ander probleem dan haar sekse, de afwezigheid van Georges en mijn angst dat ik in aanmerking zou komen voor de 'prix Cognacq'. Vijf keer zwanger in twee jaar... ik was aardig op weg.

Lamaze was een voorstander van een lang verblijf in de kliniek na een bevalling, met rust in horizontale houding, opdat de organen, waarop plotseling geen druk meer stond, sneller weer op hun plaats zouden komen. Ik stelde die gedwongen pauze van een week op prijs, die me naast het recht om eindelijk uit te rusten de tijd gaf om Georges te schrijven. Omdat onze enige verbinding zich beperkte tot eenmaal per week korte radioberichten met Groenland, hield ik voor hem een dagboek bij, opdat hij niet als een vreemde zijn leven weer zou binnenstappen.

Blandine, zeventien maanden oud, was 'het nieuwe kindje' komen bekijken, verborgen onder de wijde cape van Nicole, die zich niets aantrok van de voorschriften dat kleine kinderen niet in de kraamkliniek mochten komen. 'Hond!' was haar conclusie, nadat ze een afkerige blik had geworpen op het ding dat in haar wieg lag te slapen, waarna ze zich helemaal afwendde. Omdat deze minachting niet voldoende was om de indringster te laten verdwijnen, kwam Blandine, toen bleek dat deze haar intrek zou nemen in haar eigen kamer, in een 'postnatale' depressie terecht. Ze wilde haar bed niet meer uitkomen, waarin ze sliep met haar gezicht naar de muur, en ze wilde niet eten, en niet naar de indringster kijken. Ze had gedacht dat die alleen even op bezoek kwam, en nu bleef ze voorgoed. In een radiospelletje een paar weken later zou ze tegen de presentatrice, die een vertederend antwoord verwachtte, verklaren: 'Mijn zusje? Mijn zusje is dood!'

De kinderarts raadde aan haar een tijdje bij het gezin en het voorwerp van haar smart vandaan te plaatsen. We moesten haar een paar weken naar haar peettante in Toulouse, de andere Chouquette, sturen. Tot aan haar adolescentie zou ze niet over die geboorte heen komen.

'Post coïtum animal triste'... misschien. Maar *post parturium* is het vrouwtje van het dier nog verdrietiger. In die week van gedwongen rust kreeg ik gelukkig dagelijks bezoek van een zekere Paul, die na een langdurige ziekte met verlof was, of met langdurig ziekteverlof, waar hij wel van hield, en die niet ver van de Belvédèrekliniek woonde waar ik met mijn dochter lag. Hij kwam elke middag bij mijn bed zitten.

Het was mei, het was zacht weer, mijn raam keek uit op bomen met pas nieuwe blaadjes; Paul was radiojournalist, net als zijn vriend Georges; ik mocht de vrouw van Paul wel, die een jongetje van de leeftijd van Blandine had; Paul was bij ons huwelijk de getuige van Georges geweest, en daarna de peetoom van onze oudste dochter; we hadden de zomer daarvóór dezelfde villa gehuurd in Port-Manech; en tenslotte woonden we in Parijs in dezelfde straat... Kortom, we vormden twee stellen met een groot risico. Het was de eerste keer dat Paul en ik samen waren en we merkten dat we van dezelfde dichters hielden, een detail dat ons had moeten waarschuwen. Dichters hebben een merkwaardige macht.

Maar het was nog niet zover. Ik was nog steeds erg verliefd op Georges en ik had nog niet ontdekt dat 'de geest en niet het lichaam een huwelijk doet duren', als we Publilius Syrus (50 voor Chr.) mogen geloven.

Bovendien trok die Paul me niet speciaal aan: te mager, te bleek, te weinig sportief, een te groot liefhebber van whisky en te veel humor voor mij. En ten slotte stond zijn reputatie van groot verleider me tegen. Ik heb altijd een hekel gehad aan grote verleiders. Ik weet niet hoe ik het voor elkaar heb gekregen om meer dan veertig jaar met een door het leven te gaan! Groot was hij van postuur, en verleider door het aantal meisjes dat ik om hem heen zag draaien, bij de radio en elders. Hij was zo mager en zo wit dat mijn moeder, toen ik drie jaar later met hem zou trouwen, tegen me zei: 'En dan te bedenken dat je al die moeite hebt gedaan om weer een teringpatiënt te vinden!'

Voorlopig waren we nog mijlenver van de gedachte dat hij er op een dag behoefte aan zou hebben zijn vrijheid terug te krijgen en de moed zou hebben een punt te zetten achter een huwelijk dat hem zo weinig in de weg leek te leggen; of dat ik van mijn kant scherpzinnig genoeg zou zijn om in te zien dat mijn pogingen om samen een harmonieuze relatie te krijgen zinloos waren en die van Georges ontoereikend. Mannen vechten alleen voor hun huwelijk wanneer het een verloren zaak is. Georges dacht dat hij genoeg had gedaan door mij toestemming te geven zijn naam en zijn kinderen te dragen, en me de zorg voor zijn gezin toe te vertrouwen. Hij zou voor ons de kost verdienen. Dat was het gebruikelijke contract. De liefde was inbegrepen en hoefde niet iedere dag opnieuw ter discussie te worden gesteld.

'Je ziet wel dat ik van je houd, want ik kom toch terug!'
'Vrouwen hebben te veel romans gelezen, en ze speculeren te veel op de liefde,' zei hij. 'Het ligt in hun aard om te klagen en te vitten.'

Voorlopig telde ik nog ongeduldig hoeveel dagen het zou duren voor hij terugkwam. 'Nog maar een stuk of dertig,' had hij me meegedeeld. Maar ik zei: nog dertig dagen! De Force, het schip van de poolexpeditie, moest eerst terugkeren naar Godthåb, in het zuidoosten van Groenland, in een zee waar het wemelde van de ijsbergen, en vervolgens zou Georges daar wachten op een boot naar Denemarken. Vanuit Kopenhagen zou hij Helsingør gaan bekijken, natuurlijk, dat belangrijke oord mag je niet missen, en vervolgens zou hij voor een reportage even naar Malmö in Zweden gaan. Daar zou hij de trein naar Parijs nemen. We vergeten dat er in die tijd geen vliegverbindingen bestonden. Het zou een kwestie van een paar dagen zijn en voor hem was het belangrijk; ik moest begrijpen dat een dag of drie meer of minder niet meer uitmaakte.

Natuurlijk. Ik begreep het des te beter omdat deze lange scheiding gunstige gevolgen had gehad: nu ik me niet meer bezeerde aan de stugheid van het karakter van Georges, was ik mijn teleurstellingen vergeten en had ik langzaam maar zeker de partner van mijn dromen weer vormgegeven. Er was niets dat deze herziene en gecorrigeerde versie weersprak, want vanaf zijn ijsberg kon Georges niet schrijven en niet bellen! Nu er alleen nog telegraafberichten kwamen, bleef slechts de pure liefde over. Zijn eerste brieven, die hij had meegegeven aan vrienden van Paul-Émile Victor die naar Europa terugkeerden, wierpen een schaduw over mijn idyllische tafereel...

'Ik werk hard. Ik doe veel ervaringen op om later een boek te schrijven. Je zult trots zijn op je Parzouf.'

Natuurlijk wilde ik graag trots zijn op mijn Parzouf. Maar hoe kon ik het voor elkaar krijgen hem trots te maken op mij? Die vraag kwam nooit aan de orde.

'Ik heb een bijzondere mensenkennis opgedaan. Ik zal je

alles vertellen, en ik hoop dat je me zult helpen alles te realiseren wat ik wil en kan realiseren.'

Natuurlijk wilde ik hem dolgraag helpen, maar besefte hij wel dat met twee kinderen thuis van nog geen twee jaar en mijn fulltime baan bij de radio, ik degene was die hulp nodig had, en bij voorkeur doodgewoon huishoudelijke hulp? Mijn eigen 'mensenkennis' leek me onbeduidend, want die werd gedeeld met miljoenen vrouwen die iedere seconde dezelfde gebaren maakten als ik, in miljoenen gezinnen zoals het mijne.

'Je weet, lieve schat, dat het mijn beroep is om op reis te gaan en dat ik de kost voor ons moet verdienen. Maar als we eenmaal rijk zijn, trekken we ons terug en ga ik romans schrijven die van jouw man een van de groten van deze tijd zullen maken...'

En van mij, lieve schat, nog steeds een huisvrouw, maar dan rijk en teruggetrokken?

'Als je me wilt helpen, geloof ik dat ik heel mooie dingen zal schrijven over de walvisvangst en het leven van de Eskimo's.'

Ik wilde wel alles wat hij wilde, maar aangezien ik nog nooit een walvis of een Eskimo had gezien, was het duidelijk dat mijn hulp zich zou beperken tot het rangschikken van zijn documenten en het uittypen van zijn manuscripten. Ongetwijfeld een prijzenswaardige activiteit, en een typisch voorbeeld van echtelijke productiviteit. Veel echtparen hadden in het verleden zo gefunctioneerd. Waarom was ik nooit tevreden? Ik sprak mezelf bestraffend toe omdat ik niet helemaal opbloeide bij het vooruitzicht van zo'n stralende toekomst.

Omdat ik zijn brieven niet kon beantwoorden aangezien hij op zee was, wist ik niet hoe ik hem duidelijk moest maken dat wat hij me niet vertelde me meer pijn deed dan zijn liefdesbetuigingen me goeddeden. De brief die me vleugels had gegeven is nooit gekomen: 'Bedankt, Benoîte (en niet Miquette of Chouquette), bedankt dat je je bezighoudt met onze twee kinderen en hun ondanks je werk verzekert van je zeer gewaardeerde aanwezigheid, die het mij mogelijk maakt rustig op reis te gaan naar wat ik als mijn bestemming zie. Op een dag ben jij aan de beurt en dan zal ik jou helpen, dat zul je zien...'

Ik tekende voor tien jaar bij, als hij zo tegen me had gesproken.

Georges kon van zijn kant, nu hij meer dan genoeg grandioze landschappen, eenzaamheid en avontuur had meegemaakt en een maximum aan mannelijke kameraadschap had beleefd, eindelijk met vertedering kijken naar de drie vrouwtjes die voortaan zijn familiekring vormden. Hij hield nooit meer van me dan wanneer hij bij me weg was. 'Ik mis je heel erg,' schreef hij me iedere keer, en het was waar. Hij vergat dat hij zich verveelde wanneer ik bij hem was. Het gezinsleven was voor hem alleen aantrekkelijk als iets wat je miste of waar je naar uitzag. Hij was niet geschikt voor het heden.

'Je zult zien, we worden gelukkig...'

'Als ik terug ben, neem ik je mee uit zoveel als je wilt...'

'Ik beloof je dat ik niet de hele tijd op reis zal zijn. Daar word je te ongelukkig van...'

Ik wilde in zijn beloftes geloven, evenzeer als hij er zelf in geloofde, want ook hij had zich dankzij mijn afwezigheid een nieuw beeld geschapen van een ideale vrouw die hij eindelijk gelukkig zou kunnen maken.

'Als ik terug ben, zou ik je graag willen leren om van stierenvechten te houden, om mijn smaak met jou te delen.'

Maar je kunt alleen delen wat je hebt. Waarom had hij geen vrouw gekozen die al van stierenvechten hield? Van een huwelijk wordt werkelijk het onmogelijke gevraagd.

Naarmate zijn afwezigheid korter zou duren, met iedere brief die ik kreeg, verdween de Georges van mijn dromen als mist en verschenen de ruwe omtrekken van mijn echte man... Zijn laatste brief verdreef de allerlaatste mistvlaag: 'Ik verlang ernaar om bij jullie te zijn, schat. Ik hoop dat het huis er mooi uitziet en de kinderen schoon zijn. En jij moet ook mooi, slank en elegant zijn om je wettige man te ontvangen.

De arme Georges is erg moe, hij slaapt slecht, en hij moet echt verwend worden. Jij zult mij ook wel heel wat te vertellen hebben, en ik beloof dat ik braaf naar je gebabbel zal luisteren...' En ook al heb je geen tijd gehad om alles te schrobben, ook al huilt Lorenzo 's nachts, ook al ben je nog niet zo slank als eerst, ik denk alleen maar aan het moment waarop ik je in mijn armen zal sluiten... Nee, die regels heb ik niet ontvangen. Die schreef die mistige Georges me. De andere, de echte, zou me met beide benen op aarde terugbrengen: 'Gezien het verlangen dat ik naar je heb, liefje, brengt mijn terugkomst gevaren met zich mee die we maar al te goed kennen. En je zou er goed aan doen voorzorgsmaatregelen te nemen, zodat we geen strop hebben.'

Hij had gelijk, maar welke voorzorgsmaatregelen, behalve dezelfde oude recepten die tot niets hadden geleid? Pas nu wordt me duidelijk hoe egoïstisch hij was en hoe fatalistisch ik was. Hoe komt het dat we geen van beiden aan voorbehoedsmiddelen dachten? Sterker nog, hoe kun je verklaren dat geen enkele verloskundige of huisarts ze ons ooit heeft aangeraden, juist om 'een strop' te voorkomen? Het was voor mij nog minder goed te praten, omdat ik condooms in situ had gezien... Dus nog liever een abortus? Ja. Nog liever. Abortus plegen was een van de noodlottigheden van het vrouw-zijn, in zekere zin de norm. Terwijl condooms iets was voor prostituees, voor geslachtsziekten... kortom voor het Kwade en de Zonde. Een fatsoenlijk echtpaar hoefde zichzelf niet te 'behoeden'. Er werd in 1950 door een fatsoenlijk echtpaar ook niet over seks gesproken. Er bestonden woorden die Georges en ik nog nooit hadden uitgesproken, delen van het lichaam die we in werkelijkheid en in gedachten nog nooit hadden aangeraakt. We leefden in het donker, zoals we ook de liefde bedreven.

Tegenwoordig vraag ik me af hoe het mogelijk is dat we 'liever' steeds weer abortus pleegden dan dat we een voorbehoedsmiddel gebruikten. Maar ik weet dat die vraag geen zin heeft. Die werd op die manier niet gesteld en zelfs helemaal niet gesteld. Het is alsof je een wegpiraat zou vragen: 'Dus je gaat liever dood dan dat je wat langzamer rijdt?' Hij zal antwoorden dat hij liever én niet langzamer rijdt én geen ongeluk krijgt. Ik had liever dat ik én de liefde bedreef én niet zwanger werd. Overigens zijn Georges en ik niet daaraan doodgegaan.

Voor dit verbluffende gebrek aan logica, dat kenmerkend was voor alle vrouwen van mijn generatie en voor vele van de volgende generaties, is geen verklaring te vinden, behalve dat de seksualiteit altijd buiten de logica, de verwachtingen en de moraal heeft gestaan. Seksualiteit is ongrijpbaar.

Georges voelde zich niet verantwoordelijk voor ons echec. Je vrouw niet gelukkig maken is voor een man nooit een tekortkoming geweest. Hoogstens een beetje nalatig, maar zo is het leven nu eenmaal. Hebben vrouwen, de meesten van hen, niet alles om gelukkig te zijn? Stromend water, dat hun moeders niet altijd hadden, een moderne keuken, steeds functionelere huishoudelijke apparaten, waarvan ze op iedere verjaardag nieuwe krijgen, en verder mogen ze die grote baby-man vertroetelen, wat weliswaar niet altijd gemakkelijk is, maar eigenlijk vinden ze dat heerlijk.

Het probleem is dat ze te veel willen. En dat ze het bovendien razend druk hebben met het werk thuis, naast hun professionele werk, waar ze heel vaak zelf voor gekozen hebben. Maar ze kunnen niet plannen. Een man zou zijn tijd beter kunnen indelen.

'Ik begrijp niet hoe het komt dat jij geen minuut voor jezelf hebt!'

Ieder logisch antwoord had beledigend geleken. 'Als jij me nu eens hielp?' kwam niet eens bij je op. De taakverdeling lag onverbiddelijk vast in de jaren '45... en daarna. Niets had het stille water van het gezin nog in beroering gebracht. De mannen hadden zojuist een oorlog gevoerd, nietwaar? Dat gaf hun respijt bij het opnieuw ter discussie stellen van de rollen. 'Zou jij vanavond geen soep kunnen maken, schat? Ik zou graag een gedicht willen schrijven dat bij me opkomt...'

De aarde zou hebben gebeefd. Trouwens, Georges kon nog geen aardappel koken, laat staan schillen. Dat zou hem jaren later nog duur komen te staan, toen hij ervoor zou kiezen een halfjaar op een onbewoond eiland in de Stille Oceaan door te brengen. Ik kende in die tijd maar één man die kookte: mijn vader. Maar hij was een kunstenaar, dat lag anders. Hij zette ons vis in korstdeeg voor, met vinnen op het deeg getekend en glazen knikkers als ogen. Een man is een chefkok of helemaal niets.

Chouquette kwam niet eens op de gedachte om wat hulp van haar man te verlangen. Maar vaak vond ze haar leven zwaar. Ze begreep niet waarom... ze had toch immers stromend water!

Parzouf had wel geprobeerd haar te leren wat het leven voor een vrouw inhield. Het huwelijk was niet die versmelting, dat heerlijke delen dat zij zich in haar naïveteit voorstelde. Het huwelijk was de juiste verdeling van de echtelijke ruimte. Georges vroeg haar niet het radiojournaal met hem te presenteren. Ze moest leren het thuis zonder hem te kunnen stellen, vooral in de keuken en in de bezemkast. Zijn eerste les had hij haar meteen geleerd bij het vertrek in de trein die hen naar Oostenrijk bracht. Je moest snel reageren, wilde je niet vast blijven zitten in die gevoelsbrij die jonge vrouwen zo goed kunnen creëren.

Het vervelende was dat ze alles voortdurend ter discussie stelde. Ze praatte niet, maar ze zanikte, ze sprak hem tegen, zelfs waar mensen bij waren. Ze was die eerste les, die hij haar op hun huwelijksreis had gegeven, vergeten. De tweede les kwam vanzelf. Hij had die oorvijg niet gewild, die was hem ontglipt.

Het ging niet eens om een persoonlijke confrontatie, maar, zoals gewoonlijk, om een verschil van mening, dat werd geuit in het bijzijn van vrienden. De oorvijg was niet meer dan een onverwachte reactie, die niets te maken had met woede of met de wens om pijn te doen, maar met de legitieme behoefte om te laten zien wie er nog steeds de baas in huis was. De scène speelde zich af in Port-Manech, juist bij de familie 'Paul', tijdens een etentje met een stuk of tien vrienden. Georges was sinds een maand uit Groenland terug en was vergeten hoe zijn vrouw kon... zeiken wanneer ze dacht dat ze gelijk had. Het ging om het paard van Caligula, of een ander detail betreffende een Romeinse keizer, en zij ging nogal tekeer met haar kennis van de geschiedenis.

'O, alsjeblieft geen blauwkouserij in de vakantie!' had Georges haar geërgerd gezegd.

In plaats van dat ze zich heel klein maakte, vatte ze vlam. Georges ook. Toen was hij van tafel opgestaan en had haar een echte klap gegeven, waar de verbijsterde gasten bij zaten. Op het moment zelf reageerde ze niet, aarzelend of ze in nerveus lachen of in tranen zou uitbarsten, of hem zou uitschelden. Voordat ze een besluit had genomen, was hij zonder een woord te zeggen van tafel gegaan, overmand door een woede die langzamerhand plaats maakte voor schaamte en die zijn gezicht verwrong.

Hij kwam pas in de vroege ochtend thuis, op het tijdstip waarop gebaren de plaats innemen van woorden. En de volgende dag durfde jij niet over het incident te beginnen. Je was waarschijnlijk te bang dat je door aan een draad te trekken je hele huwelijk uit elkaar zou zien vallen.

Ik vraag me tegenwoordig af, mijn arme Zazate, hoe het mogelijk was dat die klap, die op dat moment maakte dat je je mond hield, je ogen niet opende. Je had alleen nog, vastgepend in je hart, je verlangen om gelukkig te zijn, dat door een ongelukkig gebaar niet van zijn plaats gebracht kon worden. Bovendien geeft een lichaam niet in één dag zijn dierbare gewoontes op, blijven geuren vertrouwd, worden woorden nog steeds gezegd, meegevoerd door de stroom. Het duurt een tijd voordat de gebaren en woorden die gewoon zijn voor een echtpaar hun weg niet meer vinden. Die tijd verstreek.

> 'Maar met het lichte stoten
> Beschadigde men het kristal,
> Onzichtbaar, onfeilbaar proces...

Deze versregels van Sully Prudhomme, die alle kleine meisjes van voor de oorlog uit hun hoofd hadden geleerd, schoten je plotseling weer te binnen. Een van de geheime krachten van de poëzie, zelfs van de meest onbeduidende, is dat ze uit de diepste vergetelheid weer bij je opkomt wanneer ze plotseling weerklank vindt bij een gebeurtenis uit je leven.

En wat had je gedacht, Zazate, als je had geweten dat je geliefde George Sand, wier leven het jouwe iets duidelijk leek te willen maken, ook een oorvijg had gekregen van de man met wie ze pas getrouwd was, en om dezelfde reden: ongehoorzaamheid! Een ernstige reden trouwens: 'Ongehoorzaamheid is de ergste plaag,' zei Creon tegen Antigone. 'We mogen op geen enkele manier tolereren dat een vrouw ons de les voorschrijft. Het moeten vrouwen blijven en ze mogen niet aan al hun grillen toegeven.' George heette nog Aurore en was nog maar twintig, toen de scène zich afspeelde waarover ze vertelt in *De geschiedenis van mijn leven* en die een einde zou maken aan haar huwelijk. Ze 'was zich aan het aanstellen', dat zijn haar eigen woorden, in haar tuin in Nohant, met de kinderen van vrienden die daar de zomer kwamen doorbrengen. Tijdens hun spel viel er een beetje zand in het kopje van een vriend van Casimir, die zijn vrouw beval op te houden met dat kinderachtige gedoe. Dat deed ze niet en ze maakte het nog bonter. Toen stond hij op uit zijn fauteuil, liep naar haar toe en gaf haar een klap waar zijn zoon en al hun vrienden bij waren. 'Vanaf die dag hield ik eigenlijk niet meer van hem en ging alles steeds slechter,' schreef Aurore.

Natuurlijk was Georges heel wat aantrekkelijker dan die lompe Casimir, maar jij, Zazate, was heel wat minder gewiekst dan de licht ontvlambare George Sand! Het 'lichte stoten' bleef echter niet zonder gevolg, en het zou niet lang meer duren of er zou definitief een barst komen in jullie relatie.

Een jaar later zou Georges op jouw verzoek accepteren uit de Rue Chanez weg te gaan en zouden jullie tweeën aan het begin staan van de weerzinwekkende procedure die in die tijd een echtscheiding op basis van wederzijdse schuld was, gebaseerd op verzonnen brieven en valse bekentenissen die al heel snel leidden tot echte beledigingen en onvermijdelijke chantages, uitlopend op het volledig kapotmaken van een verleden.

Nu moest nog bekeken worden wat er overbleef van de arme Zazate: zou je weer Madame Groult worden? Of Madame de weduwe Heuyer, zoals gebruikelijk was? Of de voormalige Madame de Caunes? Wat je beroep betreft was het de vraag onder welke naam je je bescheiden carrière zou voortzetten... Te veel namen is geen naam.

Je begon door te krijgen, beste meid, dat identiteit een heel veranderlijk begrip was voor een vrouw.

HOOFDSTUK 7

De scheiding

Josyane Savigneau — Je staat versteld als je ziet wat een 'gebroken vrouw' u bij Georges de Caune bent geweest.

Benoîte Groult — Maar dat was een logisch gevolg van wat ik beschrijf in de eerste hoofdstukken van dit boek. De opvoeding die meisjes kregen was een onzichtbare gevangenis, waaruit je heel moeilijk kon ontsnappen! Je moest echt een opstandige geest, een bijzondere persoonlijkheid hebben om daaruit te komen; die had ik duidelijk niet.

Toch had u met Pierre geleefd, uw eerste man, een intellectueel, die niet alleen dol op u was, maar u ook volkomen als een gelijke behandelde.

Maar ik heb nauwelijks met hem geleefd! We hebben nooit de tijd gehad om die relatie van gelijkheid aan te gaan. Pierre was al ziek voor en tijdens ons korte huwelijk.

Hebt u na zijn dood niet overwogen zelfstandig te blijven, te zorgen dat u financieel onafhankelijk was, bijvoorbeeld als onderwijzeres, en niet opnieuw te trouwen?

Als ik een kind had gekregen van Pierre (of van zijn broer Philippe), had dat mijn leven veranderd. Maar het is me niet gelukt het lot te dwingen, ondanks de daad van vertrouwen en liefde die we met z'n drieën, zou je kunnen zeggen, hebben begaan: Pierres broer, zijn vader en ik. Op de dag van de begrafenis van zijn tweede zoon, die op zijn twintigste bij een ongeval was omgekomen (hij was als student in de medicijnen opgeroepen bij een medische eenheid), twee weken na de dood van Pierre, zijn oudste zoon, nam de hoogleraar me in zijn armen en zei: 'Ik hoop dat je het kind van mijn beide zonen draagt.' Je voelt je dan plotseling alsof je de macht hebt van een demiurg... je hebt geweigerd het dictaat van de natuur te aanvaarden, je maakt zelf je toekomst in plaats van je die te laten voorschrijven. Ziet u, ik heb in mijn jeugd blijk gegeven van heel wat laffe daden, maar ik ben trots op dat gebaar. Eindelijk een daad van ongehoorzaamheid! Wat vind je van die poging?

Het is heel moeilijk een oordeel uit te spreken over beslissingen die op die manier zijn genomen, in tragische tijden. Zo te horen is het gewoon een bijzonder romantisch verhaal.

Ook dat aspect beviel me wel. Helaas is het zo gewenste kind er niet gekomen en hoefde ik dit mooie geheim niet mijn hele leven te bewaren. Een geheim dat des te gemakkelijker te bewaren was omdat niemand ooit zo'n schandelijk bedrog zou hebben vermoed! Alleen mijn schoonvader, van wie ik heel veel hield, zou medeplichtig zijn geweest. Maar het was inderdaad waarschijnlijk te romantisch. Het leven stelt niet op prijs dat je je zulke vrijheden veroorlooft...

Dus na die tweevoudige dood en de bevrijding van Parijs komt uw 'Amerikaanse leerschool', waardoor u weer 'terugkeerde op aarde'... dat is wel het minste wat je kunt zeggen.

Ja, daardoor kwam ik weer tot leven. En ben ik weer gaan leven.

Maar u geeft geen antwoord op mijn vraag: hebt u na die periode van rouw en die 'vrijheidskuur' daarna geen moment overwogen onafhankelijk te blijven, hebt u daar nooit behoefte aan gehad?

Wat zal ik zeggen... Ik kijk tegenwoordig met ongeloof, vaak met droefheid, naar het modelmeisje dat ik was, de in een hoek gedreven adolescente, de jonge vrouw die de traditionele rollen accepteerde. Het heeft heel lang geduurd voordat ik mijn cocon openbrak. Bovendien was ik zesentwintig en wilde ik een kind. Nu was 1945-1946 een tijd waarin ongehuwde moeders 'moeder-meisjes' werden genoemd... Dat maakte het moeilijk. Het had iets van 'verleid en in de steek gelaten'! Absoluut geen bewuste keuze, zoals tegenwoordig.

Bovendien was u verliefd, nietwaar? Georges de Caunes was aantrekkelijk, briljant.

Precies. En daarbij was hij in gezelschap onweerstaanbaar geestig. Maar hij had een publiek nodig. Zodra ik zijn vrouw was, was ik geen publiek meer. In zijn privé-leven was hij een gekwelde, sombere, gesloten man.

Was hij niet bang voor de vrije vrouw die u misschien zou zijn? Bang dat u zou gaan lijken op de figuur van de zegevierende vrouw waarvan uw moeder het symbool was?

Ongetwijfeld; en hij heeft alles gedaan om dat niet te laten gebeuren. En ik ook, trouwens. Want ik voelde al heel snel dat ik door met hem te trouwen een monumentale vergissing had gemaakt. Hij misschien ook, maar voor een man is dat verenigbaar met de ambities die hij in zijn werk heeft, en dat maakt het dagelijks leven gemakkelijker. Voor een vrouw is het meestal het tegenovergestelde. Ik voelde me in een hoek gedreven, maar ik dacht bij mezelf: je bent na een halfjaar weduwe geworden... je wordt nu niet na een halfjaar een gescheiden vrouw! Ik heb me dus koest gehouden en ben niet te hard van stapel gelopen. Ik moet ook zeggen dat iedere drie maanden zwanger zijn iemand niet stimuleert tot het stellen van eisen. Bovendien voelde ik me schuldig dat ik alleen maar dochters kreeg; ik was net Soraya of Fabiola. Ik functioneerde niet zoals het hoorde.

U praat erover als over een ver verleden. Maar ik geloof dat sommige vrouwen nog steeds zulke situaties beleven, nog dat soort gevoelens ervaren, een gevoel dat ze niet zijn 'zoals het hoort'. Maar wanneer je die veronderstelling uit, word je tegenwoordig in je gezicht uitgelachen. Veel vrouwen denken, net als mannen, dat dit verhalen uit de prehistorie zijn. Toch was het nog zo in de jaren vijftig, en bovendien weet ik zeker dat het, in tegenstelling tot wat wordt beweerd, ja zelfs rondgebazuind, niet helemaal uit de mentaliteit is verdwenen.

Maar 1950 ís de prehistorie. Na 1960 is er een nieuw tijdperk aangebroken, of dat nu het gevolg is van het feminisme, van de ontwikkelingen in de genetica of van Pincus*... waarschijnlijk van dat alles tegelijk. Tegenwoordig kun je wanneer je een dochter hebt, bij jezelf zeggen dat ze zal slagen als beste kandidaat van de École Polytechnique zoals Anne Chopinet, of dat ze minister-president zal worden zoals Édith Cresson, of kampioene wielrennen zoals Jeannie Longo... Ik kies met opzet de nieuwe archetypen, voorzover je die twee woorden naast elkaar kunt gebruiken... Een meisje vertegenwoordigt in het onderbewuste van de ouders niet langer iemand die nutteloos of afhankelijk is, die je een bruidsschat zult moeten geven en uithuwelijken. Het was niet zo rampzalig als in India of China om een meisje ter wereld te brengen, maar het is waar dat er weinig persoonlijke toekomstplannen voor haar werden gemaakt; haar toekomst hing zozeer af van een man...

Natuurlijk, als je het probleem vanuit een algemeen, sociaal-politiek standpunt bekijkt, is uw opmerking volkomen juist. Wat ik me afvroeg, is hoe de dingen in het dagelijks leven worden beleefd. In tegenstelling tot u heb ik het gevoel dat (ook al verandert de uiterlijke schijn) bepaald gedrag uit de jaren die u beschrijft, de jaren vijftig, in wezen nog steeds voortduurt. En dat je, wanneer je probeert daar de aandacht op te vestigen, wordt aangekeken alsof je het hebt over 1822 en over vrouwen die ergens ver weg op het Franse platteland

* De uitvinder van 'de pil' in 1958.

van de negentiende eeuw leefden. *De gedachte dat er in dit land nu nog vrouwen zouden zijn die volledig overheerst worden en niet in staat zijn zich hun toekomst voor te stellen buiten de afhankelijkheid van een man, wekt de lachlust...*

Des te beter, in één opzicht! In 1822 had, zoals je zegt, niemand gelachen, en in de jaren vijftig ook niet. Mensen lachen wanneer ze bevrijd zijn. Niet alle vrouwen zijn bevrijd natuurlijk, maar er hoeven er maar een paar te zijn om alle vrouwen hoop te geven. Ik ben er bijvoorbeeld van overtuigd dat de volgende vrouw die de functie van minister-president bereikt, niet te maken krijgt met de afgrijselijke, onfatsoenlijke behandeling die voor Édith Cresson was weggelegd. Ze zijn ver over de schreef gegaan, de politici zijn uiterst grof geweest! Maar dat ging om een symbolische functie. Op kleinere schaal wordt een vrouw, wanneer ze een dochter ter wereld brengt, in onze tijd niet meer vernederd.

Vernedering... dat is wel een gevoel dat men altijd bij vrouwen probeert uit te lokken, alsof het logisch is ze te vernederen. Zodra Édith Cresson als regeringsleider was benoemd, waren alle commentaren er meteen al op gericht om haar te vernederen, nog voordat ze haar eerste politieke daad had verricht. In werksituaties heb ik gemerkt dat men vrouwen meer probeerde te vernederen dan mannen. Mannen worden gecommandeerd en er wordt ruzie met ze gemaakt, maar op een andere manier. Wanneer er met een vrouw een meningsverschil ontstaat, schijnt de eerste reflex van een man vreemd genoeg te zijn dat hij haar wil vernederen. Vrouwen die fysiek geslagen worden, wil men in de eerste plaats vernederen. Geslagen vrouwen... nog zo'n onderwerp waarover je hoort te zeggen dat het 'niemand meer interesseert'. Als ze het in mijn krant bijvoorbeeld in hun hoofd zouden halen een voorstel te doen voor een onderzoek naar geslagen vrouwen, zouden ze te maken krijgen met gezucht, met opmerkingen als 'het is altijd hetzelfde' en 'dat hebben we al twintig keer gedaan'. De woorden 'ze laten zich slaan omdat ze het zelf willen' laten nooit lang op zich wachten. Daarentegen heb ik meegemaakt dat mannen bij een redactiebespreking helemaal opge-

wonden waren omdat een Engelse krant zojuist een onderzoek had gepubliceerd naar... geslagen mannen! We hadden ons onverwijld moeten interesseren voor zoiets 'exotisch'. Wanneer je suggereerde het aantal geslagen mannen te vergelijken met het aantal geslagen vrouwen, ging je al te ver. Waarschijnlijk een teken van 'verlaat feminisme'.

Nou, in zo'n geval kan ik echt geen medelijden hebben! Mannen vinden het heerlijk om de aandacht te vestigen op dat soort zeer zeldzame gebeurtenissen. Zo gaat het ook met incest tussen moeders en zonen. Je hoeft het maar over incest van een vader te hebben, of ze vertellen je heel serieus dat het probleem ook bij moeders en zonen bestaat. Ik weiger in ieder geval een traan te laten om die arme geslagen mannen, want niets weerhoudt hen ervan hun koffers te pakken en te vertrekken. In het algemeen hebben ze een beroep, dat ze behouden. Maar waar moet een geslagen vrouw naartoe? Hoe blijft ze in leven? Afgezien van met haar drie kindertjes teruggaan naar haar moeder is er voor haar geen uitweg.

Gelukkig gold dat niet voor u. Deze uitweiding sloeg niet op uw persoonlijke verhaal. U bent dus aan het eind van de jaren veertig hertrouwd, u krijgt twee kinderen – twee dochters – en u probeert een volmaakte echtgenote te zijn. Maar op een bepaald moment merkte u dat 'het nooit wat zou worden'. Weet u wanneer dat precies was?

Ik heb het niet meteen durven denken, zelfs niet nadat ik een klap had gekregen. Maar mijn moeder had Georges verscheidene keren apart genomen om hem te vertellen dat hij moest oppassen, dat ik geduldig was, maar dat ik, als ik in opstand kwam, tot het einde zou doorgaan. Hij geloofde het niet. Met haar twee kleine kinderen en haar baantje zal ze niet durven te scheiden, dacht hij.

Je kunt je heel moeilijk die houding van zijn kant voorstellen; wanneer je een beeld hebt van de publieke persoon die hij was. Wanneer je hem op de televisie zag en hoorde, leek hij op geen van de andere televisiejournalisten uit die tijd, die conventioneel leken. Maar Georges de Caunes kwam geestig en origineel over.

Op de televisie, ja, maar thuis niet! Je verspilt je geestige opmerkingen niet aan je vrouw. En je neemt haar niet mee naar feestjes, naar cocktailparty's om je met haar te bemoeien. Je gaat niet uit om haar weer te zien, je gaat juist uit om andere gezichten te zien! Kortom, ik was ongelukkig met hem en ongelukkig zonder hem. Wat een zielig klein geitje toch eigenlijk!

Dus u bent degene die uiteindelijk besloot om te vertrekken.

Nou... ik vertrok niet. Ik besloot dat Georges moest vertrekken! Omdat ik een troef in handen had van onschatbare waarde voor een vrouw: het huis was van mij. Ik had het niet gekocht, maar in die tijd vond je alleen woonruimte met behulp van sleutelgeld, grote bedragen die als smeergeld werden betaald. Mijn ouders en mijn schoonvader Heuyer hadden Pierre en mij geholpen ons in te richten. Omdat Georges geen persoonlijk vermogen had, maar alleen zijn salaris, woonde hij bij mij. Anders zie ik niet hoe ik met twee kinderen Georges tot een scheiding had kunnen dwingen terwijl hij niet wilde. Ik geloof dat hij eindelijk had gemerkt dat hij op me gesteld was.

Is dat in uw ogen uw eerste daad als vrouw die zich bewust wordt van wat ze is als individu, en van wat ze werkelijk voor zichzelf wil in het leven?

Ja, ook al heb ik er op dat moment niet zo bij stilgestaan. Ik merkte wel dat ik als persoon niet werd erkend. Ik durfde niet meer te schrijven, zelfs mijn dagboek niet, dat als 'een ongezonde bezigheid' werd beschouwd. Ik zag mijn oude vrienden niet meer, ik had de foto's van Pierre van de muur gehaald, want Georges had een jaloers en bazig karakter.

Maar hij gaf me veel meer blijken van jaloezie dan van liefde. Ik kon geen doos chocolaatjes krijgen of hij zei dat hij de gever 'op z'n bek zou slaan'. 'Kom naar beneden, als je een man bent!', dat soort onzin werd er gezegd! Hij heeft het trouwens gezegd tegen een radiotechnicus met wie ik werkte. Het was een echte man, hè? Ik heb lange tijd gedacht dat hij niet genoeg van me hield en dat hij me, als ik maar hardnekkig volhield, ten slotte wel zou vertrouwen. Als het me niet lukte, was dat mijn schuld.

Een houding die typisch is voor vrouwen, om zo de situatie tegen jezelf te keren, ervan overtuigd te zijn dat je 'onaangepast', 'ontoereikend' bent.

Ja, dat is een gebrek van vrouwen: die voortdurende angst om niet bemind te worden, teleur te stellen, niet aan de vraag te voldoen. Ik had al niet voldaan aan die van mijn moeder, en dat ging gewoon door.

Hoeveel jaar bent u bij Georges de Caune gebleven?

Bijna vier jaar. Maar we waren niet vier jaar samen, verre van dat. Georges was voortdurend op reportage, dat hield de zaak binnen de perken. Toen ik hem te kennen gaf dat ik niet meer onder die omstandigheden wilde leven, was hij er zo zeker van dat ik niet zonder hem kon dat hij accepteerde ergens anders te gaan wonen. 'Over drie maanden heb je nagedacht,' zei hij. 'Dan kunnen we samen opnieuw beginnen, dat zul je zien. We kunnen nog gelukkig zijn.' Maar ik was het nooit geweest! Vanaf het moment dat hij vertrok, wist ik dat ik niet weer met hem zou kunnen leven. Terwijl hij daarentegen weer zin kreeg om mij voor zich te winnen. Als echtpaar leef je bijna altijd tegen elkaars ritme in. Alles overkomt je allebei, maar zelden tegelijkertijd. De woorden die ik zo graag had willen horen zei hij pas tegen me toen ik niet meer luisterde!

Maar na dat eerste teken van feministische eisen heeft het toch heel veel jaren geduurd voordat u uit naam van het feminisme het woord durfde te nemen?

Ja, heel lang. Maar je zegt 'feministische eisen', terwijl ik dat gewoon 'identiteitseisen' noem. Als jezelf zijn feminisme is, dan is het oké. Daarom heb ik het over een *scheiding*. Nadat ik van Georges was gescheiden, ben ik langzaam begonnen van mezelf te scheiden!

Hoeveel jaar heeft dat nog geduurd?

Eerst moest ik mijn mislukte huwelijk laten betijen. Daarna Paul verleiden, die me iets bijzonders leerde: dat je van iemand kunt houden om wat hij is, ook al is die iemand een vrouw die je ook nog begeert. Maar het kost veel tijd om iemand te verleiden... dat is bij mij nooit vanzelf gegaan. Bovendien was ook Paul nog getrouwd... We zagen elkaar 's zondags, op vakantie, in Bretagne. We gingen samen de zee op, ik praatte eindelijk over politiek met iemand die er dezelfde mening op na hield. Hij waardeerde mijn blauwkouserij wel! Het was fascinerend om samen na te denken. Soms kun je je beperken tot alleen een seksuele relatie, maar het lijkt me daarentegen moeilijk een diepgaande intellectuele verstandhouding met iemand te hebben zonder dat je ten slotte in bed terechtkomt. Zo is het met ons in ieder geval gegaan.

En toen ik Paul verleid had, moest ik hem er vervolgens toe brengen te trouwen. Hij zag het verband niet.

En toen ik met Paul getrouwd was, wilde ik graag een kind van hem hebben. Ook toen zag hij het verband niet. Maar ik bracht als huwelijkscadeau twee nog heel kleine kinderen mee, die niet van hem waren en die hij zou moeten opvoeden. Ik dacht dat de zaken gemakkelijker zouden zijn met een derde kind... In beide gevallen had hij vertrouwen in me.

Maar waarom zegt u dat u Paul Guimard ertoe moest brengen te trouwen? Waarom vond u het zo nodig opnieuw getrouwd te zijn? Was dat niet typisch van dat gedrag voor een conventionele vrouw, waar u zich juist van had geprobeerd te bevrijden? En waarom dat verlangen naar een kind, terwijl hij daar niet zo veel zin in leek te hebben?

Ik had me niet bevrijd van conventioneel gedrag maar gewoon van een man die me ongelukkig maakte! Conventies waren er nog steeds. Je vergeet dat ik Paul in 1951 'tot trouwen bracht'! Samenwonen werd op dat moment nog helemaal niet netjes gevonden, in ieder geval niet voor een vrouw. Ik zou misschien wel de voogdij over mijn kinderen zijn kwijtgeraakt.

En wat dacht uw moeder van die nieuwe echtgenoot, de derde al?

Nou, ze vond Paul best aardig, hoewel hij uit Nantes kwam en op zijn twintigste ook uit de provincie was gekomen. Maar wel zonder accent! Nantes ligt in Oost-Bretagne, daar spreken ze geen Bretons. Ze vond hem aardig omdat hij van vrouwen hield. Niet van *de* vrouw, maar van verschillende vrouwen. O zovele... 'Het is een Casanova,' zei ze tegen me. 'Hij houdt van alle vrouwen en hij houdt er van geen een. Ik zie jou nog niet lange tijd zo'n type man vasthouden. Je zult hem niet kunnen wijsmaken dat jij bijzonder bent...'

En toen? Hoe lang bent u met elkaar getrouwd?

We zijn getrouwd in december 1951, zodra de periode van driehonderd dagen, die na iedere scheiding verplicht is, was verstreken. Wat een idee! We leefden natuurlijk al samen. Dat is dus vijfenveertig jaar geleden. Het is geen lange, rustige stroom geweest.

Hebt u dankzij Paul Guimard, die journalist was en al schrijver, kunnen besluiten zelf ook te gaan schrijven, voor uw beroep te gaan schrijven?

Het duurde nog vijf of zes jaar voor ik dat besluit had genomen. Ten eerste kreeg ik in 1953 een derde kind, mijn dochter Constance. En verder werkte ik met Marina Grey, Manette Sauzay en Maurice Blézot aan een dagelijkse uitzending waar heel veel naar geluisterd werd, die 'Rendez-vous à cinq heures' heette en die voor vrouwen was bedoeld. Ik maakte kritische filmverslagen, met gefilmde fragmenten en interviews met acteurs. Ik heb er nog eens een paar van gehoord en ik kreeg medelijden met mezelf. De tekst kon ermee door, zonder meer, maar de stem... erbarmelijk: een hoog stemmetje, zonder een spoor van ongedwongenheid, van een onbeholpenheid om te huilen! Het lukte me niet die beroemde levendige toon te vinden die je voor de radio nodig had. Ik had leren schrijven, maar ik had nooit leren praten! Dat geldt voor veel vrouwen, zelfs voor vrouwen die het grootste zelfvertrouwen lijken te hebben. In een recent interview (*Figaro Magazine* van oktober 1996) verklaarde Ségolène Royal (minister van Milieuzaken): 'Tot 1984 was ik niet in staat in het openbaar het woord te nemen. Zelfs bij een diner bleef ik zwijgzaam.' Die bekentenis stelde me gerust: tegenwoordig genees je van die ziekte. Bij mij gebeurde dat pas na twintig jaar van inspanningen en om te beginnen voor een publiek van alleen vrouwen, na '68, en meer nog na *Ainsi soit-elle*.

Wat is er in die tien jaar van 1950 tot 1960 met u gebeurd, wat hebt u gedaan?

Nou, ik heb een normaal vrouwenleven geleid, dat wil zeggen een heel gevuld leven! Het kost tijd om je in een nieuwe liefde te settelen en een nieuw kind te krijgen. Drie kleine meisjes van nog geen zeven in een flat, dat geeft veel lawaai, en het ontluiken van een arme schrijfster wordt erdoor vertraagd. En nog meer wanneer je je een tweede huis op de hals haalt! Ik droomde ervan de wortels van mijn kinderjaren terug te vinden in Bretagne, waar Paul ook zijn wortels had. Dus kochten we twee bouwvallige huisjes met rieten daken in een piepklein dorpje bij Raguenès. Ik herinner me nog de prijs: vijfduizend francs, met een pastoorstuintje van drie are en tachtig centiare. Geen stromend water, geen elektriciteit. Behalve een nieuw rietdak, van echt roggestro, geen riet zoals tegenwoordig, heb ik bijna alles zelf gedaan. De balken met lijnolie behandeld, het plafond met scheepslak, rode v33 op de cementen vloer om de terracottategeltjes te imiteren die wij ons niet konden veroorloven; de luiken en de deuren moesten blauw geverfd worden, het terras van platte stenen die één voor één zijn opgeraapt bij de lage scheidingsmuurtjes in de omgeving en met de kruiwagen aangevoerd...

Iedere verbetering, iedere stap op weg naar comfort – het eerste jaar dat we het water niet meer uit de put hoefden te halen; de eerste douche uit een kraan in plaats van uit een emmer water, die we, heel ingenieus, met een katrol naar het plafond hesen en waarvan we de spon in de vorm van een sproeikop met een touwtje in werking stelden... De eerste verwarming met katalysator, als vervanging voor het butagas waardoor het water langs de muren stroomde... –, iedere stap voorwaarts betekende een financiële krachttoer en een persoonlijke overwinning. Geen enkel huis was zo vochtig, oncomfortabel, is zo vaak overstroomd (we zaten beneden aan een modderige weg), was zo vastbesloten terug te keren tot zijn bestemming als koeienstal, was zo rokerig (de prachtige granieten schoorsteen wilde nooit trekken), en was ten slotte zo levensgevaarlijk voor de schedel van bezoekers die langer waren dan één meter zestig (de Bretons zijn klein en de stenen bovendrempels van de deuren zitten heel laag). Geen enkel huis heeft me zo veel plezier en trots gegeven.

Hebt u het moederschap als iets beangstigends ervaren?

Nee, helemaal niet. Ik heb in mijn familie nooit over migraine of pijnlijke menstruaties horen praten. Laat staan over de menopauze. Mijn moeder leek onkwetsbaar en was van mening dat ze ons een lichaam had bezorgd dat ons zonder haperen zou gehoorzamen.

Ik doelde niet alleen op de fysieke kwesties die met het moederschap verbonden zijn, maar op het feit dat u moeder werd. Was u nooit bang dat dit u zou belemmeren in het veroveren van uw zelfstandigheid, dat dit het leven dat u wilde hebben zou schaden?

Waarom zou ik zelfstandig hebben willen zijn? Ik had immers geen professionele ambitie! Ik werkte zes uur per dag bij het radiojournaal om de nieuwsbulletins te schrijven die ieder uur op Paris Inter werden uitgezonden. Een omroepster las de nieuwsberichten in die tijd. Dus ik zat lekker veilig, met een rustig baantje... dat niet oninteressant was, maar wel routinewerk zonder toekomst. Reportages durfde ik niet. Toch was ik al een groot meisje van over de dertig!

Dus het idee dat u moeder was, was voor u niet speciaal een probleem. U had niet het gevoel dat u in de val zat. Maar waarom bent u zo vaak overgegaan tot abortus? Was er geen enkele methode van geboorteregeling die werkte? Het berekenen van de dagen van vruchtbaarheid? De Ogino-methode?

Meen je dat serieus? Bij ons in de steden en op het platteland wemelt het van de Ogino-baby's! Ik had abortussen omdat ik niet ieder jaar een kind wilde, niet omdat ik bang was mijn carrière af te breken, want ik had geen carrière! Alleen een beroep, waarmee ik zonder problemen zwangerschapsverlof kon opnemen en me in de eerste plaats een inwonende huishoudelijke hulp kon permitteren. De dienstbodekamers van de woningen van de middenklasse waren nog niet veranderd in eenkamerappartementen. Met een heel middelmatig salaris kon je je niet veroorloven wat nog rustig 'een dienstbode' werd genoemd. Ook die waren nog niet in huishoudelijk personeel veranderd! Geen van mijn dochters zou in deze tijd kunnen overwegen er een 'meisje voor hele dagen' op na te houden, ook al verdienen ze heel wat meer dan ik in die tijd.

Wilde u van tevoren veel kinderen?

De meeste meisjes van mijn generatie hadden er vier of vijf. Twee leek mij voldoende, hoewel ik waarschijnlijk wel graag een jongen had gewild voordat 'de alarmklok van de eierstokken', zoals Sylvie Caster het noemde, had geluid. Maar omdat ik een andere man had gekregen, vond ik het normaal dat ik weer een kind kreeg dat zijn naam zou dragen. Niet om die naam te vereeuwigen, maar om zijn aanwezigheid zichtbaar te maken in de volgende generatie. Alleen maar De Caunes hebben, terwijl ik niet eens meer De Caunes heette! Ik kon ze immers toch zonder al te veel problemen krijgen...

Merkwaardig, wat u vertelt over dat derde kind, alsof het bijna een beleefdheidsgebaar was.

Dat kwam er waarschijnlijk ook bij. En verder ook romantiek, geloven in het echt gewenste kind, het kind van de liefde.

Had u niet het gevoel gewoonweg toe te geven aan een vorm van sociaal conformisme: wanneer een man en een vrouw van elkaar houden, trouwen, samen door het leven gaan, moeten ze beslist kinderen krijgen?

Conformisme? Misschien. Maar het was ook een levensdrang. In de jaren na een oorlog heb je er op een duistere manier behoefte aan de dood terug te dringen door het leven te vertegenwoordigen. Ik geloof ook dat de zo sterke, intieme band die mijn moeder met mijn zus en mij had weten op te bouwen mij het verlangen gaf zelf een soortgelijke band te creëren. Er schuilt iets onvervangbaars in de zusterlijke – of broederlijke, neem ik aan – vriendschap, al was het alleen maar omdat die de herinnering aan het verleden vertegenwoordigt. Alleen tegen Flora kan ik zeggen: 'Weet je nog toen we twee tamme kanaries hadden en die van jou in een kop hete melk viel, dat hij al zijn veren verloor en doodging, en dat Pater mij dwong om de mijne, die niets mankeerde, aan de mevrouw boven te geven, zodat jij niet ongelukkig zou zijn?' Dat was het idiote rechtvaardigheidsgevoel van onze vader! Ik was op dat moment verontwaardigd – ik was tien en zij zes – en het was waarschijnlijk een heel bittere herinnering gebleven als ik niet zo af en toe mijn zus kon vervelen door haar eraan te herinneren hoe schandelijk ze zich had gedragen, want zij had dat Salomonsoordeel geaccepteerd. Nou ja, mijn dochters kunnen later samen kwaadspreken van mij. Dat zal hun goeddoen.

Ik heb wel begrip voor dat verlangen om de zusterlijke verstandhouding die u hebt gekend weer door te geven, maar wat me intrigeert, is de manier waarop u praat, niet over het verlangen naar een kind op zich, maar over uw verlangen naar een derde kind. Na een huwelijk dat iets van een gevangenis had, beschrijft u uw ontmoeting met Paul Guimard als het begin van een bevrijdingsweg, en terwijl u dat nieuwe leven begint, dat heel erg verschilt van het vorige, wilt u toch in de eerste plaats nog een kind hebben.

Eerst zou ik even iets recht willen zetten: nu beschouw ik mijn vorige huwelijk als een gevangenis. Op dat moment leek het me normaal. Zo was het huwelijk! Maar Josyane, ik zou jou willen vragen: heb jij nooit die onbedwingbare, niet erg doordachte behoefte aan een kind gehad?

Nee, die behoefte niet. Dat is waarschijnlijk een gemis. Ik heb overwogen om kinderen te nemen, meerdere kinderen. Ik was heel erg gekant tegen het idee maar één kind te nemen, want ik was enig kind en dat vond ik afschuwelijk. Als ik voor mijn vijfendertigste (die limiet had ik mezelf gesteld) een man was tegengekomen met wie ik graag had willen leven, het dagelijks leven had willen delen (ik vind het over het algemeen nogal moeilijk om het dagelijks leven met iemand te delen, ik houd er niet zo van dat intimiteit tot gemeenzaamheid wordt), dan had ik waarschijnlijk wel kinderen gehad. Hoewel ik niet zeker weet of ik wel echt die 'levensdrang' bezit waar u zich op beroept. Maar het onbedwingbare, niet erg doordachte ver-

langen waar u het over hebt en waarover veel andere vrouwen me hebben verteld, heb ik, geloof ik, nooit gevoeld. Ik heb een zeker 'huiselijk' verlangen gehad om moeder te worden, als je dat gevoel zo mag proberen te karakteriseren, maar ik heb niet het fysieke verlangen gehad om zwanger te worden.

Ik heb benen, dus ik heb zin om te lopen. Ik heb een baarmoeder, dus ik wil graag weten hoe die werkt en wat je voelt wanneer die haar functie vervult, die elke keer een wonder is, ook al is het het meest alledaagse wonder.

Ik begrijp wat u bedoelt, maar ik kan niet zeggen dat ik het echt navoel. Om dat beeld van u weer te gebruiken, zou ik zeggen dat ik benen heb, maar niet de behoefte heb gehad om te weten of ze goed genoeg waren om de 400 meter horden te lopen. Ik heb een baarmoeder, maar ik zou me pas hebben afgevraagd of die goed functioneerde nadat ik had besloten een kind te nemen. Hoe het ook zij, we hadden het niet over mij, maar over u, over uw nieuwe leven met Paul Guimard, over uw verlangen om schrijfster te worden – in die tijd dacht u misschien nog niet 'écrivaine'. Wanneer begon u het gevoel te krijgen dat schrijven eigenlijk een levenskwestie voor u was?

Het schrijven verscheen zo'n beetje als een onderaardse rivier die eindelijk een weg naar buiten vindt. Het had mijn leven onder de oppervlakte altijd bevloeid, in mijn dagboeken, in de correspondentie die ik mijn hele leven met een of twee vriendinnen onderhield, ook met jongens, van wie ik had kunnen of willen houden, of van wie ik ten slotte ben gaan houden; ook met mijn dochters handelen we bijna al onze problemen per post af. En al die brieven stapelen zich op in de grote schooltassen uit mijn jeugd. Ik was dol op schooltassen; en hoe groter ze waren, hoe fijner ik ze vond. Alleen jongens droegen ze toen op hun rug. Ik herinner me nog het gebaar dat ik maakte om ze op mijn linkerheup te houden... Ik behoor waarschijnlijk tot de laatste generatie die schreef in plaats van te bellen, verhoudingsgewijs in de lijn van Madame de Sévigné met haar dochter, George Sand en Flaubert,

Rilke en de jonge dichter, Sartre en De Beauvoir in de oorlog, Jacques Chardonne en Roger Nimier, die je met ontroering leest als de getuigen van een verdwenen manier van communiceren.

Dus het was niet zozeer dat het schrijven niet bij me aanwezig was, maar de gedachte dat dit schrijven getoond kon worden. En toch was ik erbij toen Paul zijn literaire carrière begon. In 1956 publiceerde hij *Les Faux Frères*, waarvoor hij de prix de l'Humour kreeg en in 1957 kreeg hij voor *La Rue du Havre* de prix Interallié. Toen begon ik te beseffen hoe onrechtvaardig de situatie was voor iemand die scheppend werk verrichtte. We woonden in de Rue du Havre op nummer 6, in vier kamers waarvan er twee piepklein waren, en we hadden geen hoekje waar we konden werken, behalve een bureau in onze slaapkamer, waar de post lag, de belasting, de papieren van de sociale verzekering, de uitzendingen die ik moest voorbereiden en het huiswerk van de meisjes wanneer ze geholpen moesten worden. Paul had in een hotel moeten gaan wonen om zijn romans tot een goed einde te brengen. Een stap die voor een vrouw met drie kinderen thuis ondenkbaar was. Bovendien moet een vrouw 'voor haar man zorgen', terwijl een man een vrouw heeft die voor hem zorgt. Dat kleine verschil is belangrijk.

Gauguin is niet omdat hij geniaal was op Tahiti gaan schilderen, terwijl hij zijn jonge vrouw en vier kinderen achterliet; daar wist hij nog niets van. Maar omdat hij een man was en hij zijn familie in de steek kon laten zonder door de maatschappij vervolgd, opgesloten en veroordeeld te worden.

Ik wil beslist niet beweren dat ik in mijn leven ben gedwarsboomd, of dat mijn talent de kop is ingedrukt... Ik probeer alleen maar een verklaring te geven voor de zelfverloochening van al te veel vrouwen die misschien iets te zeggen hadden, iets hadden kunnen bedenken en dat nooit hebben kunnen uiten. 'Hoe zou het anders kunnen zijn? De vrouwen zijn miljoenen jaren lang in huis blijven zitten, zodat nu zelfs de muren zijn doortrokken van hun scheppende kracht.' Virginia Woolf schreef deze regels in wat naar mijn mening het op één na belangrijkste boek voor vrouwen is, *Een kamer voor jezelf*.*

Wat was uw eerste echt persoonlijke literaire werk?

Er waren geheel sprookjesachtige omstandigheden nodig voordat ik overwoog iets te publiceren. Paul was uitgenodigd, door miljardairs die we twee weken voor ons vertrek nog niet kenden, om per boot een reis om de wereld te maken! Dat soort dingen overkomt hem en hij vindt dat volkomen normaal. Terwijl ik maar nauwelijks kan geloven dat ik niet heb gedroomd en dat we dat avontuur werkelijk hebben meegemaakt. Josette Day, Belle uit de film van Cocteau, en haar man Maurice Solvay, afstammeling van Ernest Solvay, de ontdekker van de industriële vervaardiging van natriumcarbonaat, waarover we allemaal bij scheikundeles hebben gehoord, zochten eens wat andere mensen dan het gezelschap waar ze gewoonlijk mee omgingen, bij voorkeur schrijvers (Josette werd vroeger aanbeden door Cocteau, Paul Morand en met name door Marcel Pagnol), om een halfjaar met hen op reis te gaan. Een gemeenschappelijke vriend, Christian Millau, noemde de naam van Paul, die zojuist de prix Interallié had gekregen. Het was nog de tijd waarin een schrijver een ongelooflijk prestige genoot, bijna zoals een Amerikaanse acteur nu. In drie weken hebben we, verbluft door zo'n uitzonderlijk voorstel, onze koffers gepakt, ons werk afgemaakt en onze kinderen ondergebracht, de oudste bij haar vader, die toen getrouwd was met Jacqueline Joubert, de tweede bij een vriendenpaar, Marie-Claire en Jean Duhamel, en de derde bij haar grootouders Guimard in Nantes, en we gingen in december 1958 in Cannes aan boord van de Shemara, tweeënzeventig meter, vijfendertig bemanningsleden, met inbegrip van het personeel.

Ik ben maar vier maanden weggebleven – het moederlijke plichtsgevoel! – en ben naar huis gekomen voor de paasva-

* Het belangrijkste is natuurlijk *De tweede sekse* van Simone de Beauvoir.

kantie, terwijl ik Paul liet doorgaan naar de Marquesaseilanden, de Galápagoseilanden en het Panamakanaal. Kun je nagaan hoe sterk het plichtsgevoel is... In die vier maanden ging ik iedere dag aan tafel zonder te weten wat ik zou gaan eten, noch wie het had gekocht, of hoe het zou zijn klaargemaakt; een zeldzame luxe voor een vrouw. In die vier maanden heb ik geen glas omgespoeld, mijn bed niet opgemaakt en geen bezem aangeraakt. We hoefden zelfs geen manoeuvres uit te voeren, want de bemanning van deze torpedobootjager die was omgebouwd tot pleziervaartuig deed al het werk voor de negen passagiers die wij waren! Van de ene wonderbaarlijke aanlegplaats naar de andere, Piraeus, Port Said, de Hanish-eilanden, Aden, Bombay, Cochin, Hongkong, Singapore, Nouméa, Cairns en Australië, Tonga, Tahiti, enzovoort, maakten we eindeloze reizen met een gemiddelde van twaalf knopen, Middellandse Zee, Suezkanaal, Rode Zee, Indische Oceaan en vervolgens de Stille Oceaan, die zo'n verkeerd gekozen naam heeft. Door dat nietsdoen werd ik gedwongen te gaan schrijven: eerst een dagboek, dat ik tien jaar later zou gebruiken voor mijn roman *Het leven zoals het is*, en ik heb me vooral geworpen op het vertalen van de Amerikaanse novellen van Dorothy Parker, voor uitgeverij Denoël.

Maar tot mijn grote schande zag ik jaren later, terwijl ik het boek doorbladerde toen het voor het toneel was bewerkt door Andréas Voûtsinas, dat mijn naam er als Benoîte Guimard in stond! In 1960 vond noch Paul noch ik het abnormaal dat ik mijn intrede deed in de literatuur onder de naam van mijn man!

Geboren Groult in 1920, noemde ik me op mijn vijfentwintigste Heuyer, op mijn zesentwintigste De Caunes en op mijn dertigste Guimard! En toen ik veertig was, voer ik nog onder echtelijke vlag! In 1959, toen we terug waren van onze wereldreis, stelde Paul me voor om samen met hem een dagelijkse rubriek te schrijven. We gingen met boeiende mensen om, filmmensen, journalisten, schrijvers, en omdat ik mijn hele leven een dagboek had bijgehouden, hoefde ik me niet in te spannen. Maar na een paar maanden bekende Paul dat hij helemaal niet het gevoel had dat hij iemand was om een vaste rubriek te schrijven en dat hij die methode had gekozen om mij als het ware 'te lokken'. Door een gelukkig toeval verhuisde Flora op hetzelfde moment en vonden we in tenen koffers tientallen dagboekjes van zwart moleskin en rode snede, met een elastiek, een model dat gewoon was in die tijd, waarin we iedere avond ons dagelijks leven tijdens de bezetting en de dromen van twee oppassende jonge meisjes in de periode van 1939 tot 1945 op schrift hadden gesteld.

Op een afstand van twintig jaar en in die historische context kregen die vervlochten levens een onverwacht reliëf en charme. In de eerste plaats om onszelf plezier te doen, hebben we het plan opgevat er een boek van te maken. Flora had er evenmin ooit aan gedacht te publiceren wat ze schreef. Sinds ze terug was in Frankrijk met haar man, die bij de Barclays-bank werkte, assisteerde ze onze moeder in haar modehuis aan de Faubourg Saint-Honoré... Dat soort werk in het familiebedrijf, waarmee je geen salaris krijgt, geen pensioen en zelfs geen aanzien en dat eerder op toewijding van een dochter dan op een echt beroep lijkt. Dat kwam in die tijd veel voor bij dochters.

We zijn met veel plezier aan het werk gegaan, en kregen weer de slappe lach en ruzie zoals we als adolescenten hadden gehad, alsof er maar één woord voor nodig was om die weer te doen opleven. Een jaar later, in 1962, was *Dagboek voor vier handen* bijgewerkt, ingekort en opgefrist, en klaar om weer tot leven te komen, onder onze meisjesnamen natuurlijk. Het was deze keer een noodzaak om Pringle en Guimard, de namen van onze echtgenoten, te laten vallen.

Een eerste boek is nooit gemakkelijk... Heeft het u moeite gekost het te laten uitgeven?

Paul was toen literair adviseur bij uitgeverij Denoël, dus we hoefden de deur in de Rue Amélie maar open te duwen...

Mooi begin voor een feministe! Tot schrijven gebracht door haar echtgenoot, gesteund door haar zus en uitgegeven door haar man!

HOOFDSTUK 8

En je zuster?

'Het is volkomen nutteloos dat vrouwen hun onzinnigheden opschrijven. Daardoor worden zelfs de helderste zaken ingewikkeld gemaakt.'

STRINDBERG

Josyane Savigneau — In 1994, ter gelegenheid van de vijftigste verjaardag van de bevrijding, heeft uitgeverij Denoël een herdruk gemaakt van Dagboek voor vier handen, *dat u met uw zus Flora had geschreven en dat in 1962 was uitgegeven. Hoe kijkt u achteraf terug op het jonge meisje dat u was in de jaren 1940-1945?*

Benoîte Groult — Bij de eerste uitgave, in 1962, had ik 'mijn' meisje deerniswekkend gevonden. Van voedsel, huisvesting, bewassing en 'gedachten' voorzien door ouders onder wier intellectuele zekerheden ze gebukt ging, en niet in staat het juk af te schudden.
Tegenwoordig vertedert ze me, die eindeloze adolescente. Haar absurditeiten zijn ontroerend geworden, haar vergissingen lijken me vergeeflijk en uiteindelijk vruchtbaar. Ze is als een nichtje van wie ik me nauwelijks kan voorstellen dat ze familie van me is, dat respect heeft voor haar ouders, haar leraren, de Grieken en de Romeinen, alle schrijvers tegelijk en mannen in het algemeen en... in het bijzonder.
Maar ik ben haar dankbaar voor het succes van ons boek, dat ik grotendeels aan haar te danken heb.
'Een schitterend, origineel boek, dat vaak diepzinnig is,

een kostbaar document over moeilijke tijden en meisjes van alle tijden.' Dat was de conclusie van een lange recensie van André Maurois in het tijdschrift *Elle*, waarna de recensies van Pierre de Boisdeffre, Matthieu Galey en François Nourissier zouden volgen... genoeg om het succes van een boek en onze 'start' in de literaire wereld te verzekeren.

Na dat boek hebt u nog twee andere 'met vier handen' geschreven, Le Féminin pluriel *en* Anne en Isabelle. *Waarom dat verlangen om met z'n tweeën verder te werken? Was dat geruststellend? Kon u op die manier meer dingen vrijuit zeggen, zoals in* Le Féminin pluriel*? Was u op weg een 'schrijverspaar' te worden zoals Erckmann-Chatrian of Boileau-Narcejac, of een 'familiekoppel' zoals de broers Goncourt en de zusters Brontë? Wie besloot met die gewoonte te breken, hoe bent u begonnen ieder voor zich te werken?*

Na *Anne en Isabelle* was het, geloof ik, wenselijk dat we ieder ons eigen weg gingen. Op den duur gingen we elkaar beïnvloeden... De aardrijkskunde kwam ons te hulp: Flora, die van haar eerste man was gescheiden, was zojuist getrouwd met een Engelse diplomaat die algauw als ambassadeur in Finland werd benoemd. Ze is toen in Helsinki gaan wonen en wij ontdekten de veelbesproken eenzaamheid van de schrijver! Ik heb dus in 1972, alleen, *Het leven zoals het is* gepubliceerd, en in hetzelfde jaar publiceerde Flora *Maxime ou la déchirure*.

Hoe bent u van die 'roman-autonomie' tot een andere bewustwording gekomen, die aan het licht treedt in Ainsi soit-elle*? Hoe hebt u besloten het woord te nemen op een nieuwe, andere manier, die veel gewaagder was dan alles wat u tot dan toe had gedaan?*

Dat was in 1973. Ik was vijftig en had zin om al die feministische fragmenten die verspreid in mijn romans en vooral in mijn artikelen voorkwamen, maar die ik nooit als een samenhangend geheel had beschouwd, eens onder de loep te nemen.

Ik werd zo weinig als een feministe beschouwd dat niemand mij in 1971 heeft gevraagd de verklaring over abortus te ondertekenen, die bekend is onder de naam 'Manifeste des 343 salopes*'. Daar zal ik mijn hele leven spijt van hebben. Wanneer ik de namen van de ondertekenaarsters zie (Delphine Seyrig, Christiane Rochefort, Colette Audry, Ariane Mnouchkine, Marina Vlady, Marguerite Duras, Dominique Desanti...), denk ik dat ik op mijn plaats was tussen die vrouwen die ik bewonder.

Maar er is iets gebeurd dat ik nog steeds niet begrijp: ik werd (althans vóór *Ainsi soit-elle*) noch als een echte feministe, noch als een echte romanschrijfster beschouwd!

Geen echte feministe omdat ik niet behoorde tot het universitaire getto, dat de enige voorwaarde is voor bekendheid en aandacht van collega's. En vrouwen als Hélène Cixous (hoogleraar in de letteren), Luce Irigaray (filosofe), Julia Kristeva (semiotica en vervolgens ook psychoanalytica), enzovoort krijgen dat wel.

Ik werd ook niet uitgegeven bij Antoinette Fouque, een van de figuren uit de avant-garde van het feminisme, die in 1973 de uitgeverij Des Femmes oprichtte, een geheim, zeer besloten genootschap, dat zijn eigen beroemdheden maakte en lanceerde; zelfs Evelyne Sullerot, succesvol essayiste, publiceerde 'met medewerking van het CNRS**'. Al die vrouwen hadden ronkende titels, die mannelijk waren om nog ronkender te zijn, een teken van kwaliteit, van geloofwaardigheid. Hoe pakte je het aan om gesteund te worden door het CNRS, een voorwoord te krijgen van de hand van Lévi-Strauss of De Beauvoir? Of om je semiotica te laten noemen? Hoewel ik ook diploma's had, stelde ik niets voor tegenover deze academicae, vooral omdat ik hun taal niet durfde te gebruiken, die te vaak ontoegankelijk is.

Durfde u niet of wilde u niet?

* Salope: wijf. (noot van vert.)
** Centre Nationale de la Recherche Scientifique. (noot van vert.)

Het is waar dat het allebei gold. Waarschijnlijk bleef ik onbewust iets houden van Henriette uit *Les femmes savantes*: 'Geleerde praatjes zijn niets voor mij.' Het valt niet mee om je volledig van alle clichés te bevrijden! Omdat vrouwen in het verleden nooit toegang hebben gehad tot de taal van wetenschap, techniek of filosofie, voelen ze zich nieuwkomers; bijna usurpatrices, 'taaldievegges', zoals de linguïste Claudine Hermann zegt. Ik voel me niet op mijn gemak wanneer ik een bepaald vocabulaire gebruik, dat ik overigens heel goed begrijp. Maar bepaalde teksten doen me denken aan Diafoirus, om op Molière terug te komen... Bovendien vond ik het belangrijk om me niet alleen te richten tot de universitaire elite, maar ook tot een breder publiek.

Laten we aannemen dat daardoor aan uw essays in de ogen van de critici in zekere mate minder waarde werd gehecht. Maar uw romans dan? U zegt dat u ook niet als een 'echte romanschrijfster' werd beschouwd.

Mijn romans hadden, vermoed ik, te maken met een dubbele handicap. In de eerste plaats hun succes. Succes is in Frankrijk verdacht! En verder waren ze geschreven door een vrouw, en de drie eerste zelfs door twee vrouwen! Vrouwenliteratuur verhield zich tot voor kort tot de literatuur tout court als militaire muziek tot de muziek! Na de enthousiaste reactie van iemand als Maurois hebben de critici ons met geamuseerde toegeeflijkheid onze ware plaats gewezen, in de afgebakende ruimte die gereserveerd is voor 'vrouwelijke schrijvers', zoals je ook zegt 'gehandicapte schrijvers'. Er bestaat een vereniging van invalide schilders, de 'mond- en voetschilders'. En wij hadden geen fallus, wij schreven met onze eierstokken een literatuur die bestemd was voor lezeressen met eierstokken! Heel vaak werden onze romans niet vermeld op de literaire pagina's maar in de rubriek 'Voor vrouwen', tussen een schoonheidsadvies en een keukenrecept (*Nice-Matin*). De artikelen heetten: 'Wanneer vrouwen de plumeau inwisselen voor de pen', of: 'De zussen Groult zijn zojuist bevallen van een boek'. Daar kwam nog bij dat ik vaak schreef in vrouwenbladen, wat wordt gezien als een bewijs van onbeduidendheid en geen enkel gezag verleent.

Dat geldt zozeer dat sommige critici, in plaats van onze boeken te bespreken, ons verwezen naar onze geslachtsorganen en, om precies te zijn, naar onze eierstokken. Dat is een oude traditie. Ik zal er twee citeren, die geen verstokte vrouwenhaters zijn maar zich gewoon voegen bij die brede stroom van minachting die de Franse literatuur heeft bevloeid, van Rousseau tot Barbey d'Aurevilly en van Baudelaire tot Montherlant, om me tot hen te beperken. Pascal Jardin schreef bijvoorbeeld in het chic-erotische tijdschrift *Lui*, toen hij het had over Kate Millett, Annie Leclerc, Marie Cardinal en een paar anderen onder wie mijzelf: 'Al die boosaardige afstammelingen van Simone de Beauvoir zijn niet meer dan een akelige troep niet goed geneukte, raar aangeklede suffragettes, mannenverslindsters met huiveringwekkende snijtanden, die het moreel bedreigend met monsterlijke clitorissen lopen te zwaaien... Het zijn gewoon nachtmerrieachtige eierstokhoudsters of leden van de menopauzevereniging.' Daar staan alle waanvoorstellingen van neurotici bij elkaar: de getande vagina, de opgezwollen clitoris en de oude vrouw die een heks wordt! Het tweede voorbeeld: Maurice Clavel maakte mij in *Le Nouvel Observateur* uit voor iemand die niet goed geneukt was! Alsof neuken bij vrouwen een voorwaarde is voor talent! Dat doet pijn wanneer het afkomstig is van mensen voor wie je veel waardering hebt, zoals Clavel.

Toch moet ik, globaal gezien, toegeven dat ik heb geprofiteerd van een soort respijt; 1975 was het jaar van de vrouw! Zoals je op moederdag niet kwaadspreekt van moeders, heeft men in het jaar van de vrouw zijn best gedaan zich voor het feminisme te interesseren. Dat heeft niet lang geduurd!

Toch zie ik in de bladen die verschenen na Ainsi soit-elle *dat andere schrijvers uw feminisme waardeerden: Claude Roy, Romain Gary, Jean-François Josselin, een politicus als Gaston Defferre, die schrijft:*

'Ik vond alles mooi, de stijl, de gedachte, de heftigheid soms, de documentatie, de krachtige wijze van argumenteren...', en zelfs pastor Roger Parmentier, die in La Croix schrijft: 'Dit is een feministisch boek dat mannen zouden moeten verslinden!'

Was u zich juist van dat feminisme wel helemaal bewust toen u aan Ainsi soit-elle *begon?*

Tot nu toe zei ik altijd van niet. Ik verwees naar Simone de Beauvoir, die zichzelf ook geen feministe noemde toen ze aan *De tweede sekse* begon. Bovendien, toen ik *La Moitié de la Terre* weer las, dat in 1981 door Alain Moreau is uitgegeven in de collectie 'Écrits de journalistes', en dat een verzameling was van de krantenrubrieken en artikelen die ik had geschreven tussen 1965 en 1980, was ik verbaasd toen ik zag hoezeer ik vanaf het begin bij de meest uiteenlopende onderwerpen een feministisch standpunt had gehad.

Inderdaad, vanaf het eind van de jaren zestig hebt u een expliciet feministische houding. Naast uw bijdrage aan het kleine maandblad Pénéla *laten uw artikelen in* Elle *geen enkele twijfel bestaan over uw strijd en uw vastbeslotenheid. Een paar titels zijn voldoende om dat te laten zien: 'Vrouwen na hun vijftigste weggemoffeld', 'Te veel vrouwen dragen nog een sluier, zelfs in Frankrijk' (in april 1969), '800 000 slachtoffers' (in september 1969, over een abortusaffaire in Hyères), 'Open brief aan een ventje' als antwoord op de 'Open brief aan de vrouwtjes' van Jean Lartéguy, of 'De zielenpoten van in de veertig'.*

In 1972 schreef u in L'Express *'Respect voor welk leven?' op het moment dat uiteindelijk werd besloten dat de wet-Neuwirth ten uitvoer zou worden gebracht, ondanks het verzet van vele afgevaardigden van de toenmalige rechtse meerderheid, onder wie ene meneer Capelle, die alle informatie over de pil afwees, onder het voorwendsel dat hij 'geen steun verleende aan een zinnenprikkelende beschaving'.*

In 1974 reageert u onder de titel 'Nieuwe Françaises en oude vrouwenhaters' in Le Point *op een artikel van de schrijver Jean Dutourd, die meende dat er voor vrouwen een leeftijdsgrens moet wor-*

den vastgesteld, waarna ze geen minnaars meer mogen hebben. 'Zullen we er ooit van afkomen?' schreef u aan het begin van dat artikel. 'Komt het ooit zover dat een vrouw, ook al is ze grootmoeder, de liefde kan bedrijven met de man van haar keuze, ook al is hij jong, zonder dat haar persoonlijkheid ter discussie wordt gesteld, haar morele en sociale status daalt en zonder dat ze voor "bohémienne, clown of krankzinnige" wordt uitgemaakt?' Uw 'Zullen we er ooit van afkomen?' is jammer genoeg nog steeds niet achterhaald.

Daarna schreef u twee jaar lang hoofdartikelen in Marie-Claire, *en vervolgens een rubriek op de laatste pagina van* F Magazine. *Ook al is dat na* Ainsi soit-elle, *dat wil zeggen op een moment dat iedereen weet dat u feministe bent, dan mag het toch nog wel eens vermeld worden, want dan al benadrukt u de noodzaak van het gebruik van de vrouwelijke vorm voor de namen van beroepen, willen vrouwen werkelijk als vrouw in die beroepen bestaan – bijvoorbeeld: 'la ministre', 'une conseillère municipale' (gemeenteraadslid) en 'une secrétaire d'État' (staatssecretaresse). En in november 1978 voorspelt u al dat de eerste vrouw die toetreedt tot de Académie française 'Madame l'Académicien' zal worden genoemd. U had gelijk bij de eerste, dat was Marguerite Yourcenar. Maar het bleef zo bij de tweede, en ook bij de derde! We weten niet wie met die belachelijke gewoonte zal breken. Erger nog, ieder nieuw lid van de Académie wordt geacht zijn eerste toespraak te beginnen met 'Messieurs', zelfs nu er vrouwen zijn toegelaten. Jean-Denis Bredin, die op de plaats van Marguerite Yourcenar is gekozen, heeft veel aanstoot gegeven door te beginnen met 'Madame (daarmee bedoelde hij Jacqueline de Romilly), Messieurs'.*

En bij zijn toetreding tot de Académie in januari 1996 heeft Hector Bianciotti geen toestemming gekregen dat voorbeeld te volgen en werd hij gedwongen de twee vrouwelijke leden van de Académie (Jacqueline de Romilly en Hélène Carrère d'Encausse) die tegenover hem zaten 'Messieurs' te noemen!

Maar u liep ruimschoots vooruit op dit alles en hebt de aandacht erop gevestigd dat dit beslist geen details zijn, maar sterke signalen die duiden op een blokkade, een stagnatie.

Nou ja, je ziet, dit alles was niet voldoende om mij het aureool van feministe te verlenen! Als ik 'De problematiek van het feminisme' of 'Het paradigma van de onderworpen vrouw' had gepubliceerd bij de Presses universitaires de France of bij Payot, en mezelf sociologe had genoemd of er een dubbele naam onder had gezet, wat in dat milieu erg deftig wordt gevonden, had ik meer gezag gehad.

Waarschijnlijk in de hoop wat meer legitimiteit te verwerven, wilde ik een essay-pamflet over vrouwen schrijven. Artikelen die overal verspreid staan zijn op den duur frustrerend. Ze verdwijnen als dode bladeren. Een boek is blijvend. Toen ik over dat plan sprak met mijn uitgever, Jean-Claude Fasquelle, was hij helemaal uit het veld geslagen: 'Wat een raar idee! Je romans doen het goed. Met zoiets loop je het risico iedereen te vervelen.'

Ik heb er in mijn omgeving over gesproken zonder ook maar het geringste enthousiasme te ontmoeten. In 1975 evenmin als nu. Ik kreeg alleen waarschuwingen te horen:

'Praat vooral niet over de clitoris!'

'Als je MLF-achtig doet, jaag je iedereen tegen je in het harnas, zowel mannen als vrouwen!'

'Maar we zijn het nu toch allemaal eens over gelijkheid? Dat is een verworvenheid. Met als gevolg dat mannen nu in een crisis verkeren. Is dat wat je wilt?'

De algemene conclusie was: 'Daar ben jij te goed voor', wat impliceerde dat het feminisme in zijn geheel niets waard was, en dat ik er alleen maar op achteruit kon gaan als ik me daarmee bemoeide.

Daar raakte ik vreselijk opgewonden van... zoals bij De Sade wordt gezegd! Ik ben dus naar de Nationale Bibliotheek gegaan en ben domweg in het kaartsysteem gaan zoeken onder 'Vrouw'. Dat waren in die tijd kleine kaartjes van beige karton met allemaal ezelsoren, zo vaak waren ze gehanteerd, keurig met de hand geschreven en gerangschikt in heel lange schuifladen. Alle kennis van de wereld, gecollationeerd door nederige schrijvers, en je hoefde maar te kunnen lezen om die kennis te bemachtigen! Tegenwoordig heb je een hele technische training nodig voordat je toegang krijgt tot een virtueel boek, waarvan je niet eens de bladzijden kunt omslaan...

Het toeval wilde dat ik stuitte op *Femmes d'Islam, pourquoi pleurez-vous?* van Asma El Dareer, *Le Drame sexuel de la femme dans l'Orient arabe* van Youssef El Masri (1962), *La Cité magique* van Jacques Lantier (1972) en de drie delen van *La Fonction érotique* van dr. Gérard Zwang. Dankzij deze boeken zou ik 'het best bewaarde geheim ter wereld' en een groot schandaal ontdekken.

Men schat (dat zijn de cijfers van de GAMS*, die in 1992 door *Le Nouvel Observateur* en in 1996 door *L'Express* worden genoemd) dat honderd miljoen vrouwen in zo'n dertig landen op het ogenblik een verminkt geslachtsdeel hebben. Zelfs in Frankrijk zijn er vijfentwintigduizend geïmmigreerde Afrikaanse meisjes die zijn besneden of op het punt staan besneden te worden. Toch had de Wereld Gezondheids Organisatie in 1985 na lang aarzelen ten slotte duidelijk partij gekozen tegen vrouwenbesnijdenis en infibulatie, die 'rampzalig voor de gezondheid, de vruchtbaarheid en de waardigheid van de mens' zijn. Veel landen hebben verklaard dat deze praktijken illegaal zijn. Maar de tradities, het analfabetisme en nu het conservatisme belemmeren het toepassen van officiële richtlijnen.

Was die ontdekking van een extreem, definitief, lichamelijk aspect van de onderdrukking van vrouwen voor u zoiets als de lont in het kruitvat? Voelde u zich vanaf dat moment verplicht om een getuigenis af te leggen? En had u toen u Ainsi soit-elle *schreef het gevoel dat het schrijven van dat boek op zich al een bevrijding was?*

O, enorm! Geboren worden als feministe was zoiets als geboren worden zonder meer. Ik was in zekere zin het eerste 'slachtoffer' van wat ik schreef. Na zo veel individuele, dus

---

* Groupe pour l'Abolition des Mutilations Sexuelles: groepering die het afschaffen van seksuele verminkingen nastreeft.

bij voorbaat verloren strijd raakte ik ervan overtuigd dat de vrouwenemancipatie overal in de wereld de strijd van deze eeuw... en van de volgende zou zijn. Ik haalde eindelijk alles in wat ik in de eerste vijftig jaar van mijn leven niet had durven formuleren. Vijftig jaar, het is verschrikkelijk! Ik werd door het stemrecht pas een staatsburger op mijn vijfentwintigste, en pas een bewust feministe op mijn vijftigste!

Was Ainsi soit-elle *in de eerste plaats een wens voor uzelf, een boek voor uzelf?*

In zekere zin wel. Maar voorzover het dat voor mij was, was het dat ook voor veel anderen. Ik had als reactie op mijn romans zo veel brieven gekregen dat ik het als een soort plicht voelde om solidair te zijn. Ik heb altijd een militant trekje gehad... Ik had het – opwindende – gevoel dat ik deuren opende, dat ik andere vrouwen kon helpen...

Toch nam u als uitgangspunt niet de situatie waarin de vrouwen verkeerden die u schreven of uw eigen situatie, maar de tragedie die vrouwen van andere maatschappijen doormaakten uit naam van de traditie, van het voortbestaan van een beschaving.

Pas op, je moet cultuur en beschaving niet met elkaar verwarren: de verminkingen zijn het gevolg van een cultureel verschijnsel, dus variabel naar gelang het politieke regime of het belang van een of andere godsdienst. Het bewijs daarvoor is dat ze voorkomen in veel islamitische landen, maar ook bij de christelijke Kopten en de animisten in donker Afrika. In feite wilde ik dit probleem aansnijden omdat de wereld van de vrouwen in Afrika en de Arabische landen de wereld van het stilzwijgen was en nog is. Je vond hier en daar wel een paar reportages van journalisten of 'onderzoekers' over wat ze kenschetsten als een 'pittoreske gewoonte'. Maar aan de pijn, de lichamelijke en geestelijke onderwerping die deze praktijk vertegenwoordigt, werd altijd stilzwijgend voorbijgegaan.

Ik herinner me in die tijd in een luxueus tijdschrift van Air France de beschrijving te hebben gelezen van zo'n 'inwijdingsceremonie' in Opper-Volta (dat toen nog niet Burkina Faso heette), waarin serieus werd beweerd dat de operatie tot doel had 'de vrouwelijkheid van de adolescenten te vervolmaken'. Kortom, je zou de vrouwelijkheid vergroten door een specifiek vrouwelijk orgaan weg te snijden! En dan kwam er vervolgens een artikel waarin dezelfde journalist zich boos maakte over het schandaal dat er iedere zomer in Frankrijk arme honden aan hun lot worden overgelaten. En niemand vroeg zich af of het geen schandaal was dat kinderen werden verminkt, want niemand had er zin in zo'n hinderlijk en... onfatsoenlijk onderwerp aan te snijden!

Het is niet helemaal waar dat de journalisten en antropologen onverschillig waren. Het is nog erger: ze waren wantrouwig. Dat ze weigerden medelijden te hebben en deze gewoonte aan de kaak te stellen, was omdat mannen overal bang waren de verhouding man/vrouw te wijzigen. Daar was dat onder het voorwendsel dat ze de gewoontes respecteerden; hier omdat ze zelf hun geschillen met vrouwen niet hadden beslecht. Zo zijn veel schandalige feiten onbekend gebleven, doordat ze op grote schaal werden doodgezwegen. Denk maar aan verkrachting, waarvan het bestaan zo lang is ontkend of waarvoor de verantwoordelijkheid op het slachtoffer werd afgeschoven; aan incest, aan geslagen vrouwen, aan pedofilie, enzovoort. 'Stilzwijgen is de meest geciviliseerde vorm van volkenmoord,' schreef Régis Debray in *Le Pouvoir intellectuel en France*.

Subtieler en schadelijker was de argumentatie van de etnologen die als getuigen werden geciteerd in de excisiezaken die tot de dood van kinderen hadden geleid en die de Franse justitie ter ore zijn gekomen. Op grond van hun argumenten – respect voor de lokale tradities, recht op culturele verschillen – hebben de rechters de verdachten in het begin vrijgesproken. Toch leidde de mening dat je volksgroepen moest respecteren (zozeer dat er aanvankelijk door SOS-Racisme mee werd ingestemd) tot verontrustende toestanden: de gedachte dat de mensenrechten kunnen variëren al naar gelang sekse, ras of godsdienst, is net als de apartheid een vorm van racisme. Dat beroemde RECHT om anders te zijn was voor de verminkte vrouwen een PLICHT om anders te zijn, het tegengestelde van vrijheid. Als je de Afrikaanse meisjes beschouwt als de gelijken van onze meisjes, moet je ze eveneens, wat voor kleur ze ook hebben, beschermen tegen iedere aantasting van hun lichamelijke integriteit en tegen iedere vorm van marteling (Artikel 3 van de Europese Conventie betreffende de fundamentele rechten en vrijheden).

Trouwens, wat dat zogenaamde respect voor de Afrikaanse tradities, zelfs de meest schadelijke, betreft, niemand had last van scrupules toen het erom ging de volken van Afrika 'waarden' op te leggen die heel wat minder humanistisch waren, zoals de profijt-economie, de monocultuur ten koste van voedingsgewassen, of de buitensporige urbanisatie.

Vanuit een soort oud-kolonialistisch schuldgevoel, dat Pascal Bruckner 'de snik van de blanke man' noemde, gingen sommige sociologen, of wie daarvoor doorgingen, nog verder. 'De verwijdering van de genitaliën', zoals ze zonder huiveren zeggen, zou zijn nut hebben: 'Een kind uit een geciviliseerd land, dat die gang van zaken niet kent, schijnt veel moeite te hebben met het afleggen van de diverse etappes van zijn bestaan. De initiatie heeft absoluut geen vervreemdende werking op het individu, maar helpt hem dus de stadia van zijn ontwikkeling zonder strubbelingen en zonder verdringing door te komen' (Robert Arnaud).

Dat moeten we onze therapeuten vertellen: clitoridectomie draagt bij tot het geestelijk welzijn!

Daar moet nog nadrukkelijk bij gezegd worden dat bij die honderd miljoen verminkte vrouwen en meisjes de excisie in bijna een kwart van de gevallen gepaard gaat met een extra garantie: de infibulatie of 'faraonische besnijdenis*'.

---

* Zo genoemd omdat ze wordt beschreven op een papyrus die is gevonden in Opper-Egypte en dateert van 2000 v. Chr. Tachtig procent van de vrouwen in Sudan, Ethiopië, Djibouti, enzovoort ondergaat een infibulatie.

Die bestaat uit het weghalen van de kleine en de grote schaamlippen en het dichtnaaien van het geslacht, wat leidt tot een anatomische misvorming, een gladde plek met een harde rand van littekens, waarin maar één piepklein gaatje open blijft om de urine en het menstruatiebloed door te laten. Je kunt je voorstellen wat een pijn de vrouwen hebben tijdens de genezing van de wond, waarbij hun benen drie weken lang worden vastgebonden om te zorgen dat hun geslacht vergroeit; pijn tijdens de menstruatie en wanneer de echtgenoot in de huwelijksnacht bij de vrouw binnendringt; en pijn bij bevallingen, die het nodig maken dat de vulva weer wordt opengemaakt en dan opnieuw gehecht, om de man van een 'schoon' orgaan te verzekeren. Ik heb met Micheline Pelletier-Lattès, tijdens een reportage in Djibouti voor *F Magazine* zo'n vreselijke ingreep meegemaakt. De heel jonge vrouw – ze was vijftien – beviel voor de eerste keer, maar ze verzocht de verloskundige haar, volgens de wens van haar man, weer 'heel strak' dicht te naaien. De dokter in het ziekenhuis van Djibouti, een Fransman, legde zich bij die afsluiting neer, want hij wist heel goed dat iedere vorm van ongehoorzaamheid met polygamie, een slechte behandeling of verstoting zou worden bestraft.

Zo zal het hele seksleven van de vrouwen in het teken van het mes of het scheermes staan, want 'de absurde clitoris', een orgaan dat geen nut heeft voor de voortplanting en niet van belang is voor het genot van de man, is weggehaald. Het gaat hier duidelijk niet meer om een 'initiatie', maar om een krankzinnige mannelijke fixatie op het vrouwelijke geslacht.

Niet zelden gaat er bij de operatie iets mis, waardoor er bijvoorbeeld bloedingen, sepsis, tetanus optreden, of fistels, waardoor de urinebuis en het rectum met elkaar in verbinding komen te staan en het slachtoffer levenslang invalide is. Maar dat is van geen enkel belang ten opzichte van het doel waarnaar wordt gestreefd: 'het temperament van onze negerinnen te kalmeren' (dixit Yambo Ouologuem, een Malinees, met een lesbevoegdheid in de filosofie en de schrijver van *Le devoir de violence*). Het is waar dat tegenwoordig vaak wordt verklaard dat deze praktijk illegaal is, maar ze is door veel landen, vanaf hun onafhankelijkheid, aanbevolen. Jomo Kenyatta bijvoorbeeld heeft deze, toen hij aan de macht kwam, op dezelfde dag dat Kenya onafhankelijk werd weer ingevoerd.

U hebt in een paragraaf in Ainsi soit-elle *in een paar woorden al uw afgrijzen bij het ontdekken van deze marteling weergegeven: 'Je krijgt pijn in je k... nietwaar, wanneer je dat leest! Je krijgt pijn in je binnenste, pijn in je waardigheid als mens, pijn voor al die vrouwen die op ons lijken en kapotgemaakt worden. En je voelt ook pijn voor al die imbecielen van mannen die denken dat zij in alles superieur moeten zijn en die daarvoor de oplossing hebben gekozen die voor beide geslachten het meest vernederend is: de ander neerhalen.'*

Welnu, er is een andere man die datzelfde afgrijzen voelde toen hij mijn hoofdstuk over de verminkingen las, en dat is Edmond Kaiser, de oprichter van de Zwitserse organisatie Terre des hommes. Mijn boek had wel een paar persoonlijke initiatieven ontketend, maar Kaiser, die zich sinds 1959 bezighield met de verdediging van de rechten van het individu, wilde iets doen, dat taboe van het officiële stilzwijgen opheffen. Daarvoor heeft hij op 25 april 1977 een gedenkwaardige persconferentie gehouden in het Hôtel Intercontinental in Genève. Op de perstribune waren uitgenodigd, naast Kaiser en zijn vice-voorzitster Hoda Dubray, de schrijfster van *Ainsi soit-elle...*, de jonge Senegalese Awa Thiam, doctor Zwang en professor Verzin, een Ierse arts die de zeldzame moed had gehad om de vrouwenbesnijdenis publiekelijk aan de kaak te stellen uit naam van de gezondheid en de vruchtbaarheid van de toekomstige moeders, de enige argumenten die gelden in die landen, die niet altijd hetzelfde idee hebben van de rechten van de mens en vooral niet van de rechten van de vrouw...

Voor de eerste keer hoorden journalisten uit Duitsland, Zwitserland, Frankrijk, enzovoort (Isabelle Vichniac vertegenwoordigde *Le Monde*) over dit verboden onderwerp. Voor de eerste keer kwamen de verminkingen aan het licht en zou het publiek in de grote dagbladen lezen dat tientallen miljoenen meisjes die rampzalige operatie ondergingen, het vernielen van hun seksualiteit, dat geen enkel staatshoofd*, geen enkele religieuze leider (terwijl de vrouwenbesnijdenis nergens in de Koran wordt voorgeschreven), en geen enkele medische autoriteit aan de kaak had durven stellen.

Hoe verklaart u dat zo'n rampzalige en wijdverbreide gewoonte niet eerder door vrouwen bekendgemaakt en bestreden lijkt te zijn?

Er is voor de zoveelste keer sprake van het grote doodzwijgen waar we het over hebben gehad. Het is alsof de onderdrukking van vrouwen geen deel uitmaakt van het globale probleem van de uitbuiting van de zwaksten, maar alleen een uiting is van de manier waarop ieder volk 'zijn' vrouwen de plaats wijst die het voor hen heeft gekozen. In feite beschouwt de patriarchale maatschappij – en dat zijn ze allemaal – iedere vrouw als het eigendom van iedere man, zijn 'seksuele akker' zoals in de Koran staat. Napoleon zei precies hetzelfde in zijn Code civil! Dat die gewoonte zo veel eeuwen heeft kunnen voortduren, is omdat niemand erover sprak. Degenen die het wisten, hadden ervoor gekozen te zwijgen. En wat kan een slaaf doen die denkt dat hij door zijn geboorte nu eenmaal een slaaf is?

Simone de Beauvoir zei dat spreken op zich al een subversieve daad is, de eerste stap op weg naar iedere bevrijding.

Inderdaad, zodra de zaak aan het licht kwam, begon de situatie, die volkomen vastzat, te veranderen, maar heel langzaam. Tien jaar geleden was de Amerikaanse Fran Hosken een kruistocht begonnen om de mensen bewust te maken van deze plaag, waarbij ze de Afrikaanse delegaties van de

---

* Thomas Sankara, president van Burkina Faso, zal als eerste in het openbaar het uitroeien van de rituele verminkingen eisen.

VN belegerde, toespraken hield op internationale colloquia, en in kraamklinieken in Afrika allerlei educatief materiaal uitdeelde, brochures, cassettes, dia's, om de vrouwen, die over het algemeen analfabeet waren, met behulp van beelden uit te leggen hoe hun geslachtsorganen gebouwd zijn en hoe een bevalling werkt, om hen te overtuigen van de schadelijkheid van de besnijdenis. Haar driemaandelijkse tijdschrift, *Win News*, geeft al dertig jaar informatie over alle schendingen van de rechten van vrouwen in de wereld.

Sinds de jaren tachtig is er menige collectieve of individuele actie gevoerd: Awa Thiam richtte in 1982 in Frankrijk de CAMS op (commissie voor het afschaffen van seksuele verminking). Renée Saurel schreef *L'Enterrée vive*, met een voorwoord van Simone de Beauvoir, en daarna *Bouches cousues*, om de onverschilligheid van de humanitaire organisaties aan het licht te brengen. Minister Yvette Roudy publiceerde, terwijl niemand er belangstelling voor had, het rapport Hosken in het Frans, waarmee ze zich zelfs gehaat maakte bij haar regering, die het niet op prijs stelde de Afrikaanse leiders voor het hoofd te stoten door zich te bemoeien met een probleem dat, alles welbeschouwd, ALLEEN MAAR vrouwen en ALLEEN MAAR hun geslacht betrof. Zonder officieel toegezegde steun werkt Marie-Hélène Franjou, arts bij de PMI* en voorzitster van de GAMS, in het veld bij gezinnen van immigranten, en Laura Burchardt, kinderarts in het negentiende arrondissement van Parijs, pleitte er onophoudelijk voor dat de gezamenlijke artsen zich zouden inzetten in de strijd tegen de besnijdenis, waarbij ze eraan herinnerde dat het de taak van een dokter is om 'de mishandeling van kinderen aan te klagen, of het nu gaat om slaag, incest of excisie, ongeacht hun ras of cultuur.' Omdat de PMI heel vaak de enige plek is waar je Afrikaanse immigranten tegenkomt, was het van fundamenteel belang dat ze duidelijke informatie kregen over de Franse wet, die iedere vorm van vermin-

---

* Protection Maternelle et Infantile, equivalent van een blijf-van-mijn-lijf-huis. (noot van vert.)

king verbiedt, en over de risico's voor de gezondheid van hun kinderen.

Mede dankzij het optreden van mr. Linda Weil-Curiel, advocate bij de organisatie SOS-Femme Alternative en civiele partij in talrijke besnijdenis-processen, en door de informatiecampagne waartoe in 1994 werd besloten door Simone Veil is het standpunt van justitie voortaan duidelijk en bekend in kringen van immigranten. Bovendien probeerde het congres van de UNESCO, dat in 1980 in Parijs werd gehouden onder beschermheerschap van professor Schwartzenberg en Gisèle Halimi, te bereiken dat de seksuele verminkingen als 'martelingen' werden gekwalificeerd. Tevergeefs. Amnesty International zal er zich pas jaren later mee gaan bemoeien. Ten slotte werd de Internationale Conventie betreffende de rechten van het kind in 1990 ondertekend en geratificeerd door talrijke Afrikaanse landen, een stellingname die het een toenemend aantal Afrikaanse organisaties mogelijk heeft gemaakt ter plaatse belangrijk werk te beginnen. Sommige landen, zoals Burkina Faso, voerden al jaren een voorbeeldige actie. Het probleem is dat de Franse pers praktisch nooit informatie over dit onderwerp publiceert. Hoe dan ook, iedereen weet dat het een langdurige klus zal zijn, want de sociale structuren zijn bijzonder star vanwege het analfabetisme van met name de meisjes, en door het gewicht van de geloofsovertuigingen. Uit angst bedrogen te worden weigeren de mannen te trouwen met een vrouw die niet is 'schoongemaakt', of zoals anderen zeggen 'wijdopen en nog heel' is, en de vrouwen houden de traditie in ere omdat ze vrezen er in maatschappelijk opzicht niet bij te horen of verstoten te worden als ze hun dochters niet laten besnijden.

In ieder geval is het verwijt van neokolonialisme, dat lange tijd is gemaakt aan het adres van de Europese en Amerikaanse organisaties, die ervan beschuldigd werden hun westerse normen aan Afrika te willen opdringen, volkomen ongegrond gebleken.

U hecht een enorm belang aan deze kwestie, niet alleen omdat die ook tegenwoordig nog honderd miljoen vrouwen aangaat, maar waarschijnlijk ook omdat ze een symbolische betekenis heeft?

Precies. Door dat extreme, verbijsterende aspect van de slavernij van vrouwen ben ik met een andere blik naar de andere aspecten van die onderdrukking gaan kijken, van de meest wrede tot de meest subtiele: de ingepakte voeten van de Chinese vrouwen, een gewoonte die hun iedere vorm van onafhankelijkheid onthield en die duizend jaar heeft geduurd, tot Mao aan het bewind kwam. Moet je bedenken wat een kwelling het was voor de meisjes, wanneer ze vier jaar werden, dat hun voetje werd opgevouwen in een houten schoen die jarenlang iedere week verder werd dichtgesnoerd, wat ook daar leidde tot anatomische misvorming. Men geeft er de voorkeur aan geroerd te worden door de erotische opwinding van een Chinese geletterde bij de aanblik van die misvormde aanhangsels, die vooral getuigden van zijn vermogen om in te grijpen in de natuur.

We denken ook aan de halsband van de vrouwen met een giraffehals, die wordt afgeschilderd als een verfraaiing, maar die hen overleverde aan de willekeur van een jaloerse echtgenoot: als ze een 'fout' beging, zaagde de smid de ringen door en zakte de nek van de vrouw in, waardoor ze verlamd raakte. We denken aan de negerinnen met de schotellippen, kortom, aan die miljoenen vrouwen die levenslang van hun vrijheid zijn beroofd*; als kind verkocht aan oude echtgenoten die ze pas op hun trouwdag zullen zien; kaalgeschoren, verstoten, gesluierd, verkracht, geprostitueerd, opgesloten in hokken tot de geboorte van een zoon hun wat aanzien verleent. En ik vind niet dat onze houding zo erg is veranderd, ondanks de getuigenissen die ons beginnen te bereiken vanaf de andere kant van die muur van stilzwijgen... De rechten van de mens negeren de vrouwen nog steeds.

* Zie de prachtige film van de Tunesische cineaste Moufida Tlatli, *Les silences du palais*, 1994.

Toch zijn we op dat gebied vooruitgegaan. In Frankrijk kan vrouwenbesnijdenis tot gerechtelijke vervolging leiden en valt deze sinds 1988 onder het Hof van Assisen. Onlangs zijn vrouwen die zo'n besnijdenis uitvoeren veroordeeld.

We zijn niet vooruitgegaan, we hebben geprofiteerd van een samenloop van omstandigheden! Een jonge Française, een Bretonse geloof ik, had in 1984 de clitoris van haar dochter weggesneden. Toen werden de rechters bang... Ze voelden zich erbij betrokken en besloten die daad tot een strafzaak te maken. En toen waren de immigrantenvrouwen strafbaar. Maar het is waar dat de situatie sinds een jaar of tien is veranderd. Niet steeds in de goede richting trouwens. Het voorbeeld van Egypte is veelzeggend, en ik vind het dramatisch. Op het colloquium van Khartum in 1979 beweerden de Egyptische afgevaardigden dat vrouwenbesnijdenis bij hen voortaan verboden was en dat de daya's, of traditionele aborteuses, niet langer het recht hadden deze ingreep te verrichten. Wat ze niet vertelden, is dat de artsen deze lucratieve bezigheid voortaan voor hun rekening zouden nemen.

In september 1994 wees president Mubarak er op de Bevolkingsconferentie in een door de televisie uitgezonden interview op dat vrouwenbesnijdenis in Egypte niet meer werd verricht. De volgende dag zond de Amerikaanse televisieketen CNN een reportage uit over de clitorisamputatie van een meisje van tien in een appartement in Caïro!

Mevrouw Aziza Hussein, de voorzitster van de Gezinsplanning in Caïro, verklaarde dat bijna negentig procent van de kleine meisjes in Egypte nog steeds werd besneden.

Nadat er door deze onthullingen een schandaal was ontstaan, deelde de regering mee dat de seksuele verminkingen voortaan verboden zouden worden. Maar zodra de afgevaardigden waren vertrokken, kregen de Egyptische families te horen dat de besnijdenissen een dag per week onder verdoving zouden worden uitgevoerd in alle ziekenhuizen van Egypte.

Onder internationale druk werd deze maatregel gemeld,

maar eigenlijk veranderde er niets: de besnijdenissen worden tegenwoordig thuis uitgevoerd, onder medische controle, wat behalve een zeer gewaardeerde bron van inkomsten ook een erkenning is van de legitimiteit van het corrigeren van het geslacht van vrouwen.

Trouwens, de nieuwe sjeik van de universiteit El Azhar in Caïro, de hoogste soennitische autoriteit van Egypte, heeft in april 1996 nog verklaard: 'De besnijdenis kan nuttig zijn voor meisjes, als ze gematigd wordt uitgevoerd. Een klein stukje van de clitoris afsnijden, maar zonder te overdrijven, is beter voor het uiterlijk en bevredigender voor de man.' Wanneer de religieuzen al beginnen te redekavelen over het wegsnijden van de clitoris, vraag je je af of de islam niet ten onder gaat aan een geweldige seksuele obsessie!

De meest optimistischen voorspellen dat het nog één of twee generaties zal duren voordat deze gewoonte is verdwenen. Ik ben pessimistischer, het gewicht van de politiek en de religie in aanmerking genomen. Maar het idee dat een boek als *Ainsi soit-elle*, hoe weinig dan ook, er misschien toe heeft kunnen bijdragen dat men zich bewust is gaan worden van de ernst van dit probleem, is een bron van geluk voor de rest van mijn leven. Een andere bron van geluk is het feit dat feministen vanaf het begin bij deze bevrijding zijn betrokken. De meisjes en vrouwen die nu of in de toekomst van deze vloek worden verlost, hebben dat alleen te danken aan het aanhoudende, solidaire optreden van vrouwen in Europa en Amerika, die ter plekke een onderzoek konden instellen, toegang konden krijgen tot het privé-leven van de Afrikaansen – wat mannen verboden was –, en die de WHO ervan hebben overtuigd dat het ging om een essentieel gezondheidsprobleem en niet om een seksueel niemendalletje. De verminkte vrouwen konden zonder ons niets doen, want ze mochten er niet over praten en bezaten geen enkele macht. Ze waren er overigens van overtuigd dat vrouwen in alle landen die 'seksuele correctie' moesten ondergaan.

Na het succes van uw boek – een miljoen exemplaren verkocht in de pocketeditie, talrijke vertalingen, inclusief in Japan –, bent u toch niet een van de hogepriesteressen van het feminisme geworden.

Ik veronderstel dat ik niet geschikt was voor die functie.

Toch – en daarom kunnen we nu, twintig jaar later, over Ainsi soit-elle *praten – is de kracht van dat boek dat daarin uw persoonlijke ervaringen gecombineerd worden met uw onderzoek naar vrouwen uit andere maatschappijen, die nog meer getreiterd worden dan de westerse vrouwen. Waardoor* Ainsi soit-elle *nog steeds evenzeer van belang is, is dat u uw gedachten op een rijtje zet zonder dat u probeert te voorspellen of te berekenen welk effect dat zal hebben op die en die groep, of op die en die school. U zegt nergens, wat in die tijd zeldzaam was: 'Ik sta aan de kant van feminisme zus of zo...' U kijkt wel uit dat u niet verwijst naar een bepaalde pressiegroep of naar een bepaalde 'feministische ideologie'.*

Ik weigerde te moeten kiezen tussen de verschillende groeperingen, ik zou bijna zeggen... tussen de verschillende sektes! Dan zou ik het gevoel hebben gehad dat ik een Corsicaanse nationalist was, die gesommeerd werd zich aan te sluiten bij één van de naar onafhankelijkheid strevende takken: FLNC canal historique, FLNC canal habituel of de Cuncolta. Op straffe van de dood! Het ontbreekt ons in Frankrijk aan een echt veelzijdige belangrijke feministische beweging, zoals de NOW* in de Verenigde Staten.

Maar hebt u in '68 deelgenomen aan de opwinding?

Ik was in '68 waarschijnlijk te oud om me bij studenten aan te sluiten. Bovendien woonde ik toen sinds een jaar in de provincie. En ten slotte kon ik moeilijk wijs worden uit al die spontane bewegingen, die vaak ongeorganiseerd en volkomen utopisch waren, wat overigens soms grandioos was:

* National Organisation of Women.

Françoise d'Eaubonne, en haar groep 'Écologie et Féminisme', die zich ten doel stelde 'de planeet van de man van nu af te pakken en haar terug te geven aan de mensheid van morgen... Zo zou de Aarde in vrouwelijke vorm weer opbloeien voor iedereen!' Ik kon de consignes van de 'revolutionaire feministes' bijvoorbeeld, die 'de totale vernietiging van de patriarchale orde' voorstonden, moeilijk serieus nemen. Een mooie droom, dat wel, maar die deed me denken aan de kinderlijke formulering: 'En dan spelen we dat we onze ouders hebben weggestuurd!'

Maar ik moet zeggen dat ik bewondering heb voor de actievoersters en de oprichtsters van al die vrouwenbewegingen. Ik heb een goede verstandhouding met Antoinette Fouque, en Gisèle Halimi is een vriendin van me. Maar ik geef toe dat ik het spoor enigszins bijster raak tussen het 'materialistisch feminisme' van Monique Wittig en Christine Delphy, en het zogenaamde 'French Feminism', het enige dat in Amerika wordt erkend, maar dat neerkomt op een niet weg te branden heilige drie-eenheid waar geen vraagtekens bij mogen worden gezet, in de persoon van Hélène Cixous, Julia Kristeva en Luce Irigaray, wier theorieën overigens gebaseerd zijn op het werk van mannelijke theoretici – Lacan, Foucault en Derrida. Het zijn vrouwen die de benaming 'feministe' verwerpen (behalve Luce Irigaray), terwijl Franse schrijfsters die er aanspraak op maken in Amerika volkomen onbekend zijn! Elke keer als ik toevallig was uitgenodigd voor colloquia aan Amerikaanse universiteiten, en zelfs tot in Australië, in Melbourne, trof ik deze drie-eenheid weer aan! Cixous-Kristeva-Irigaray waren de vorige maand geweest of werden aangekondigd voor de volgende maand, waarmee ze de hele uitingswijze van het feminisme in Frankrijk monopoliseerden. Niet dat ik geen bewondering heb voor de intelligentie van deze drie vrouwen, maar ik vind het jammer dat het feminisme wordt beperkt tot die stroming, de meest intellectuele en de minst toegankelijke voor het geheel van alle vrouwen, die toch het onderwerp, het doel van al deze beschouwingen zijn. Historicae of filosofes zoals Annie Leclerc, Michèle Le Doeuff en nog vele anderen, zouden het feministische debat verrijken.

Kortom, ik voelde me ontmoedigd door de vervloekingen en dictaten van de verschillende stromingen, en ik bleef er liever buiten, om dit boek in een soort vrijheid te kunnen schrijven...

Die vrijheid heeft alle lezeressen van Ainsi soit-elle *getroffen. Voor mij was dat boek een evenement. Uit intellectueel oogpunt ging mijn fascinatie uit naar de vrouwen die u net noemde. Uit politiek oogpunt voelde ik me eerder aangetrokken tot de radicale feministes. Wat mijn moeder bijvoorbeeld erg choquerend vond.* Ainsi soit-elle *heeft de band tussen mijn moeder en mij over de vrouwenkwestie weer hersteld. Ik geloof dat dat gold voor veel jonge vrouwen van toen (ik was vierentwintig). Mijn moeder had me in mijn kinderjaren altijd aangespoord om 'op school goed te werken om niet afhankelijk te worden van een man'. Woorden die voor een vrouw van haar generatie en sociale klasse nogal opmerkelijk waren. Maar daarna, toen ik er mijn eigen politieke en tegelijkertijd feministische gedachten op na ging houden, kon ik daar mijn moeder geen deelgenoot van maken. Ze was van mening dat die te radicaal waren, ze vond dat mijn manier van redeneren, in één lijn met die van Simone de Beauvoir, te systematisch, te fel en zonder nuances was. Uiteindelijk stelde* Ainsi soit-elle *ons in staat elkaar daarin te begrijpen. Door het directe van uw woorden, door de tegelijkertijd heldere en eenvoudige manier waarop u de situatie afschilderde, begreep ze dat die strijd evenzeer betrekking had op haar als op mij, dat het ook haar strijd was. Gedeeltelijk dankzij uw humor kon uw boodschap door zo veel mensen begrepen worden. Toch gaat u op een heel eerlijke manier in op de zeer problematische verhouding die vrouwen hebben met humor: 'Sinds 1758, de datum waarop het eerste tijdschrift voor vrouwen werd gemaakt, is er nooit ook maar één humoristisch vrouwenblad gemaakt. Wij kunnen niet lachen, niet spelen, en niemand moedigt ons daartoe aan.' Denkt u dat dit is veranderd, of dat vrouwen nog steeds dezelfde problemen hebben met humor?*

Er is een bepaalde mate van vrijheid nodig om te kunnen lachen om jezelf en anderen... Het is voldoende dat een paar vrouwen die drempel hebben overschreden om de lach, de humor, maar ook de lol of het recht om schuine moppen te tappen, een zekere obsceniteit – obsceniteit is belangrijk – voor alle vrouwen toegankelijk te maken. Onder die paar vrouwen reken ik in de eerste plaats natuurlijk stripmaakster Claire Bretecher. Zij heeft heel wat vrouwen afgeholpen van die serieuze instelling die ze dachten erop na te moeten houden. Mijn dank gaat ook uit naar al die variété-actrices, van de drie Jeannes tot Josiane Balasko of Charlotte de Turckheim, en niet te vergeten Zouc, en naar de humoristes, van Claude Sarraute tot Isabelle Alonso. De beste en de minst goede... We hadden ze allemaal nodig om de weg voor ons vrij te maken. De professionele vrouwenhaters verkopen nog steeds de traditionele grofheden, waarbij ze vrouwen uitmaken voor apinnen, kraaien... de hele dierentuin komt eraan te pas. Het grote verschil is dat de apinnen zijn veranderd en dat hun humor die oude praatjes neutraliseert, ze onschadelijk maakt.

Ik vind u wel optimistisch. Ik denk zelf dat vrouwen nog maar helemaal aan het begin van hun bewustwording staan.

Ik denk daarentegen dat er een vloedgolf is gekomen die niet meer terug kan stromen. Maar aan de oppervlakte zijn er hier en daar, zoals politici zeggen, golven in omgekeerde richting, tegenstromen, al naar gelang de wind van de geschiedenis waait. Hetzelfde verschijnsel deed zich voor bij de afschaffing van de slavernij. In de Amerikaanse burgeroorlog vochten negers aan de zijde van hun meesters tegen de Yankees die hen wilden bevrijden. Het is begrijpelijk dat wanneer de meester ook een minnaar is en bovendien de vader van je kinderen, de emancipatie een ingewikkelde onderneming wordt met hoge risico's, en dat een groot aantal vrouwen de voorkeur geeft aan zekerheid, zelfs onder voogdij, boven de wisselvalligheden van de vrijheid.

Ik ben het nog steeds niet helemaal met u eens. Eerst waren vrouwen apathisch omdat ze zich niet bewust waren van de problemen; maar nu, en dat vind ik heel verontrustend, zijn ze apathisch omdat ze denken dat de problemen zijn opgelost.

De vrouwen van de nieuwe generaties zullen niet lang apathisch blijven! Met een man leven, dagelijks ontdekken wat taakverdeling voor hem betekent, geconfronteerd worden met werkloosheid, met het ter discussie stellen van de rechten die verworven leken, je inzetten op je werk... niets van dit alles zet aan tot apathie. Trouwens, zodra de bedreiging duidelijke vormen aanneemt, reageren de vrouwen. Kijk maar naar de manifestatie voor het parlement na de oproep van met name het CADAC*, toen de kamerleden het voorstel deden de artsen die niet zorgden voor een gesprek voorafgaand aan de zwangerschapsonderbreking te vervolgen, en ook die vrouwen die zelf abortus pleegden, juist de armsten.

Het is waar dat de feministes die aan alle strijd hadden deelgenomen er die dag waren, maar er waren ook jonge vrouwen. 's Avonds kwam de dochter van een vriendin van mij thuis en zei nogal vermoeid en vooral verbaasd tegen haar moeder: 'Mama, ik heb historische leuzen geroepen!' En dat bewijst dat dingen altijd weer opnieuw gedaan moeten worden. Bij die manifestatie werd het recht geëist 'baas in eigen buik' te zijn, iets waarvan men dacht dat het al echt bereikt was. Definitief. Ik vraag me in een pessimistische bui wel eens af wat we eigenlijk hebben bereikt. In plaats van mannen tegen wie je kon zeggen: 'Moet je zien hoe jullie je gedragen! Vraag je eens af wat dat betekent in je relaties met vrouwen' – en uiteindelijk kregen ze dan een zeker schuldgevoel –, hebben we nu mannen tegen wie je kunt zeggen: 'Jullie gedragen je precies als kleingeestige macho's, als jullie vaders!', maar die dan woedend antwoorden: 'Had je weer wat? Weet je niet dat we dat nou wel gehad hebben? Waar heb je het over? Schei eens uit met dat oudbakken feminisme van je!'

* Comité d'Action et de Défense de l'Avortement et de la Contraception: actiecomité dat opkomt voor abortus en anticonceptie.

Oké, maar we zijn niet meer verplicht met ze te leven.

Nee, maar we zijn wel verplicht met ze te werken.

In het privé-leven althans is, dankzij de financiële onafhankelijkheid en de anticonceptie, de moedermelk van onze vrijheid, de krachtsverhouding tussen man en vrouw radicaal veranderd. Uit de statistieken blijkt dat het voor het merendeel de vrouwen zijn die tegenwoordig echtscheiding aanvragen. De uitdrukking 'een in de steek gelaten man' is al opgedoken! De zogenoemde eenoudergezinnen zijn gezinnen van vrouwen, met of zonder partner. Ze zorgen tegenwoordig voor zichzelf. Dat is iets geheel nieuws. In arbeidsaangelegenheden zijn er natuurlijk nog twee bastions, om niet te zeggen vestingwerken, die door mannen met hand en tand worden verdedigd, omdat dat grenst aan het heilige: de Kerk en de wereld van de politiek. Dat wordt nog een bloedige strijd... Dat is het al!

Er zijn nog veel meer bastions dan u nu noemt. Zodra het erom gaat macht of gezag uit te oefenen. Maar u hebt het over politiek, dus laten we eens bij dat onderwerp stil blijven staan. Waarom bent u niet in de politiek gegaan? Uit alles wat u zegt, blijkt hoe graag u wilt overtuigen (en Ainsi soit-elle *had die overtuigingskracht); je ziet hoe graag u uw gedachten met anderen deelt: 'Ik heb altijd van vrouwen gehouden,' zegt u, 'en ik hield zelfs van vrouwen die onderworpen waren, omdat ik dacht dat er hoop was om hen te overtuigen.' Dus waarom bent u zelf niet in het strijdperk getreden?*

Niet uit angst voor anderen – ik ben niet zo bang voor klappen –, maar uit angst voor mezelf. Ik had een onzekere stem, ik wist mensen niet te boeien, ik had nooit leren spreken. Ik heb vijf jaar aan de Sorbonne doorgebracht zonder ooit een mondelinge voordracht te houden. Pas na '68, na 1975 vooral, heb ik voor de eerste keer het woord genomen op bijeenkomsten van vrouwen onder elkaar.

Wanneer u op die bijeenkomsten was, op plaatsen waar alleen vrouwen kwamen, verdween uw angst dan ogenblikkelijk?

Nee, niet meteen. Maar ik werd er niet meer ziek van. Ik voelde me 'onder vriendinnen', ik wist dat ze het allemaal net zo eng vonden als ik. Er zat geen kerel achter in de zaal die spottend een geestige opmerking zou maken, waardoor ik van mijn stuk zou raken. Het heeft echt lang geduurd voordat ik in het bijzijn van mannen durfde te praten. Waarschijnlijk omdat ik, toen ik deelnam aan politieke vergaderingen, met name aan de Conventie van de republikeinse instellingen, heb kunnen constateren hoe onbetekenend het was als vrouwen iets zeiden. Niet dat ze minder voorstelden dan de mannen, maar er werd gewoon niet naar hen geluisterd. Zodra een vrouw het spreekgestoelte beklom, zag ik mannen hun agenda tevoorschijn halen, afspraken maken en met hun buren fluisteren. Wat kun je dan van een verkiezingsbijeenkomst verwachten? Ik was bang dat het praten me onmogelijk zou worden gemaakt, zoals bij *Le Petit Chose* van Alphonse Daudet, een boek waar ik in mijn kindertijd erg om moest huilen. Ik had al een beroep, waarmee ik tevreden was. En dan nog huizen, tuinen, de zee van wie je nooit iets voor niets krijgt. En bovendien kinderen, en een man, ook zo'n soort van wie je niets voor niets krijgt... En ik wilde alles houden. Dat is waarschijnlijk boulimie.

Maar bent u lid geweest van een politieke partij?

Ik sta niet ingeschreven bij de socialistische partij, maar ik ben vanaf de democratische vrouwenbeweging altijd... met ze meegegaan. Zelfs daar merkte ik dat ik niet in staat was het woord te nemen! Het is wel gebeurd dat ik een opmerking had voorbereid en dat de bijeenkomst was afgelopen zonder dat ik de moed had gehad om op te staan en mijn mond open te doen. Het zweet liep langs mijn armen, zo panisch was ik. Ik vraag me af of mannen ook wel eens zo bang zijn voor het andere geslacht. Jonge vrouwen hebben tegenwoordig geen last meer van die handicap. Ik geloof dat er geen angst meer is.

Dat is niet helemaal waar. Maar is het u wel eens opgevallen dat de socialisten, als ze de verkiezingen verliezen, eerder vrouwen dan mannen het woord laten voeren op de televisie?

Vrouwen zijn moediger in tegenspoed. Ze hebben ervaring met tegenslag. Persoonlijkheden als Frédérique Bredin, Elisabeth Guigou, Catherine Trautmann, Edwige Avice, Catherine Lalumière en Ségolène Royal, die in juni 1997 allen minister zijn geworden, weten hoe ze moeten vechten. Martine Aubry ook, die begrepen heeft dat iedere connectie met het feminisme haar geloofwaardigheid zou aantasten. Je zult wel zeggen dat ik weer mijn stokpaardje wil berijden, maar ze hadden haar in *France-Soir* geïnterviewd over het vervrouwelijken van de namen van beroepen. Zou ze zich 'le' of 'la' 'Secrétaire d'État' laten noemen? Ze zei: 'Ik weiger daarop te antwoorden. Het maakt mij helemaal niets uit.' Ze wilde geen ja en geen nee zeggen. Ik vind het jammer, maar ik begrijp haar wel. Die houding staat garant voor een neutraal imago, dat mannen niet kunnen aanvallen. Het is treurig dat je verplicht bent je van je vrouwelijkheid te distantiëren om de wereld van de mannen te kunnen betreden. Vooral omdat ze je op een goede dag weer te pakken krijgen en in een hoek drijven. Laure Adler laat dat heel goed zien in haar boek *Les Femmes politiques*. Kijk maar naar Simone Veil, die al een hele carrière achter de rug had zonder minachting voor vrouwen, maar ook zonder een echt gevoel van solidariteit, en die plotseling beseft dat ze bij het stemmen over een bepaald wetsvoorstel, betreffende de zwangerschapsonderbreking, wordt aangevallen als vrouw. Ze vertelt over de obscene graffiti die ze beneden op haar huis aantrof, de beledigende brieven, de vernederende aanvallen op haar persoon. En toen voelde ze zich heel alleen, vooral omdat ze niet de steun van een partij achter zich had. Het is een vrouw alleen.

Ik merk dat vrouwen zich in werksituaties heel alleen voelen. Ik besef dat in mannenkringen, waar ik soms de enige of bijna de enige vrouw ben, op mijn werk bijvoorbeeld, mijn woorden geen effect hebben. Zelfs niet wanneer ik me voorzichtig uitdruk ten opzichte van wat ik werkelijk denk. De vragen die ik stel, lijken inadequaat omdat de mannen rondom een tafel zitten om elkaar te sterken, om het met elkaar eens te worden over de manier waarop ze hun standpunt onder woorden zullen brengen. Wanneer je dan plotseling vragen stelt, word je gezien als het zwarte schaap.

Daarom is pariteit de enige oplossing. Wanneer de helft van de schapen zwart is, is er geen norm meer, geen intimidatie.

Dat zal wel waar zijn. Maar dat is nog niet wat ik meemaak. Wanneer ik kijk naar de weg die ik gegaan ben, zie ik die als heel symbolisch voor wat de laatste twee decennia met de westerse vrouwen is gebeurd. Jarenlang was ik bezig te doen waar ik zin in had en dacht ik bij mezelf: als er een verantwoordelijke positie veroverd moet worden, dan zal ik die veroveren. Ik zal het niet opgeven omdat ik toevallig een vrouw ben. Ik ben een paar barrières gepasseerd, en nu heb ik het gevoel dat ik, op de plek waar ik zit, in een fase van regressie ben beland. Het is alsof ik word gesommeerd óf me te conformeren aan de houding van de mannen om me heen, óf te zwijgen, óf me terug te trekken. Ik heb onlangs in het tijdschrift L'Infini *een gesprek gelezen tussen Julia Kristeva en de schrijfster Danièle Sallenave. Het onderwerp was in het begin literair, maar het gesprek dwaalde af naar de vrouwenkwestie. Kristeva zei iets wat grote indruk op me maakte, omdat het overeenkomt met wat ik in mijn werkomgeving voel: 'Tegenwoordig kun je gemakkelijker vrouw zijn door geen vrouw te zijn, maar op te gaan in de normaliserende gevestigde orde, die degenen die zich daarin schikken zeker zal belonen.' Vandaar waarschijnlijk de tweeslachtige houding van Martine Aubry, waar u het over had.*

Daarom is pariteit voor ons van levensbelang, op alle niveaus. Volgens een studie die is uitgevoerd in de Verenigde Staten, is het vanaf dertig procent dat vrouwen invloed kunnen uitoefenen, merkbaar iets kunnen uitrichten in een groep. Dat is een beslissende drempel. Daaronder hebben ze geen enkel nut, behalve dat ze als identificatiemodel voor andere vrouwen dienen, wat overigens niet niets is. Maar dan vervullen ze de rol van alibi, van gijzelaar, die op geen enkele wijze de normaliserende orde kan veranderen.

Ik stelde de schrijfster Françoise Giroud een paar vragen over de pariteit, naar aanleiding van de verklaringen van de tien vrouwelijke ministers. Ze zei, nogal terecht lijkt me, dat een verplichte pariteit niet een 'intellectueel bevredigende eis' kon zijn, maar 'helaas een verstandige en onontbeerlijke keuze' zou zijn.

Wat vooral treurig is, is niet de pariteit op zich, maar dat het twee eeuwen heeft geduurd voordat werd toegegeven dat het artikel uit de Verklaring van de rechten van de mens – 'mensen worden vrij en met gelijke rechten geboren' – voor BEIDE helften van de mensheid geldt.

Dat hebben ze nog steeds niet toegegeven! 'Het is duidelijk,' zei Françoise Giroud ook nog, 'dat mannelijke politici weigeren hun plaats af te staan. Dus moeten we, ook al is het niet bevredigend, vanuit tactisch oogpunt wel quota's opleggen, anders komen vrouwen er nooit.'

Je moet weten waaraan je de voorrang geeft: óf aan belangrijke principes, zoals de ondeelbaarheid van de Franse republiek, óf aan de mogelijkheid dat vrouwen verantwoordelijkheid krijgen en hun land besturen. Hoe nauwer je het neemt met je belangrijke principes (je blijft onkreukbaar en onbuigzaam), des te moeilijker wordt het om compromissen voor te stellen, ook al zijn die van tijdelijke aard. Maar geloof maar dat onze afgevaardigden niet gedreven worden door het universalisme wanneer ze weigeren de pariteit te aanvaarden of verklaren dat deze ongrondwettig is, maar dat ze zich zorgen maken of ze hun zetel wel kunnen behouden, wat overigens niet afkeurenswaardig is, maar wel leidt tot volkomen hypocriete redeneringen en de terugkeer van de goeie ouwe vrouwenhaat. Zoals Françoise Gaspard* heel terecht opmerkt: 'De aanwezigheid van vrouwen in het parlement en de regering is een van de oudste onderwerpen van spot sinds Aristophanes.'

Dat de afgevaardigden persoonlijk tegen zijn, is begrijpelijk, maar sommige vrouwen zijn dat ook. Élisabeth Badinter verklaart in een artikel in Le Monde, *dat een oorlogsverklaring is aan het adres van de 'paritairen', dat ze 'zich diep vernederd voelt door het idee van quota's'.*

Nou, dat ik me diep vernederd voel, komt doordat wij de laatste democratie in Europa zijn, wat betreft de vertegenwoordiging van vrouwen in het parlement. Erger nog, vijfennegentig van de honderdzesenzeventig landen met een parlement hebben een hoger percentage vrouwen dan onze Assemblée Nationale.** En verder geef ik toe dat ik het op de een of andere manier een genot vind om volksvertegenwoordigers op de schietstoel te zien zitten... tegenover vrouwelijke kandidaten die al sinds Olympe de Gouges verzoeken om de eer deel te mogen nemen aan het besturen van de Staat, en die regelmatig 'naar hun pannen' zijn teruggestuurd, of anders wel naar de gevangenis en zelfs naar het schavot. 'Moge de gelijkheid nog eerder ten onder gaan dan dat we ons uitspreken vóór de pariteit,' riep Élisabeth Badinter in een televisiedebat met politica Monique Pelletier, in een recente uitzending op France-Culture. 'Ik ben tegen iedere actie die het vrouwelijk geslacht als zodanig zou bevoordelen.' Maar het vrouwelijk geslacht wordt bij alle verkiezingen als zodanig wel BENADEELD! 'Er is niet één goed district voor een vrouw in Frankrijk,' heeft Yvette Roudy gezegd.

* Historica en afgevaardigde voor de socialistische partij. (noot van vert.)
** Deze cijfers over 1995 zijn afkomstig van de interparlementaire unie, gezeteld in Genève.

Maar zou u zo ver willen gaan dat u beweert dat vrouwen, eenmaal gekozen, een betere politiek zouden voeren?

Ze zouden niet per se een 'betere' politiek voeren, daar gaat het niet om, maar beslist een completere politiek, die meer rekening houdt met de belangen van beide componenten van het mensdom. Voor de eerste sekse wordt in al haar verscheidenheid en particularismen opgekomen, voor de tweede niet. Er zijn afgevaardigden uit agrarische streken die voor de graanverbouwers of de veehouders opkomen, parlementsleden uit zeeprovincies die pleiten uit naam van iedereen die leeft van de zee, enzovoort. Omdat er praktisch geen vrouwen in het parlement zitten, wordt nooit voorrang gegeven aan de specifieke problemen en behoeften van vrouwen. We hebben een dringende behoefte aan vrouwelijke parlementsleden om de prioriteiten af en toe eens om te keren.

Toch zien we dat de vrouwen die de opperste macht hebben uitgeoefend, Golda Meir, Indira Ghandi, Margaret Thatcher, enzovoort, niets gedaan hebben voor vrouwen, integendeel...

Op het hoogste niveau is een vrouw verplicht zich volgens de regels te blijven gedragen en zelfs extra bewijzen daarvan te leveren. Op andere machtsniveaus zouden vrouwen de opties naar een andere richting kunnen buigen, mits er genoeg vrouwen zijn.

Maar – en nu maak ik mezelf tot advocate van de duivel – als je de partijen verplicht tot een quota van vijfentwintig of dertig procent vrouwen, maak je dan niet dat andere categorieën – moslims, homoseksuelen, gehandicapten – ook een quota vertegenwoordigers gaan eisen?

Het is ongelooflijk om met zulke argumenten aan te komen! Wij zijn behalve vrouw bovendien nog als het zo uitkomt moslim, homoseksueel of gehandicapt. We zijn geen categorie, want we zijn in alle categorieën vertegenwoordigd.

Om op de bewering van Élisabeth Badinter terug te komen, wordt de wereldlijke en universalistische Franse republiek werkelijk bedreigd door 'een noodlottige drift', door wat zij 'de smerige berekeningen van de quota-ideologie' noemt? Of denkt u, net als de juriste Sylviane Agacinski-Jospin (de vrouw van de minister-president), dat een voluntaristische actie noodzakelijk is om zoals in mei 1996 werd gevraagd door het Handvest van Rome, dat ondertekend was door dertien Europese ministers in functie, de 'gelijke deelname van vrouwen en mannen aan de besluitvorming' te bevorderen?

Ik ben vóór voluntaristische acties, duwtjes in de goede richting en eventueel... een schop onder de kont als het moet, wanneer de situatie vastzit. Het bewijs is geleverd dat beleefdheid, geduld en smeekschriften nergens toe leiden. Bedenk wel: het is allemaal precies zo gegaan met ons stemrecht, dat tussen 1915 en 1939 door de gedeputeerden regelmatig in groten getale werd ondersteund, en niet minder regelmatig door de senatoren werd verworpen.

Toch hadden in april 1914 bij een referendum om de opinie van vrouwen te testen al 505 900 vrouwen, van wie werd beweerd dat ze zich niet voor politiek interesseerden, geantwoord dat ze stemrecht wensten, tegen 114 die het niet wilden. En dat ondanks het feit dat ze al in 1906 streng tot de orde waren geroepen door paus Pius X, die de katholieke hiërarchie opriep zich te verzetten tegen vrouwenkiesrecht.

De geschiedenis herhaalt zich wanneer het erom gaat de tweede sekse onder voogdij te houden. Vergeet niet dat stemrecht voor vrouwen niet eens voorkwam in het programma van de Nationale Verzetsraad, in tegenstelling tot wat veel mensen denken. De mannen van het verzet hoopten de vrouwen na de overwinning terug naar huis te sturen, precies zoals de politici dat in 1918 hadden gedaan. Zonder generaal De Gaulle had iemand als Lucie Aubrac* geen stemrecht gehad! Om te vermijden dat die parlementaire farce

---

* Verzetsstrijdster van het eerste uur, die erin slaagde haar door de Gestapo gevangengenomen man te laten ontsnappen. (noot van vert.)

weer opnieuw begon staat generaal De Gaulle in 1945 de vrouwen, door middel van een verordening, stemrecht toe; een uitzonderlijke procedure, die een discussie voorkomt. Zouden we ons niet kunnen voorstellen dat de huidige president van de republiek zich in die richting engageert en de partijen daarin meeneemt? Want dezelfde farce is zich aan het voltrekken in de Kamer, met dezelfde vertragingstactiek. In 1982 hadden onze parlementsleden in schitterende eenstemmigheid en op voorstel van Gisèle Halimi, die toen afgevaardigde was, gestemd voor een tekst waarin stond dat de lijsten van kandidaten niet meer dan vijfenzeventig procent personen van hetzelfde geslacht mochten bevatten. Monique Pelletier had overigens tijdens de vorige kabinetsperiode al een soortgelijk plan ingediend. Dat nieuwe amendement werd getorpedeerd door een handjevol gedeputeerden, die gedaan kregen dat de Staatsraad zich zelf met de kwestie ging bezighouden en verklaarde dat de maatregel tegenstrijdig met het principe van gelijkheid en dus ongrondwettig was. Moeten we nog benadrukken dat die Raad uitsluitend uit mannen bestond, met een gemiddelde leeftijd van vijfenzeventig en voorgezeten door Roger Frey, een erkend conservatief? Sommige mensen zijn kennelijk minder gelijk dan andere. En de Franse vrouw is werkelijk niet rancuneus.

Hetzelfde scenario werd in Italië toegepast: Romano Prodi, de nieuwe minister-president, hechtte er, toen hij in het voorjaar van 1996 zijn regering presenteerde waar drie vrouwen aan deelnamen, waarde aan, zoals tegenwoordig mode is, te vertellen dat hij het jammer vond dat er zo weinig vrouwen in het parlement zaten. Door de laatste verkiezingen in Italië was immers zojuist het aantal verkozen vrouwen, dat eerder honderdvierenveertig was geweest, teruggelopen tot zesennegentig! Om dezelfde reden als in Frankrijk: het amendement dat was aangenomen om de kieswet weer in evenwicht te brengen, was op het juiste moment ingetrokken, omdat het... ongrondwettig zou zijn. Democraten aller landen, verenigt u... om de vrouwen tegen te houden!

Daarom weiger ik mee te gaan met mensen die met tranen

in hun stem over universalisme spreken. 'Het universalisme van 1789 was zo particularistisch en communautaristisch als het maar zijn kan. De zogenaamde universele mens, de burger, was uitsluitend de man,' schrijft Sylviane Agacinski-Jospin in *Le Monde* van 18 juni 1996, als antwoord aan Élisabeth Badinter. Onze 5,8 procent verkozen vrouwen zullen daar geen verandering in brengen. Wanneer het universalisme zo'n uitsluiting ten gevolge heeft, moet er een correctief gevonden worden. En net als bij het referendum van 1914 is de grote meerderheid van de Fransen het daarmee eens. Zesentachtig procent is voor, en eenennegentig procent van de jongeren tussen de achttien en de vierentwintig jaar.

Zo'n correctief bestaat: de Scandinavische landen hebben er gebruik van gemaakt, waardoor zij werkelijk egalitaire democratieën zijn geworden.

De Zweden hebben inderdaad in 1994 een parlement gekozen dat het grootste percentage vrouwen vertoonde van de hele wereld, eenenveertig procent, en een regering aangesteld die vijftig procent vrouwen telde, onder wie de minister van Buitenlandse Zaken en de minister-president, Mona Sahlin, die ook belast was met het ministerie voor Gelijkheid.

Dat zijn toch cijfers en feiten waar wij van dromen! En we weten dat het feit dat Zweden, Noorwegen en de andere Scandinavische landen verreweg de meest democratische landen zijn, met name in Noorwegen te danken is aan het systeem van de quota's, dat tijdelijk is ingesteld om de machine weer in gang te zetten; maar ook omdat die landen een lange traditie van gedeelde macht hebben geërfd. Bij de Vikingen konden vrouwen deelnemen aan krijgsexpedities, land erven en scheiden. Hun grafmonumenten zijn even indrukwekkend als die van de mannen... Kortom, dat is heel wat anders dan de Salische wet en de kuisheidsgordels... Met als gevolg dat je, dankzij het verzorgingssysteem, de crèches, het ouderschapsverlof enzovoort, in Zweden het grootste percentage werkende vrouwen vindt en toch een van de hoogste geboortecijfers van Europa, nauwelijks lager dan dat van IJsland en Ierland. (Maar in Ierland is dat vanwege precies tegengestelde redenen: anticonceptie en abortus zijn verboden, echtscheiding is nog maar sinds een paar maanden toegestaan en heel moeilijk, de katholieke Kerk heeft veel invloed, enzovoort.)

Er moet echter gezegd worden dat Mona Sahlin een paar maanden voordat ze als regeringsleider zou terugkeren, is aangeklaagd vanwege een treurige affaire met wegwerpluiers, die ze met haar officiële creditkaart had gekocht en nog niet aan de staat had terugbetaald, en dat ze vervolgens is gedwongen af te treden als gedeputeerde en als minister van Gelijkheid.

Een ministerie dat men haastig weer heeft afgeschaft. De ministeries van de Rechten van de vrouw gaan nergens lang mee. En Zweden is jammer genoeg ook in een periode van recessie en werkloosheid terechtgekomen, waardoor, zoals overal, vrouwen als eersten worden getroffen en men verplicht is te snijden in het systeem van sociale protectie, dat beroemde systeem waardoor de Zweedsen de enige vrouwen op de wereld zijn die niet hoeven te kiezen tussen een privé-leven en een beroepsleven.

Maar wat weten we van de resultaten van tien jaar pariteit in de Scandinavische landen en in Zweden in het bijzonder?

Welnu, dat zal je pessimisme eerder nog versterken. In *MS*, een feministisch tijdschrift dat twintig jaar geleden door Gloria Steinem is opgericht in de Verenigde Staten, stond een lang artikel van Susan Faludi, de schrijfster van *Backlash*, die zojuist was uitgenodigd om drie maanden in Zweden door te brengen om de resultaten van deze nieuwe situatie nu eens te beoordelen. Zowel bij de vrouwelijke gedeputeerden als bij de regeringsleden constateerde ze een gevoel van grote frustratie, de indruk dat het nergens toe had geleid. De partijen hadden behoord tot de centra waar de macht werd verdeeld, en net op het moment dat zij er hun intrede deden, ontdekten ze dat de macht was verplaatst! Dat de macht door de mondialisering nu in handen was van de bazen van de multinationals, banken, industriëlen, managers Amerikaanse stijl, allemaal terreinen waar zij praktisch niet toe waren doorgedrongen. Het vrouwenwerk had zich in Zweden namelijk in de publieke sector ontwikkeld, en er was minder dan tien procent vrouwen te vinden in de particuliere sector en de grote bedrijven. In plaats van dat de regering zich kon wijden aan het verbeteren van het lot van de vrouw, zag ze zich gedwongen de recessie het hoofd te bieden...

Zo gaat het in alle westerse landen. Er zijn op het ogenblik geen tevreden politici, of het nu mannen of vrouwen zijn!

Dat is overduidelijk, maar er is een groot verschil, waarbij de Françaises er niet gunstig afkomen: in Zweden, Denemarken, Finland en Noorwegen zijn de vrouwen altijd solidair geweest, net als bij de Angelsaksen. Ze behoren tot clubs, tot zusterschappen; ze hebben partijen van zeer invloedrijke vrouwen opgericht, zoals in IJsland, proberen elkaar aan te moedigen, en dankzij die solidariteit wordt de politiek van de veertig procent vrouwen op plaatsen waar de beslissingen worden genomen voortgezet. De quota's zijn niet meer nodig, de pariteit is bereikt. Maar niets van dien aard in Frankrijk. 'Zusterschappen' zijn nooit aangeslagen! Zelfs het woord wordt weinig gebruikt. Iedere Française handelt in haar eentje, zonder echte richtlijnen, zonder steun, vaak blootgesteld aan jaloezie, gedwongen de mannen die een bepaalde post bekleden te paaien om geaccepteerd te worden, en opzijgeschoven als ze te veel persoonlijkheid heeft.

Franse vrouwen schijnen er voortdurend op uit te zijn om niet voor feministe door te gaan, zich te distantiëren van de grote voorbeelden. Bekennen dat je je zorgen maakt over vrouwendiscriminatie wordt als belachelijk beschouwd. MLF is synoniem met extremisme, kwaadaardigheid.

In Scandinavië is het tegenovergesteld, schijnt het. De mannen voelen niet dat soort rivaliteit met hun echtgenotes, hun vrouwelijke collega's. Het feminisme wordt gezien als een noodzakelijke hervorming en niet als een provocatie, een vorm van agressie tegen mannen. Ze hebben het daar niet over een oorlog tussen de seksen. De veroveringen van de vrouwen, hun successen, worden niet beschouwd als oorlogshandelingen. Bij ons wordt alles gezien in termen van verloren of gewonnen gevechten, dat is vermoeiend! Wanneer een vrouw bij een man weggaat, verklaart ze hem niet de oorlog, maar gaat ze bij hem weg!

Zou de ijdelheid van de Latijnse man hier in het spel zijn? En is die ook niet in het spel tegenover de pariteit? Kan het niet zo zijn dat men bang is dat verplichte quota's in Frankrijk ertoe zullen leiden dat jonge vrouwen zonder ervaring worden gekozen, die dus als manipuleerbaar worden beschouwd, en dat ervaren vrouwen, die al jaren hebben gestreden maar wier deskundigheid juist wordt gevreesd, opzij worden geschoven?

Zo lang als mannen aan het hoofd van de grote partijen staan en verantwoordelijk zijn voor de benoemingen, kun je daar bang voor zijn. Alles zal afhangen van de solidariteit van de vrouwen. In dat opzicht hebben we het helemaal verkeerd aangepakt bij de vervroegde verkiezingen van mei 1997. De eerste ronde vindt plaats op moederdag. Dan heeft men al een heel programma! Dat wordt geen vrouwendag...

In haar 'Brief aan een kandidate' die eind december verscheen in Le Nouvel Observateur, *stelde Françoise Giroud de grote vraag: zal de macht van karakter veranderen wanneer die wordt gedeeld? 'Vrouwen dromen weinig,' voegde ze eraan toe, 'mannen dromen en verzinnen ideeën, die vaak dodelijk zijn. Maar vrouwen realiseren dingen. De combinatie van beide is goed.' Maar ik vraag me wel eens af: als dat nu eens in wezen onmogelijk is? Als de twee seksen eens te verschillend zouden zijn om samen te werken, samen te regeren?*

Persoonlijk geloof ik dat helemaal niet. Mensen die houden van macht, of dat nu mannen of vrouwen zijn, hebben iets gemeen, dat is duidelijk. Mannelijk gedrag bij een vrouw wordt zodanig onderdrukt of afgekamd dat je niet echt hebt kunnen zien hoe dat werkt, en dat geldt ook voor het omgekeerde. Wanneer iedereen minder wordt geblokkeerd door zijn imago, kan er een toenadering ontstaan.

Maar denkt u niet dat vrouwen zich juist een beetje hebben laten opsluiten in dat idee van anders-zijn? Is dat niet een valstrik?

Voor mij is het een idee dat afgeschaft mag worden. Je zou met recht kunnen zeggen: dat is boerenbedrog. Iedereen heeft recht op het lot dat hij als het zijne voelt en niet alleen op het lot dat zijn sekse hem toeschrijft of oplegt. Wat mensen gemeen hebben, is juist dat ze van elkaar verschillen, dat ze uniek zijn! In wiskundige symbolen is dat volkomen duidelijk: het verschil, dat wordt weergegeven door het teken $\neq$, is de gelijkheid die ongeldig is verklaard!

Danièle Sallenave schrijft dat het recht op verschil leidt tot een verschil in rechten.

Mooie formulering! En uit naam van dat recht zijn sommige feministes naar mijn mening vastgelopen, hebben ze vrouwen op doodlopende wegen laten vastlopen. Wanneer ze bijvoorbeeld beweren dat vrouwen van nature niet van politiek houden, te fijngevoelig zijn om de macht als zodanig uit te oefenen, te gevoelig of te zuiver, is dat leuterpraat waarmee je de macht van mannen waarborgt. Je komt er alleen uit als je het woord 'verschil' vervangt door 'verscheidenheid'. Zolang je niet naar mensen kijkt in termen van verscheidenheid in plaats van verschil, of, erger nog, 'complementariteit', zul je stuiten op de onmogelijke formule 'gelijkheid in verschil'. Ik begrijp niet dat we ons hebben laten vastpraten in dat begrip 'verschil', terwijl het woord 'verscheidenheid' alle deuren opent en mannen evengoed kan helpen als vrouwen, zonder ons te veroordelen tot een treurige gelijkvormigheid.

In afwachting van het recht op verscheidenheid hebt u in de tijd van Ainsi soit-elle duidelijk laten zien dat u als 'echtgenote' anders was... Kreeg Paul Guimard niet te maken met reacties van mannen, van zijn vrienden, die bijvoorbeeld zeiden: 'Zeg, die vrouw van jou schrijft maar rare dingen...'?

Jazeker; maar het werd niet zo vaak gezegd waar ik bij was. Toch herinner ik me het festival in Nice, waar we allebei onze boeken signeerden. En Jacques Médecin, die destijds burgemeester was, kwam naar Paul toe en zei: 'Arme kerel, ik hoor net... ik wist niet dat jij de man van Benoîte Groult was! (Spijtige blik in de richting van mijn voortbrengsels op de tafel naast hem, waar ik net was weggelopen.) Ik ben waarschijnlijk ouderwets, maar het lukt me niet me te interesseren voor al die feministes die hard praten en pijpen roken...'

Ik heb nooit gerookt, zelfs geen sigaret, maar wat heeft het voor zin om te discussiëren met dat soort macho's? Paul voelt zich in zulke situaties volkomen op zijn gemak; ik weet dat hij lovend over me praat, zoals hij zelden doet wanneer ik erbij ben, en dat hij de vrouwenhaters veel beter op hun nummer zet dan ik.

Ik heb daarentegen heel wat mensen ontmoet die teleurgesteld waren dat ik niet beantwoordde aan de karikatuur van de feministe, behaard, manachtig, steriel, seksueel gefrustreerd... 'Dus u bent getrouwd?' – 'Ja. En wel drie keer in plaats van één!' – 'En hebt u kinderen?' – 'Ja, drie dochters.' Dat stelde hen een beetje gerust: het feminisme had me getraumatiseerd, ik had alleen dochters kunnen baren! Maar ze hadden graag gehad dat ik echt aan de zelfkant van de maatschappij leefde. Simone de Beauvoir is alleen geaccepteerd omdat ze een figuur apart is.

Geen kind, weigert te trouwen, is bevriend met de internationaal beroemde filosoof die de Nobelprijs heeft geweigerd... een bijzonder paar. Vervolgens waren er jonge vrouwen die het recht opeisten lesbisch te zijn, geen avonturen met mannen te hebben. Ook weer mensen met wie – fatsoenlijke – vrouwen zich niet konden identificeren. Maar u... U had dus eigenlijk de vrouw moeten zijn die nog meer bestreden moest worden dan anderen.

Nou, misschien heeft de humor in dit geval geholpen. Bovendien zag ik er ook uit als een 'fatsoenlijke' vrouw..., dat was nog een overblijfsel van mijn goede opvoeding en dat bracht mensen van hun stuk. Ik zou het soms wel fijn vinden om iemand een krachtig antwoord te kunnen geven zoals Tapie, of een vuistslag te durven geven...

Hebt u uw boek aan De Beauvoir toegestuurd?

Natuurlijk, ik verwachtte echt dat ik haar kende! Maar ze heeft niets van zich laten horen. Toch zou ik erg onder de indruk zijn geweest als ze mijn boek goed vond.

Hoe dan ook, u hebt geen autoriteit nodig om u te bevestigen.

Op dat moment wel. Bovendien was zij meer dan een autoriteit, ze was een mythe; dan maakte je deel uit van de lijn van de historische feministes!

Kort daarna bent u met Claude Servan-Schreiber begonnen met F Magazine?

Ja, omstreeks 1978. *Ainsi soit-elle* had zo'n succes gehad dat ik vanuit commercieel oogpunt plotseling een troef was voor Jean-Louis Servan-Schreiber, wiens vrouw Claude een echt feministisch tijdschrift op de markt wilde brengen, dat uitsluitend werd geredigeerd door vrouwen. Voor de adverteerders was het belangrijk dat ik er niet uitzag als een vogelverschrikker, zoals ze zich alle feministes altijd graag voorstelden: ik droeg geen kapotte spijkerbroek, ik had schone nagels, ik zei geen 'shit'; dus vroeg hij mij om met hem samen de hele promotiecampagne te doen en naar geldmiddelen te zoeken. Ik dacht nog even dat hij mijn boeken, mijn persoonlijkheid op prijs stelde... Maar toen hij twee jaar later verklaarde dat het feminisme uit de mode was geraakt en dat ons blad, dat heel sterk van start was gegaan, begon af te takelen, merkte ik dat ik slechts een pion was geweest, en *F Magazine* een anomalie, een mirakel in de geschiedenis van de vrouwenbladen. Claude Servan-Schreiber werd opzijgeschoven, er kwam een andere groep redactrices, en *F Magazine* kreeg de naam *Le Nouveau F*, en vervolgens *Femmes*. En toen zag je de herinneringen van Sylvie Vartan verschijnen, de confidenties van Dalida, en artikelen van heren die hun oordeel gaven over het vrouwvolk, zoals de schrijvers Bernard-Henri Lévy, Philippe Sollers and Co.

Het feminisme was geen nieuws meer! Men keerde terug naar de traditionele ingrediënten die maken dat Cosmopolitan, Biba, *enzovoort zo'n succes hebben.*

Helaas! We hadden echt geprobeerd iets anders te doen, met vrouwen die over iets anders wilden praten dan over orgasmen, trucs om een man te strikken, rimpels, billen, te dikke dijen en liposuctie. Wanneer ik twintig jaar later een nummer van dat blad doorblader met al die artikelen van mensen als Paula Jacques, Michèle Perrein, Marie Cardinal en anderen; wanneer ik de cover van het eerste nummer weer zie waar een grote foto van Claire Bretecher op staat, met één blote schouder met het woordje 'gefrustreerd' op haar huid getekend, voel ik weer de humor, de dynamiek, de intelligentie van dat hele team. Intelligentie! Een woord dat men niet gewend is te associëren met vrouwenbladen, maar dat wordt gereserveerd voor tijdschriften voor mannen zoals *Les Temps modernes* of *Tel Quel*. En toch waren het intelligente artikelen, over films bijvoorbeeld, en de rol die vrouwen daarin spelen; over de plaats die naaldhakken innemen in de fantasie van mannen; over vrouwen van boven de zestig, ja zelfs boven de zeventig – o wat vreselijk –, die een mooie kop hebben en niet alleen maar een oude huid, wat een verademing! Trouwens, we voorzagen in een echte behoefte bij de lezeressen. We hadden een oplage van tweehonderdduizend exemplaren, en veel abonnees die een abonnement voor twee jaar namen!

En het was een mooi opgemaakt blad – mooi papier, mooie foto's... –, heel wat anders dan zo'n krantje op gerecycled papier, zoals veel vrouwenbladen uit die tijd.

Het was juist duur om te maken, en de reclamelui, die zich een beetje hadden laten dwingen en ons grote budgets hadden toegekend, reageerden weer op de bekende misogyne of liever gezegd antifeministische wijze. We wilden niet over mode praten zonder ons het recht voor te behouden kritiek te leveren, en niet ontelbare bladzijden wijden aan maandverband, tampons, inlegkruisjes 'die de vrouw bevrijden'... enzovoort. Toen hebben ze ons uiteindelijk aan banden gelegd. De advertenties kwamen terug zodra koken, mode en schoonheid weer de enige zorg van de *Nouveau F* werden.

Voelde u dat de wind op een bepaald moment uit een andere hoek ging waaien?

Ja. Die wind blies al onze illusies omver. De uitgevers hebben hun collectie 'Vrouwenboeken' laten vallen; ze hadden er allemaal een: Denoël, Stock, Laffont... In de pers werd geen verslag meer gedaan van feministische manifestaties... We verdwenen weer in het duister.

Begreep u uiteindelijk dat wat men had aangezien voor een werkelijk keerpunt in de maatschappij niet meer dan een mode was?

Ik voelde dat er bij vrouwen een ingrijpende verandering had plaatsgevonden, en dat ze niet zouden teruggeven wat ze hadden bereikt... Maar dat we voortaan voor de buitenwereld een toontje lager zouden moeten zingen. Gelukkig kwam op dat moment links aan de macht, dankzij de stemmen van vrouwen trouwens, en in de eerste jaren althans, de jaren van het ministerie van de Rechten van de Vrouw, het eerste in onze geschiedenis, hebben de socialisten veel hervormingen tot stand gebracht die de status van vrouwen in civiel, beroepsmatig en persoonlijk opzicht hebben verbeterd.

Er zijn wetten aangenomen, dat wel, maar je verandert gedrag niet per decreet. Wetten zijn er in het algemeen eerder dan gewoonten. Welnu, het gedrag is hetzelfde gebleven, als het al niet is verslechterd. In de microkosmos van mijn werk is er iets wat me erg verbaast. Wanneer mannen tegen elkaar uitvaren, zelfs als het gesprek verhit raakt, is het nooit met dezelfde woorden of dezelfde geërgerde toon als wanneer ze kwaad worden op een vrouw. En dat is heel kenmerkend voor de mannen van mijn generatie. Omdat de mannen van de generatie ervoor niet kwaad durfden te worden op een vrouw!

Omdat ze voldoening vonden in patriarchaal gedrag. Ze waren niet bang voor je. Bij jonge mannen is het paniek, je bent een rivale, ze hebben geen aangeboren gezag meer.

Misschien, maar toch... Toen ik bij deze krant kwam, stelde ik niets voor in de hiërarchie. Met mannen als Jacques Fauvet, Bernard Lauzanne of André Fontaine, die echt van een andere generatie zijn, heb ik me nooit geminacht gevoeld, zoals ik me dat nu voel door kerels van mijn leeftijd.

Dat is een verdedigingsreactie. Wanneer dieren bang zijn, bijten ze. Mannen verkeren in een identiteitscrisis en weten niet hoe ze zich moeten opstellen tegenover jonge vrouwen die even competent zijn als zij en die hun wapens gebruiken, maar met een ander soort munitie, een andere manier van schieten... Dan ontstaat er paniek, soms haat.

Wat doen we daaraan?

Nou ja, er is een generatie...

Die is opgeofferd? Ben ik dat? Dank u zeer!

Het is de eerste linie, die uit de loopgraven komt en zich plotseling ongedekt op open terrein bevindt. Wij waren uiteindelijk allemaal veilig, beschermd, ondersteund, en plotseling zijn we onbeschut... Er moeten wel slachtoffers vallen. Het is hard om dat te zeggen, terwijl ik rustig in mijn hoekje zit. Ik behoor tot een generatie die bang was en die niet bang maakte! En verder is mijn enige vijand het blanco papier... Maar jij bevindt je in het heetst van de strijd, en in een beroep dat symbolisch is voor macht, voor invloed. Er moet nog veel geleerd worden op dat gebied, strijdbaarheid, slimheid en onverschilligheid ten opzichte van beledigingen en klappen.

En om vergissingen en mislukkingen te accepteren zonder de vrouwen als groep ter discussie te stellen.

Ja, dat is belangrijk. Omdat de vergissingen van met name politicae met perverse voldoening worden uitgebuit tegenover alle vrouwen. Stel je voor dat Édith Cresson Thomson Multimedia voor één franc aan Korea had verkocht!* Je hoort in gedachten onze politici al om 't hardst roepen dat een vrouw niets begrijpt van elektronica, en uit ondeskundigheid het nationaal vermogen verkwanselt... Hoe dan ook, ze moest afgeslacht worden, ze was doorgedrongen tot de heilige zone. Ondanks hun wreedheid heeft het overigens nog een tijd geduurd voordat ze haar hadden afgemaakt. Mitterrand heeft haar lange tijd verdedigd tegen de meeste van zijn politieke vrienden, en zij bleef maar overeind.

Dat is misschien een bemoedigend kantje: vrouwen laten zich minder beïnvloeden. Er vallen slachtoffers, zoals u zei, maar over het ge-

---

* Toespeling op het plan om Thomson aan Daewoo te verkopen, dat werd goedgekeurd door Juppé, maar verworpen door het personeel en de directie van het concern.

heel genomen gaan we vooruit, ondanks dat we onder vuur worden genomen.

Ik had aan het einde van een boek dat ik in 1979 voor *F Magazine* had gepresenteerd, een onderzoek naar 'de Nieuwe vrouw', een vierregelig gedicht opgeschreven van Martin Luther King, die zich daarin natuurlijk richtte tot de negers in Amerika in hun strijd voor emancipatie, maar dat prachtig van toepassing is op de vrouwen van nu:

> *We ain't what we oughta be*
> *We ain't what we wanta be*
> *We ain't what we gonna be*
> *But thank God we ain't what we was!*
>
> *We zijn niet wat we zouden moeten zijn*
> *We zijn niet wat we zouden willen zijn*
> *We zijn niet wat we zullen zijn*
> *Maar goddank zijn we niet wat we waren!*

HOOFDSTUK 9

Verberg dat vrouwelijke waar ik niet tegen kan...

'Onder alle instrumenten van de vrouwelijke waanzin is de taal het belangrijkst en vooral het moeilijkst om aan voorbij te gaan.'

PIERRE GUIRAUD,
Semiologie van de seksualiteit

Josyane Savigneau — U bent van 1984 tot 1986 voorzitster geweest van de commissie voor het vervrouwelijken van de namen van beroepen. Dat is wel een onderwerp waarover bij vrouwen geen eensgezindheid bestaat, want sommigen zijn van mening dat het een onbeduidende kwestie is en dat ze hun energie nodig hebben om voor andere zaken te strijden. Maar u hecht belang aan deze strijd, opdat vrouwen hun beroep met een vrouwelijke benaming kunnen aanduiden. U noemt uzelf 'écrivaine'. Maar gaat het hier eigenlijk om een werkelijk belangrijke kwestie?

Benoîte Groult — Het kan gewoon niet zo blijven! De Franse taal, die pretendeert logisch en helder te zijn, maakt er een rommeltje van, en er wordt ons gevraagd de regels voor de vorming van vrouwelijke woorden, die we op de lagere school hebben geleerd, te vergeten! De regel die kinderen van acht uit het grammaticaboek van Hamon leren is toch duidelijk: 'De soortnaam verandert in het algemeen van vorm al naar gelang het geslacht, en wordt mannelijk voor mannelijke personen, en vrouwelijk voor personen van het vrouwelijk geslacht. De vrouwelijke vorm wordt meestal aangeduid met een stomme e aan het eind. Het zelfstandig naamwoord kent in het Frans geen onzijdig geslacht meer*, dat in het Latijn zoveel voorkomt.'

Met die regel zou het geen enkel probleem moeten zijn om de beroepen die sinds kort door vrouwen worden uitgeoefend het vrouwelijk geslacht te geven. Maar sinds een paar jaar is het één grote chaos. De voorbeelden, ik zal er een paar noemen, zijn absurd. En al kun je in een paar gevallen aarzelen – zeven of acht op de honderden woorden –, bijna overal ligt de vrouwelijke vorm in het verlengde van de taal.

Zo noemt Claude Chirac zich 'conseiller en communication' (communicatieadviseur) (*Paris-Match*, april 1996). 'Conseillère' (adviseuse) bestaat, het is een gewoon woord. Zou ze minder efficiënt zijn als ze die naam gebruikte?

— Barbara Mac Clintock, die op haar eenentachtigste de Nobelprijs kreeg, had recht op 'généticienne' (genetica), maar Marguerite Yourcenar bleef 'Madame l'Académicien' (het liet haar overigens volmaakt onverschillig). Zodat de Académie, die beweert over onze taal te waken maar onze taal eerder opsluit, bij het overlijden van Marguerite in *Le Monde* 'de dood van onze geliefde "confrère"' aankondigde. Liever een taalfout dan feminisme!

— Hélène Ahrweiller, een briljant academica, die toch gespecialiseerd is in de semantiek, stelde zichzelf in een vrouwenblad voor als 'chancelier de l'université' (rector magnificus), de eerste vrouw die 'recteur et directeur de recherch' (hoofd en onderzoeksleider) is bij het CNRS.

— In de *Libération* gaat het over Paloma Picasso, 'créateur', en Isabella Rossini, 'actrice'. Vaak gaat dezelfde vrouw in één zin van het mannelijk in het vrouwelijk over: Simone Berriau, 'chanteur lyrique' (operazanger) en 'comédienne' (toneelspeelster) (*Courrier de l'Ouest*). We lezen over het toekennen van het Legioen van Eer aan Monique Berlioux, de vroegere 'directeur' van het olympisch team en aan Madame Claude Bessy, 'directrice' van de dansschool van de Opéra.

* Met alle respect voor de Académie française.

De vrouwelijke vorm kan er nog mee door voor de dans, maar is verboden voor de sport.

— De ballerina Maïa Plissetskaïa is onlangs benoemd tot 'héros' (held) van de Sovjet-Unie... (In het Russisch zeggen ze 'heldin'!)

— En Mireille van achtentachtig gaf een journalist van France-Inter die haar vroeg: 'Bent u componiste, mevrouw?' woedend ten antwoord: 'Nee! Componist. Componiste, wat afschuwelijk!'

— En Christine Ockrent duidde zichzelf in haar laatste reclamecampagne voor *L'Express* aan als 'hoofdredacteur'. Kortom, koning Christine...

En ten slotte kan ik niet verzwijgen, beste Josyane, dat jijzelf soms moeite hebt met de vrouwelijke vorm. In je biografie van Carson McCullers schrijf je op pagina 222: 'Mrs. McCullers, de Europese, écrivain célébrée (een gevierd schrijver).' Ergens anders schrijf je 'écrivain célèbre et célébrée' (beroemd en gevierd schrijver), wat bewijst dat je er moeite mee hebt een mannelijk zelfstandig naamwoord naast een vrouwelijk bijvoeglijk naamwoord te zetten!

Ja, ik heb wat dit onderwerp betreft irrationele, tegenstrijdige standpunten. Ik begin er nu pas, nadat ik uw actie op dit gebied van nabij heb bekeken, van overtuigd te raken dat deze strijd gestreden moet worden, dat de symbolische inzet aanzienlijk is. Toch behoor ik tot de mensen die roepen dat 'alles wat niet benoemd wordt, niet bestaat'. Bovendien beweer ik, wanneer men mij vraagt 'écrivaine' te gebruiken, dat ik dat een lelijk woord vind, wat absurd is. Wanneer ik daarentegen in een krantenartikel probeer te schrijven 'la poète', wat werkelijk geen enkel probleem geeft, evenmin als 'la journaliste', stuit ik op een vorm van passieve weerstand; er is altijd wel een corrector die het verandert in 'poétesse', een woord dat me niet bevalt, want het heeft een geringschattende bijklank gekregen. Een 'poétesse' is noodzakelijkerwijs een mindere 'poète'.

Natuurlijk, 'poétesse' is overbodig, want net als 'journaliste' of 'photographe' eindigt het woord 'poète' al op een stomme

e. Je zegt niet 'photographesse'! Bovendien is het achtervoegsel 'esse' pejoratief geworden, zoals veel vrouwelijke vormen: kijk bijvoorbeeld maar naar 'gars' (jongen) en 'garce' (rotwijf)... die twee woorden hebben een totaal andere betekenis gekregen. En de afgeleide vormen met geringschattende betekenis treffen altijd het vrouwelijke woord. Dat geldt zozeer dat in het Grévisse-woordenboek wordt gepreciseerd dat 'poétesse' gezegd wordt van een vrouw die slechte gedichten schrijft. Net als 'doctoresse' heeft het een geringschattend kantje gekregen. Terwijl vroeger woorden op 'esse', bijvoorbeeld 'princesse', 'diaconesse' of 'venderesse' (verkoopster), niets pejoratiefs hadden.

Maar was het zozeer uitgesloten dat dingen vanzelf zouden veranderen dat er een commissie moest worden opgericht om nog weer eens een wet voor te schrijven, regels op te stellen? Vanwaar die voorliefde voor reglementen?

Omdat wanneer het om vrouwen gaat, niets vanzelf verandert. Niets wordt ons toegestaan zonder strijd. Wat het belang van onze actie betreft, als je dat afmeet aan de heftigheid van de reacties die deze actie opwekte, kom je tot de conclusie dat we een daad van verbaal terrorisme hebben verricht! Een heftigheid die bevestigt dat de taal iets diep in ons binnenste raakt... Het is niet zomaar een communicatiemiddel, het is de weergave van onze vooroordelen, de afspiegeling van onze krachtsverhoudingen, van onze onbewuste verlangens. Hoe vrouwen praten, hoe er tegen hen gepraat wordt, hoe er over hen gepraat wordt, dat speelt allemaal een essentiële rol voor het beeld dat we van ze krijgen, en nog meer voor het beeld dat ze van zichzelf krijgen.

Ik herinner me een zin van Michèle Cotta, toen uw commissie werd aangesteld: 'Een taal die er niet in slaagt de werkelijkheid van nu te beschrijven en die geen woorden bezit om nieuwe werkelijkheden te benoemen, is een dode of althans verminkte taal.' Deze woorden lijken niet op te gaan voor vrouwen, en vrouwen denken er zelf kennelijk niet over na.

Michèle Cotta heeft helemaal gelijk, en trouwens, toen ze aan het hoofd stond van de Hoge Autoriteit, liet ze zich 'la présidente' noemen. Ze vroeg erom en ze kreeg het voor elkaar. Het is heel eenvoudig...

Dat er voor een functie geen aanduiding in de vrouwelijke vorm bestaat, komt eigenlijk doordat zo'n functie niet echt voor vrouwen bestaat, of in elk geval dat je je moet afvragen of die wel bestaat.

En ook niet echt voor de maatschappij. Wanneer in het vocabulaire onzichtbaar wordt gemaakt dat vrouwen toegang krijgen tot functies die prestige verlenen, is dat een manier om het te ontkennen. Mannen stellen zich des te gemakkelijker tevreden met de taal omdat de lacunes in het vocabulaire nooit hen betreffen: zij worden nooit 'Monsieur la sage-femme' (vroedvrouw) genoemd!

Uw commissie is ontstaan vanuit die constatering, maar hoe is ze in de praktijk tot stand gekomen?

Dankzij Yvette Roudy, die de eerste 'minister van de Rechten van de Vrouw' was; de eerste die over een echt budget beschikte. Ze beschikte ook over ideeën, over veel ideeën! Onder Giscard was er wel een 'staatssecretariaat voor de positie van de vrouw' geweest. Maar positie verwijst naar een passieve toestand. Een andere benaming was symbolisch belangrijk. Maar je eigen benaming veranderen scheen problemen op te leveren bij collega's! Toen besloot Yvette Roudy een commissie in het leven te roepen om deze kwestie te bestuderen, naar het voorbeeld van een stuk of twintig andere terminologiecommissies die al aan het werk waren om het medische, technologische, enzovoort vocabulaire aan te passen aan de nieuwe realiteit. Deze commissies, die werden geformeerd uit linguïsten en specialisten van iedere tak van wetenschap, hebben een onschatbaar werk verricht. We zijn dankzij hen ontsnapt aan een massale invasie van 'franglais': *pacemaker, computer, hardware, software, walkman,* enzovoort, met de kromme uitspraak die je je daarbij kunt voorstellen, zijn vervangen door 'stimulateur cardiaque', 'ordinateur', 'logiciel', 'informatique', 'baladeur', enzovoort. Het gebruik is uiteindelijk de beslissende factor, maar eerst moeten er nieuwe woorden worden voorgesteld. Niet het publiek heeft 'logiciel' of 'ordinateur' bedacht. Natuurlijk slaan sommige woorden niet aan: 'Ciné-Parc' voor 'Drive-in', of 'commanditer' in plaats van het afschuwelijke 'sponsoriser'... 'Baladeur' hebben de jongeren niet overgenomen, dat is jammer. Wij hoefden niets te bedenken: alleen ervoor te zorgen dat de taal functioneert, vrouwelijke vormen te bedenken, zoals dat vroeger ook is gedaan. In de Middeleeuwen werden woorden zonder gemoedstoestanden vervrouwelijkt: men zei 'une tisserande' (weefster), 'une diaconesse', 'une prieure' (priores), 'une abbesse'* (abdis), en in gerechtelijke taal 'une venderesse' en 'une demanderesse' (eiseres)...

Als, zoals u constateert, het gebruik de beslissende factor is, wat heeft het dan voor zin om regels op te stellen, hoe kunnen we dan denken dat een voorschrift dat niet geaccepteerd wordt, niet maatschappelijk 'geïntegreerd' wordt, het gebruik zal veranderen?

Maar wat denk je dat een grammatica doet? Die vertelt wat goed en foutief gebruik is. En ik herinner je eraan dat de Académie française uit alle macht heeft geprobeerd regels te geven! Er moest op zijn minst verzet worden geboden aan die volkomen misogyne houding. 'Om het vocabulaire van de beroepen te hervormen,' adviseerde de Académie, 'en mannen en vrouwen op voet van gelijkheid (sic!) te plaatsen, zou men de vrouwelijke vorm moeten vermijden in alle gevallen die niet door het gebruik zijn ingeburgerd. Telkens als de keuze open blijft, moet de voorkeur worden gegeven aan het niet-gemarkeerde, dat wil zeggen het mannelijke geslacht.'

Een prachtige formulering! Omdat ze de vrouwelijke

---

* Een abdis stond aan het hoofd van het mannenklooster in Fontevrault.

woorden die al gewoon waren niet konden verbieden, namen ze althans alle mogelijke maatregelen om te zorgen dat er geen nieuwe werden gevormd! Waarom zou 'de voorkeur moeten worden gegeven aan de mannelijke vorm', behalve om het fallocentrisme van negenendertig heren en één dame (alleen Marguerite Yourcenar was in die tijd lid van de Académie) te bevredigen die, laat dat en passant gezegd zijn, geen linguïsten in hun midden hebben sinds Roger Caillois is overleden, en in ieder geval veel minder taalkundigen dan onze commissie! We vroegen er overigens niet om de voorkeur te geven aan de vrouwelijke woordvorm, wat belachelijk zou zijn, maar gewoon om die woordvorm voor vrouwen toe te passen, wat logisch zou zijn. Dan wordt beweerd dat de taal vanzelf verandert en dat het geen enkel nut heeft aanbevelingen te doen. Maar dat is volkomen onjuist, vooral in ons land. Al vanaf Vaugelas, en zelfs voor die tijd, is de Franse taal aan één stuk door gecodificeerd, gecorrigeerd en tot de orde geroepen! De Fransen hebben een heel bijzondere, heel hartstochtelijke band met hun taal. De geschiedenis van de taal is in 1539 begonnen met de beroemde *Ordonnance de Villers-Cotterêts*, waarin François I besluit dat het Frans het Latijn en alle andere dialecten van het Franse grondgebied in alle bestuurlijke en officiële teksten moet vervangen. Hij richt ons latere Collège de France op, waar, als tegenwicht tegen de invloed van de Kerk, die het Latijn gebruikte, les zal worden gegeven in het Frans. Soms vind je van die grappige toevalligheden: koning François I die zijn adelbrieven geeft aan het 'françois', zoals het Frans toen werd genoemd!

En vervolgens kwam in 1549 *La Défense et Illustration de la langue française* van Joachim du Bellay, en daarna begonnen er steeds meer grammatica's te komen. De taal werd een staatsaangelegenheid. Richelieu sticht de Académie française, waar onder gezag van Vaugelas een *Woordenboek* wordt gemaakt; daarna maakt Furetière, die het er niet mee eens is, een ander woordenboek, dat in strijd is met de starre regels van de Académie. Toen al! En dan verschijnt in 1660 de *Grammatica* van Port-Royal... Frankrijk bezwijkt onder de woordenboeken en de grammatica's. Wij zijn in de wereld het land waar de meeste edicten, directieven en handboeken voor algemeen beschaafd Frans zijn verschenen. Wij zijn ook het land dat zo veel respect voor zijn taal heeft dat het zich schuldig voelt als het er ook maar een kleinigheid aan verandert! Zelfs als we het verkeerd gebruiken, zijn we toch allemaal verzot op 'goed Frans'...

In haar boeiende boek *Le Français dans tous ses sens* vermeldt Henriette Walter dat het zelfs Coluche wel eens overkwam dat hij zich excuseerde dat hij 'geen goed Frans' gebruikte. Je kunt je moeilijk van Amerikanen, die zich zo veel vrijheden permitteren met hun taal, voorstellen dat ze zouden zeggen: 'Neem me niet kwalijk, dit is geen "goed" Amerikaans...'

Een ander onderwerp waarover buitenlanders zich verbazen, is ons respect voor onze spelling, die soms absurd is. We hebben tegenwoordig, waarschijnlijk als enigen ter wereld, onze kruisridders en martelaren van het dictee, onder leiding van Bernard Pivot. En wat te zeggen van de eindeloze beleefdheidsformules waar we niet vanaf durven te wijken omdat ze in de zeventiende eeuw zijn gecodificeerd! 'Veuillez agréer l'expression de ma considération distinguée' of 'de mes sentiments les meilleurs'... Hoeveel mensen, waar ik er één van ben, gebruiken niet nog steeds die verouderde formules, omdat ze de wet niet durven te overtreden, niet tegen het algemeen beschaafd Frans in durven te gaan...

Maar om woorden gewoon te laten worden, moet je eerst acceptabele woorden bedenken. Daarvoor kun je beter specialisten in iedere discipline en linguïsten vragen. Daar hebben alle terminologiecommissies voor gekozen. Maar, en daar zien we voor de zoveelste keer de vrouwenhaat die typerend voor ons land is weer opduiken, omdat het zogenaamd ging om vrouwentaal, is onze commissie, waar toch de president van Frankrijk zijn goedkeuring aan had gehecht en waar de minister-president achter stond, verwelkomd met een enorm lachsalvo. Hoongelach, spottende opmerkingen, schuine moppen, wat Simone de Beauvoir 'de Franse vunzigheid' noemde, barstten los, alsof het een daad van mannelijkheidsschennis is om aan de taal te komen!

'Wat krijgen we nou? "Des précieuses ridicules" zouden bij een kop thee over onze mooie Franse taal gaan kwekken?' schreef Bruno Frappat, de hoofdredacteur van *Le Monde*, spottend in zijn krant. 'De eerste vrouw die als staatsakela wordt gekozen, zal tijdens haar zevenjarige presidenteschap de beloftessen van haar programmama kunnen nakomen.' Hoogst vermakelijk, nietwaar?

Niemand liet zich onbetuigd, zelfs de man van het weerbericht in *Libération* niet:

'Dikke waanzin,' schreef Alain Gillot-Pétré. 'Benoîte Groult heeft dan misschien haar campagne om "écrivaine" te worden gewonnen. Maar ik vraag me af: wat is de mannelijke vorm van het woord 'mierenneuken'? En moet ik soms voortaan zeggen: het wordt mooi weer in de Alpessen en de Pyrenessen?'

Figaro Magazine begroette onze 'commissie van openbare futiliteit die het vocabulaire een rokje dacht aan te doen'.

'Laten we medelijden hebben met die arme Madame Groult met haar waanideeën,' schreef de historicus Georges Dumézil in een artikel in de *Nouvel Observateur*. 'Die dames die het op het vocabulaire gemunt hebben, hebben geen enkel begrip van de Indo-Europese talen. Willen ze ons verplichten "Madame Mitterrande" te zeggen of "Madame Fabia"?... Ze beweren dat "Madame le ministre" een taalfout is. Wat maakt dat uit, het is toch een gangbare uitdrukking?'

'Help, daar heb je de clitocratie!' was de kop boven het artikel van Jean Dutourd in zijn 'Billet' op de eerste pagina van *France-Soir*.

'De aarde zal wel hebben gebeefd van het lachen bij de recente verklaringen van Madame Rody. Madame Benoîte Groult, romanschrijfster wier linguïstische kwaliteiten niet in het oog springen, zal de opdracht krijgen alles te veranderen. Laten we "Madame la ministre", dat wanstaltig is, afvoeren. Maar laten we ons niet vergissen: het gaat om linguïstiek en grammatica. Hebben die dames dat wel in de gaten?' Getekend Ginette Guitard-Auviste in *Le Quotidien de Paris*.

(Ze stelde ons voor 'pastourelle' te gebruiken voor een vrouwelijke 'pasteur' (predikant, pastor)! Heeft die dame wel in de gaten dat 'pastourelle' de vrouwelijke vorm is van 'pastoureau'(herdersknaap)?)

In 'Sur le vif', de rubriek van Claude Sarraute: 'De meeste van die vrouwen die een mannencarrière tot een goed einde hebben gebracht, zijn het er niet mee eens. Bijvoorbeeld Simone Veil. In hun ogen betekent het vervrouwelijken van een functie dat je die functie in waarde doet dalen. Trouwens, welke vormen moet je dan voorstellen? Is het wel nodig? Is er niets dringenders te doen?' (*Le Monde*, 21 april 1984).

'Er zijn urgentere taken in deze tijden van werkloosheid en vergrijzing,' deed *Le Figaro* er nog een schepje bovenop.

En voor Jacques Garai, hoofdredacteur van *Marie-Claire*: 'Om linguïstische en psychologische redenen is er sprake van een onjuiste strijd. Het feminisme heeft wel serieuzere onderwerpen om zich mee bezig te houden' (1987).

Een krant in Marseille gaf in het kort de algemene opinie weer door te verklaren: 'Deze onderneming, die wordt opgezet in blinde taalwoede, zal althans de belangrijke verdienste hebben dat ze aan belachelijkheid ten onder gaat.' En ik kan het niet laten tot besluit nog de mening van de christelijke filosoof Jean Guitton in *Le Figaro* te vermelden, die het bekende deuntje laat horen dat al zo vaak is gezongen: 'Iedereen weet dat de vrouw meer macht heeft dan de man indien ze op de achtergrond blijft. Ze geeft beter leiding indien ze niet de boventoon voert.'

Toen ik zag hoe al die salvo's op ons werden afgevuurd, begreep ik waarom Yvette Roudy mij als voorzitster van die commissie had gevraagd. Ik was in die tijd zeer gezien in de media; *Ainsi soit-elle* lag nog vers in het geheugen, en zij dacht dat ik gemakkelijk een publiek zou vinden om onze tegenstanders van repliek te dienen. In ieder geval gemakkelijker dan een of andere, zelfs vooraanstaande, linguïste, die les gaf aan een universiteit in de provincie. Omdat ik overtuigd was van de noodzaak iets te doen, heb ik erin toegestemd aan boord van deze galei te gaan. Want een galei was het. Maar ik was opgetogen, want dit avontuur zou bevestigen dat misogyn gedrag nog steeds bestond, ook al werd het op een subtielere manier geuit, wat alle wrok rechtvaardigde die ik koesterde jegens mannen in het algemeen en mannen met macht in het bijzonder... Maar dat zijn dezelfden, laten we ons geen illusies maken. Alleen verkeren ze wel of niet in de gelegenheid om ons te benadelen. Die mannen met macht die nooit, NOOIT van ganser harte de opmars van vrouwen hebben geaccepteerd. Ieder recht hebben we moeten bevechten.

De uitbarsting van platte, imbeciele vrouwenhaat die u beschrijft, toont wel aan dat we in een strijd verwikkeld zijn die een grote symbolische betekenis heeft. Wat ik graag zou willen begrijpen, is waarom zo veel vrouwen, te beginnen met mezelf, het belang van die symboliek niet hebben opgemerkt, waarom sommige vrouwen zich zelfs aan de kant van de lachers hebben geschaard, kortom, waarom vrouwen voor de zoveelste keer alles op zijn beloop laten.

Dat is de grote vraag... Die werd vroeger al gesteld. De vrouwen die vandaag luid protesteren tegen de vervrouwelijking zijn de waardige dochters van de vrouwen die zich vroeger tegen hun eigen stemrecht verzetten! Van mannen is het te begrijpen, die willen zich de kaas niet van het brood laten eten; maar dat vrouwen zo ver gaan, dat is bedroevend.

Denkt u dat dat is om met mannen mee te praten, dat het de zoveelste instemming is met wat mannen willen, of erger nog, een gebaar van agressie tegenover andere vrouwen?

Nee, ik denk gewoon dat vrouwen de voorrang geven aan hun relatie met mannen. Franse vrouwen geven altijd voorrang aan de man! Met als gevolg dat we hier geen oorlog tussen de seksen* kennen, zoals je die bijvoorbeeld in Amerika

---

* *De oorlog tegen vrouwen*, van Marilyn French, Meulenhoff, 1992.

vindt. De relaties tussen man en vrouw blijven beschaafd, gekenmerkt door wat nog over is van de 'Franse hoffelijkheid', maar dat gaat ten koste van onze strijdbaarheid. Maar toch geloof ik in de dynamiek van de taal, en ik ben ervan overtuigd dat over tien jaar vrouwen die zich nog steeds 'Madame le' noemen, belachelijk zullen worden gevonden.

Denkt u werkelijk dat er reden is om zo optimistisch te zijn?

Ik zie het al steeds meer gebeuren. In de krant lees je steeds vaker 'la juge'. In ieder geval wanneer het om een kinderrechter gaat, zegt men 'la juge'. En je ziet langzamerhand langs welke weg de vrouwelijke benamingen hun intrede doen. Via omwegen en langs wegen die niet altijd fatsoenlijk zijn; wanneer het om presidentes gaat, bijvoorbeeld... Als het... gekleurde vrouwen zijn, die een functie hebben in een ver land en niet al te zeker zijn van hun macht, noemen de journalisten haar 'Madame la présidente'. Kijk maar naar Cory Aquino, die in de kranten altijd met de vrouwelijke woordvorm werd aangeduid. Hetzelfde geldt voor Violeta Chamorro in Nicaragua of voor Benazir Bhutto in Pakistan. Maar zodra het om een Europese gaat, ho maar! Mary Robinson in Ierland of mevrouw Fingbodadottir in IJsland hebben geen recht op de vrouwelijke vorm. Wat wel bewijst dat seksisme een vorm van racisme is, en dat als de vrouwen die succes hebben aan het andere eind van de wereld zitten, het ego van de Franse man daar geen last van heeft en men de taal zijn gang laat gaan.

Maar als de Franse vrouwen zouden besluiten te weigeren om 'Madame le ministre' genoemd te worden, zouden ze de zaak winnen. Dan gaat het toch echt om hun eigen passiviteit, het feit dat ze zich zelf afzijdig houden?

Sommigen hebben dat inderdaad voor elkaar gekregen. Bijvoorbeeld Yvette Roudy, minister-president en ook nog gedeputeerde en burgemeester van Lisieux... Maar met de

Rechten van de Vrouw begaf ze zich niet op het terrein van de mannen. Dat werd getolereerd. Ségolène Royal, de minister van Milieuzaken, was ook geen 'echte' minister, en Frédérique Bredin op Jeugdzaken en Sport evenmin... Ze hadden niet helemaal het nodige gezag om een doorbraak te forceren. Bovendien waren twee van deze vrouwen zwanger, wat niet wegnam dat op de radio serieus over Ségolène Royal werd gezegd: 'Le ministre vient d'entrer en maternité' (De minister is zojuist opgenomen in de kraamkliniek)! Ik kende haar niet, maar ik heb haar daarover een brief geschreven. Ik heb al die vrouwen geschreven, Panafieu, Ockrent, enzovoort, en hun onze verordening uit het staatsblad toegestuurd, waarin de vrouwelijke vorm wordt voorgeschreven. Ik heb nooit antwoord gekregen en ik zal in hun ogen wel een enorme 'emmerdeuse' (zeikster) annex 'emmerderesse' zijn... Zo krijg ik dan twee vrouwelijke functienamen, die geloof ik door Valéry zijn bedacht.

Ségolène Royal is de enige die me heeft teruggeschreven, op haar papier met het briefhoofd: 'la ministre' van Milieuzaken. Niemand van haar collega's kon kennelijk lezen! Als een vrouw met veel prestige als Simone Veil ervoor had gekozen aangeduid te worden als 'la présidente du Parlement européen', zou dat een beslissende schok teweeg hebben gebracht.

Wat vond Simone Veil ervan?

Ik was haar gaan opzoeken om haar steun te krijgen, waarvan ik verzekerd dacht te zijn. Dat was naïef. Zij nam niet het risico voor de vrouw van de president te worden aangezien!* Maar ze stuurde me met een kluitje in het riet. 'Dat is van geen enkel belang en daar ga ik geen strijd over voeren. En u staat erop "écrivaine" genoemd te worden, maar dat is lelijk, het is een afschuwelijk woord.' Ik heb haar geantwoord dat

---

* 'La présidente' betekent in het Frans zowel 'de presidente' als 'de vrouw van de president'. (noot van vert.)

schoonheid of vermeende lelijkheid van een woord nooit een criterium is geweest. Je moet 'écrivaine' zeggen zoals je 'souveraine' (vorstin) of 'contemporaine' (tijdgenote) zegt, waarvan je je ook niet afvraagt of het mooi of lelijk is. Als je het zo bekijkt, zou 'institutrice' (onderwijzeres) ook zijn afgewezen! Dat is moeilijk uit te spreken, vooral voor kinderen. Nou en? Waar het om gaat, is dat het in taalkundig opzicht correct is.

Was ze niet overtuigd?

Absoluut niet. En we hebben nog een andere kans gemist met Édith Cresson. Zij was toch al impopulair! Als zij de moed had gehad zich 'la Première ministre' (minister-presidente) te laten noemen, hadden de journalisten wel moeten meegaan en dan had het er heel anders uitgezien. Het was overigens niet een kwestie van moed, Édith Cresson was moedig genoeg; het was eerder zo dat ze niets te maken wilde hebben met het feminisme. Ze streed al op zo veel fronten...

Na die gemiste kansen is men weer overgegaan op de goeie ouwe methode van de spot. Tijdens de werkzaamheden van onze commissie wijdde Bernard Pivot een uitzending aan de 'vervrouwelijking'. Hij had behalve mij Thérèse Moreau uitgenodigd, die Zwitserse die zojuist een woordenboek van vrouwelijke en mannelijke beroepen had geschreven ten behoeve van de Zwitserse overheid; zij had een belangrijke beslissing genomen: 'de aanwezigheid van vrouwen in alle officiële teksten duidelijk maken'. We zouden als deskundigen met elkaar kunnen discussiëren. Moest je wel of niet een e achter 'proviseur' (rector), 'docteur' of 'ingénieur' zetten? Moest je kiezen voor 'la cheffe' zoals in Zwitserland, of voor 'la chef', zoals wij voor Frankrijk aanbevelen? Ik was van plan erop te wijzen dat de normale vrouwelijke vorm van 'chef' 'chève' zou zijn, naar het voorbeeld van 'bref-brève'. Dat was ondenkbaar! Het is waar dat de vrouwelijke vorm in sommige gevallen tot rare situaties kan leiden, en het is boeiend om de beste oplossing te zoeken. Nou, wie denk je dat Pivot had uitgekozen om met ons over linguïstiek te praten? De humorist Guy Bedos!! We kenden elkaar oppervlakkig, maar hij waarschuwde me vriendelijk: 'Het zal me veel moeite kosten niet de spot met u te drijven...' Daar was hij inderdaad voor uitgenodigd! Dus hij maakte een paar opmerkingen van het type: 'Gaat u soms "enseignette de vaisselle" voorstellen nu er vrouwen bij de marine zijn?' (enseigne de vaisseau = luitenant ter zee; vaiselle = vaatwerk, afwas) 'En "majordame" natuurlijk?' (majordome = hofmaarschalk) Wat kun je daarop antwoorden? Je lacht maar wat en het echte debat is verknald. Bovendien werd, om ons de genadeslag te geven, een band gedraaid waarop Michèle Gendreau-Massaloux verklaarde: 'Ik ben rector magnificus en zo wil ik ook genoemd worden. Terwijl er in Frankrijk twee miljoen werklozen zijn, te gaan discussiëren om erachter te komen of je "rector" of "rectrix" moet zeggen, vind ik misplaatst.' En toen was de zaak beklonken. Maar wat doet 'Madame le recteur' meer voor de werklozen dan ik?

Natuurlijk, en het is net zo dom als wanneer je, zoals sommige mensen doen, zegt: 'Tegenover een kind dat doodgaat, heeft literatuur geen zin, is literatuur waardeloos.' Dat heeft er niets mee te maken en is alleen maar een manier om de aandacht af te leiden.

Oké, maar het is heel vervelend om te antwoorden dat de werklozen jouw probleem niet zijn! Toevallig houd ik me in mijn beroep bezig met woorden en niet met de werkloosheid. Intussen is het debat in de doofpot gestopt. Ik begon er zelf genoeg van te krijgen om voor 'écrivain-femme' uitgemaakt te worden. Dat deed me denken aan 'auteur-handicapé'! Waarom was ik 'une' romanschrijfster, maar 'un' auteur? En hoe moet je die dubbele standaard verdedigen tegenover een kind van acht dat de elementaire grammatica leert? Of tegenover een Duitse studente die een proefschrift schrijft over taalgebruik en die me vraagt hoe het valt te verklaren dat je zegt 'une directrice' van een kleuterschool maar

'Madame le directeur' van een groot bedrijf? Ik schaam me voor de Franse vrouwen dat ik moet antwoorden dat de vrouwen in Frankrijk deze dwaze situatie accepteren.

Hoe hebt u al die sarcastische opmerkingen verdragen? Wat dacht u toen serieuze mensen probeerden u belachelijk te maken, toen een eminent historicus het zelfs had over 'die arme Madame Groult met haar waanideeën'?

Ik vind dat juist de mannen, of ze nu eminent zijn of niet, het slachtoffer zijn van hun waanideeën, waaronder de superioriteit van de fallus! En wat me geruststelt, is de opinie van ALLE eminente grammatici van deze eeuw, die al jaren beweren dat de zaak is geblokkeerd, niet op het niveau van het vocabulaire, maar op dat van de mentaliteit.
— Fernand Brunot betreurde in 1922 al 'het afschuwelijke "Madame le" dat veel van onze teksten bederft'.
— Albert Dauzat: 'Wanneer de vrouwen ervan overtuigd zullen zijn dat de vrouwelijke vorm geen achteruitgang is, integendeel, zal het terrein zijn verlost van een zware hypotheek... De vrouw die voor de naam van haar beroep de voorkeur geeft aan de mannelijke vorm boven de vrouwelijke, verraadt daarmee juist een minderwaardigheidscomplex dat niet voor zijn legitieme eisen durft uit te komen. Je sekse verbergen achter het tegengestelde geslacht, is je sekse verraden. "Madame le directeur", "Madame le docteur" zeggen, is de man, waarvan het mannelijke geslacht de grammaticale uiting is, superieur verklaren' (*Guide du bon usage*, 1955).
— Damourette en Pichon, de auteurs van *Des mots à la pensée* uit 1920, schreven: 'Het gemak waarmee in het Frans aparte vrouwelijke woordvormen kunnen worden gemaakt, zou de vrouwen die beroepen krijgen die tot dan toe mannelijk waren, ervan af moeten houden hun verdienstelijke streven belachelijk te maken met weerzinwekkende en groteske mannelijke benamingen, die inbreuk maken op de geest van de taal...
— En Robert Le Bidois ten slotte, een autoriteit op het gebied

van taalgebruik, hechtte zijn goedkeuring aan de 'vervrouwelijking' en opteerde voor de vrouwelijke vorm op 'eure', zoals in Québec ('proviseure', 'docteure', 'ingénieure'), om de gebruikers ertoe aan te zetten het vrouwelijke woord te gebruiken.

—Hetzelfde geldt voor de Belgische grammaticus Joseph Hanse, die deel uitmaakte van onze commissie, waarin niet alleen vrouwen zitting hadden, zoals men de mensen wijs wilde maken; of voor Maurice Chaplan, die onder de naam Aristide in *Le Figaro* schreef, en een van zijn rubrieken besloot met: 'Vive la ministre, la députée, la préfète, l'ingénieure, la professeure...'

Maar hoe komt het dan dat er ondanks de druk van die 'eminente' specialisten niets verandert?

Dat is al gezegd: vrouwen zijn gedwee. Maar het negeren van de vrouwelijke vorm maakt ook deel uit van een algemene, min of meer bewuste strategie. Het is zo'n beetje een laatste poging om die vloedgolf tegen te houden die de toetreding van vrouwen tot de macht is, tot alle vormen van macht. En de taalkundige orde dient de macht door de dominerende denkwijze, die van de man, weer te geven. Overigens hebben kinderen, die nog niet in stereotypen denken, een natuurlijke neiging om woorden te vervrouwelijken, dat blijkt uit ons onderzoek. Ze zeggen spontaan 'la flic' (agente), 'la prof', 'la chef', 'la juge'. Op het platteland, waar men niet weet wat de Académie heeft gezegd, zeggen ze 'la factrice' (postbode) en ook 'la doctoresse'. Mijn kleindochter Violette, die toen vijf jaar was, zei tegen me: 'Later word ik "écrivaine"!' En toen had ik nog geen propaganda gevoerd! En vervolgens, naarmate je groter wordt, laat je je steeds meer op je vingers tikken. '"Sculptrice" is geen Frans! "Écrivaine" bestaat niet!' En dan gaan kinderen ook aan die dwaasheid meedoen.

Hoe is dat volgens u allemaal gekomen? Is dat te wijten aan het feit dat wanneer een beroep door te veel vrouwen wordt uitgeoefend, mannen zo'n beroep minder hoog aanslaan? Dus zouden vrouwen gaan denken dat 'présidente' zijn niet helemaal hetzelfde is als 'président' zijn. Dat als ze erin slagen 'beslag te leggen op' de mannelijke vorm, de mannen niet zullen durven zeggen dat vrouwen hetzelfde doen als zij, maar dan 'een treetje lager'.

Het is duidelijk: hoe hoger je op de maatschappelijke ladder komt, hoe minder vrouwelijke benamingen er voorkomen. In de beroepen onder aan de ladder is het geen probleem: je bent 'boulangère' (bakkersvrouw), 'standardiste' (telefoniste), 'opératrice' (iemand die een toestel bedient), 'informaticienne' (informaticaspecialiste)... Als je in rang stijgt, duiken er plotseling allerlei zogenaamd taalkundige of filosofische redenen op om de vrouwelijke vorm niet te gebruiken. Je bent 'la secrétaire' (secretaresse) van een baas, maar in de regering word je 'Madame le secrétaire d'Etat' (staatssecretaris). Je bent 'la doyenne' (de nestor) als je honderd jaar bent, maar aan de universiteit ben je 'Madame le doyen' (decaan). Je zou de titel 'Président du conseil général' (Voorzitter van de departementale raad) hebben, als je toevallig die streng bewaakte post had bereikt.

Kortom, de acceptatie van de vrouwelijke vorm is omgekeerd evenredig aan het prestige van het beroep. Dat is een detail dat ons zou moeten waarschuwen, telkens als men ons gebiedt 'niet aan het subtiele evenwicht van de Franse taal te komen' (dixit de Académie). Wat is er voor subtiels aan om 'Madame le Docteur' te zeggen? Het motief lijkt me zo helder als glas! Evenals de ongeschreven wet die 'conseillère conjugale' (huwelijksadviseuse) toelaat, maar niets moet hebben van 'conseillère municipale' (gemeenteraadslid). Jezelf 'conservatrice' van een museum noemen, toch een duidelijk woord, is nog steeds een daad van ongehoorzaamheid. Maar dan zouden die vrouwen ook consequent moeten zijn en zich 'Monsieur' moeten laten noemen!

U interpreteert dat in feite als een angstreflex?

Angstvalligheid bij vrouwen, maar echte angst bij mannen, denk ik, ten opzichte van de rivalen die doordringen tot de bastions die zij voor zichzelf hadden gereserveerd. Het ongewone in de taal benadrukt het ongewone in de maatschappij. De taal schept de identiteit van de mannen of vrouwen die deze taal spreken, of dat nu een nationale, culturele of seksuele identiteit is.

Toch is het zo dat als vrouwen geen dwang uitoefenen, ze verdwijnen. En er wordt geprobeerd ze achter woorden te laten verdwijnen. Zoiets overkwam mij een keer. Een man beledigde mij op de televisie waar ik niet bij was. En de presentator liet hem zijn gang gaan. Mijn krant protesteerde tegen dat gedrag en de presentator faxte mij de excuses die hij van plan was bij de volgende uitzending uit te spreken. Die luidden als volgt: 'We bieden onze "confrère" Josyane Savigneau onze excuses aan voor...' Ik heb hem onmiddellijk opgebeld om hem erop te wijzen dat de vrouwelijke vorm van 'confrère' 'consoeur' was. Hij scheen niet te begrijpen waar ik het over had. Erger nog, het scheelde niet veel of hij had de indruk dat ik vervelend probeerde te doen met die opmerking!

Hij had terug kunnen zeggen dat het woord 'consoeur' in geen enkel woordenboek voorkomt. Het staat er nog maar heel kort in. En het woord 'sororité' (zusterschap) heeft pas vorig jaar zijn intrede gedaan. Toch is dat de tegenhanger van 'fraternité' (broederschap), dat in het woordenboek staat als 'een gevoel dat de mannelijke identiteit versterkt'. Maar niemand schijnt zich druk te maken over de vrouwelijke identiteit. Integendeel, alles wat de zelfverzekerdheid van vrouwen saboteert, is goed. Dat is niet beredeneerd, het is een soort instinct tot zelfbehoud van mannen, om het hele terrein bezet te houden. En het ergste is dat die manoeuvre is geslaagd: hoe minder vrouwen zich doen gelden, des te meer verliest de vrouwelijke vorm aan waarde. En hoe meer die aan waarde verliest, des te minder men zin heeft om deze vorm te gebruiken. En toch is het niet zomaar een gril om je op je gemak te willen voelen in de taal, het is een behoefte, een middel van maatschappelijke integratie.

Maar hoe verklaart u dan dat zo veel vrouwen het probleem niet zien?

Dat komt omdat in Frankrijk de vrouwen vreselijk aardig zijn! Die lafheid, die een gevolg is van de behoefte om in de smaak te vallen, van het spel der verleiding waarover we het hebben, maakt deel uit van die veelbesproken Franse eigenaardigheid. We hebben geen 'grijze panters' zoals in de Verenigde Staten, geen koppige vrouwen zoals in Engeland, en geen dwaze vrouwen zoals in Italië...
En dat speelt op ieder gebied, vooral in de politiek: kijk maar naar onze suffragettes uit het begin van deze eeuw, die elegant en goedopgevoed waren en nooit hun stem verhieven... Edmée de La Rochefoucauld, die in 1925 in de Senaat, die al zes jaar de wet vóór vrouwenkiesrecht tegenhield, verklaarde: 'We willen in geen enkel geval de uiterste beleefdheid uit het oog verliezen en we wensen bij onze daden de perfecte gematigdheid te bewaren die voor onze sekse gepast is.' Een gematigdheid die de andere sekse in ieder geval bijzonder goed uitkwam...
En kijk dan eens naar de Engelse suffragettes, die fel en dapper zijn en vastbesloten met alle middelen, met inbegrip van een hongerstaking, te vechten tot de overwinning is bereikt! In 1908 waren het er veertigduizend in de straten van Londen! Met als gevolg dat ze dertig jaar eerder dan de Françaises stemrecht kregen.

Denkt u dat het gebrek aan solidariteit, dat bij vrouwen zoveel voorkomt, die starheid kan verklaren?

Ik denk dat het eerder moedeloosheid is. Ze hebben zo veel moeite moeten doen om te komen waar ze nu zijn dat ze het opgeven nu ze opnieuw een gevecht moeten leveren. Michelle Coquillat, die mijn handlangster was in de commissie en de vroegere adjunct van Yvette Roudy bij de Rechten van de Vrouw, is nu inspectrice bij het ministerie van Arbeid. Nou, het heeft haar twee jaar gekost om gedaan te krijgen dat ze niet meer 'Madame l'Inspecteur' zeiden.

Werd ze uitgelachen?

Ze zeiden: 'Ha! Daar heb je onze keiharde feministe! Onze inspecteur van de MLF!' Je lacht drie keer, tien keer, en dan zeg je op een dag: 'Verdomme!' en dan hebben ze een hekel aan je; of je geeft het op, je blijft 'Madame le' en glimlacht weer ... en laat je weer versieren, wat gelukkig niet altijd betekent dat je je laat tergen...

Ja, dat is intimidatie. Daar worden we als vrouw allemaal mee geconfronteerd en in de loop der jaren wordt het steeds erger. Vooral omdat veel vrouwen samen met mannen de spot met je drijven en je je dan geïsoleerd voelt. Maar ik vraag me af wat de werkelijke redenen zijn voor dat gedrag.

Daar zijn geen steekhoudende redenen voor. Je hebt bijvoorbeeld vrouwen die bang zijn dat men denkt dat ze slechts de echtgenote zijn. De vakbond voor apothekeressen bijvoorbeeld schreef ons dat ze er belang aan hechtten 'Madame le pharmacien' genoemd te worden, opdat hun klanten wisten dat ze echt gediplomeerd waren. Alsof niet-gediplomeerde echtgenoten gewend zijn hun man in de apotheek te komen helpen! Gisèle Halimi was één van de weinigen die zich 'ambassadrice' en 'députée' noemden.

En verder zijn er natuurlijk de argumenten met een schuine connotatie: 'pompière'* zou niet wenselijk zijn vanwege de seksuele toespeling... Maar 'pompier' heeft juist een schuine connotatie! Om onze keuze voor 'entraîneuse sportive' (trainster) werd ook gegrinnikt: 'entraîneuses' (ani-

* pomper: (o.a.) pijpen; le pompier: (o.a.) fellatie. (noot van vert.)

meermeisjes) heb je alleen in bars! Hetzelfde geldt voor 'coureuse' (ook: slet), alsof 'coureur' (ook: rokkenjager) niet dezelfde dubbele betekenis heeft! Maar bij de laatste Tour de France voor vrouwen werd 'coureuse cycliste' overgenomen. De journalisten hadden er waarschijnlijk genoeg van om 'les femmes coureurs' te zeggen!

Maar de mooiste argumentatie heeft onze Académie française gevonden: die deelde onze terminologiecommissie in de kolommen van *Le Monde* mee dat 'de tegenstelling tussen vrouwelijk en mannelijk van de vroegere grammatica onjuist was en dat het aan te bevelen was om in plaats daarvan de termen "gemarkeerd" en "niet-gemarkeerd" te gebruiken, waarbij het niet-gemarkeerde het mannelijke weergaf, dat wil zeggen: een neutrum dat in staat was beide woordgeslachten te vertegenwoordigen'.

Geweldig, nietwaar? Dat was weer dezelfde streek als met het *algemeen* stemrecht! De mannelijke vorm zou een algemene betekenis hebben! Het is ook niet zo verbazend, want dezelfde Académie heeft drie eeuwen lang ook gedacht dat ze de beide seksen kon vertegenwoordigen!

En wat is nu uw houding tegenover dit verzet, vanuit praktisch oogpunt, als ik het zo mag zeggen? Wat denkt u dat we moeten doen? Want na een periode waarin vrouwen hebben geprobeerd zich te organiseren, de ongelooflijke onverschilligheid en het gebrek aan onderlinge solidariteit te doorbreken, zijn ze op het ogenblik weer verdeeld en wordt er niet meer gezamenlijk nagedacht – behalve op een starre manier, zoals in de Verenigde Staten, wat althans in mijn ogen niet erg benijdenswaardig is. Wat zouden vrouwen kunnen doen om weer genoeg verbondenheid te bereiken om op zijn minst te beslissen dat die strijd voor de vrouwelijke beroepsnamen hun eigen strijd hoort te zijn?

Gezamenlijk weet ik het niet. Maar ik geloof in de overredingskracht die een boek bijvoorbeeld kan hebben. Door middel van boeken zijn er uiteindelijk dingen veranderd, meer dan door een wetsontwerp. Ik denk dat onze methode zo overtuigend, zo duidelijk is! Over een paar jaar zijn vrouwen die zich nog steeds 'femme sculpteur' of 'écrivain femme' noemen, belachelijk.

U bent wel optimistisch! Maar lukt het uzelf altijd om u 'écrivaine' te noemen? Houdt u onder alle omstandigheden voet bij stuk?

Met moeite, soms. Als ik geen problemen met ambtenaren wil, ga ik door de knieën... Wanneer ik bijvoorbeeld mijn belastingaangifte invul, aarzel ik bij het vakje beroep. Ik houd me in. Maar ik geloof in de overreding in woord en geschrift. Wanneer aan het einde van een colloquium over dit onderwerp twee of drie toehoorsters me komen vertellen: 'U hebt me overtuigd, ik zal me voortaan "chirurgienne" of "experte-comptable" (accountante) noemen', heb ik de – naïeve – indruk dat ik wat ben opgeschoten. Dat geeft me een warm gevoel. Maar een stuk of tien per jaar is niet veel.

Wat mij in verlegenheid brengt, dat moet ik wel bekennen, is mijn eigen gedrag. Zoals ik u zei, ben ik ervan overtuigd dat wat niet benoemd kan worden, niet bestaat. Nu ik zo met u zit te praten weet ik voortaan zeker dat die strijd belangrijk is, dat de symbolische betekenis ervan enorm is, en toch ben ik er tot nu toe nooit in geslaagd voor deze inzet in het geweer te komen. Anderzijds heb ik, toen ik een andere functie kreeg bij Le Monde, zonder een moment te twijfelen 'rédactrice en chef adjointe' op mijn visitekaartje laten zetten, en niet 'rédacteur'. Hoe verklaart u dat?

Dat moet jij mij verklaren! Maar in dat geval sta je dichter bij vrouwen als Simone de Beauvoir of Simone Veil, die deze strijd van ondergeschikt belang achtten. Maar dat was tien of twintig jaar terug. Ik heb het gevoel dat we zijn vooruitgegaan, dat beter wordt begrepen waar het om draait. Jouw... excuus is dat je al veel energie besteedt om te overleven in een milieu van mannen, waar je in de minderheid bent.

Dat is waar. Ik heb het gevoel dat het al zo uitputtend is om voortdurend je territorium te moeten afbakenen, te moeten bewijzen dat je niet onrechtmatig op deze plaats zit... Maar dat is niet voldoende om mijn afzijdige houding te verklaren.

Toch zullen vrouwen, zolang ze zich nog niet op hun gemak voelen met het vocabulaire, geen algehele vrijheid bereiken.

Maar in hoeverre heeft deze terminologiecommissie dan iets veranderd? In hoeverre heeft die vrouwen geholpen? Waar heeft die ten slotte toe geleid?

Die heeft geleid tot een besluit dat in maart 1986 in het Staatsblad is verschenen en dat is goedgekeurd door het Hoge Commissariaat voor de Franse taal, door minister-president Laurent Fabius en Yvette Roudy.* Daarin staat dat de vrouwelijke vorm met recht bestaat en in alle gevallen aangeduid moet worden door middel van een vrouwelijk lidwoord of door middel van een woord of zinsdeel met een bepalende functie. Exit 'Madame le'. En er worden een of twee vormen voorgesteld voor de paar woorden die problemen kunnen opleveren... ('Doctrice' bijvoorbeeld is, hoewel correct, niet opgenomen, omdat het geen enkele kans zou hebben algemeen erkend te worden.) Jammer genoeg werd Fabius eind maart 1986 opgevolgd door Chirac, en het ministerie voor de Rechten van de Vrouw verdween voor lange tijd. Over de zaak die sinds twee jaar zo veel inkt had doen vloeien en zo weinig opbouwende discussies in de pers had opgeleverd, werd niet meer gesproken, tot grote opluchting van de meeste erbij betrokken functionarissen (het ministerie voor Nationale Educatie bijvoorbeeld, het ministerie van Defensie...) en, wat het ergst is, tot opluchting van de meeste vrouwen.

U had toch wel bondgenoten bij dit project?

* De volledige tekst staat in de bijlage op pagina 291.

Ja, maar niet die vrouwen van wie we dat met recht konden verwachten. Niet alle feministen, en heel weinig vrouwen uit de politiek. Ik heb deelgenomen aan venijnige discussies voor de radio en op bijeenkomsten, met name tegenover Antoinette Fouque, die weigerde zich 'éditrice' of 'écrivaine' te noemen. Ze wees ook de benaming feministe af. Élisabeth Badinter, die zo belangrijk is voor de vrouwenbeweging, kiest hierin nooit partij. Martine Aubry wilde op de vraag 'Bent u voor of tegen de vervrouwelijking van beroepsnamen?' doodgewoon 'geen antwoord geven'. En op de een of andere manier begrijp ik die houding wel, ook al betreur ik die. Ik geloof dat er voor Martine Aubry een uitzonderlijke carrière in het verschiet ligt, en het is helaas vanzelfsprekend dat ze in het politieke milieu voor minder serieus en zelfs minder competent zou doorgaan als ze zich eraan gelegen liet liggen 'la députée' of 'la ministre' genoemd te worden. Zelfs wanneer ze andere problemen zou aansnijden, werk of uitsluiting, zou ze minder geloofwaardig lijken. Ik zou zelfs willen zeggen dat als ze toe zou geven dat ze feministe was, het ondanks al haar deskundigheid gedaan zou zijn met haar carrière.

Het is vreselijk, maar men heeft het voor elkaar gekregen het feminisme niet voor een opinie te laten doorgaan, maar voor een gebrek, dat de hele persoon aantast. Daar raken we de kern van de vraag die je mij stelde naar de ware reden voor het gedrag van zo veel vrouwen: ze zijn bang dat als ze voor feministe door zouden gaan, men het vertrouwen in hen zou verliezen, wat vaak fnuikend is. En de vervrouwelijking van de beroepsnamen, die zo noodzakelijk is voor de helderheid van de taal, wordt in die belachelijke commotie van tafel geveegd. En toch wachten heel wat journalisten slechts op een teken om zich in dat gat te storten: zij bepalen het spraakgebruik, en het zou in hun... redactionele belang zijn, want het is niet prettig om je in bochten te wringen om die vervloekte vrouwelijke vorm te omzeilen!

Er moet op een dag, op een post die aanzien geniet, een moedige vrouw komen, die er de aandacht op vestigt dat het lidwoord 'le' de mannelijke vorm aanduidt, en het lidwoord 'la' de vrouwelijke. Uiterst simpel, mijn beste Mrs. Watson! Dan zou de vooringenomenheid in één klap verdwijnen...

Helaas hebben we tot nu toe geen geluk gehad: de vrouwen die de vrouwelijke termen gebruikten, waren niet bekend genoeg, en de vrouwen die bekend waren, wilden niet!

Hoe verklaart u dat uw wet uiteindelijk niet operationeel is?

Welke wet? Het is niet meer dan een 'bepaling' in het Staatsblad. Die is in de feestvreugde vergeten door de nieuwe regering, die niet zat te wachten op een ruzie over taalgebruik. We weten hoe hartstochtelijk de Fransen reageren. Kijk maar naar de spellingshervorming! De betreffende ministeries (Jongeren en Sport, Nationale Educatie, enzovoort) hadden de instructies aan alle overheidsapparaten, aan de ambtenaren moeten doorgeven, ze hadden moeten zorgen voor een follow-up van ons werk, zoals dat bijvoorbeeld in de Verenigde Staten is gebeurd. Ik heb het niet over Québec, waar de Franse taal een kwestie van overleven is tegenover de Angelsaksische wereld waardoor het wordt omringd. In Québec is de taal heel levend, heeft ze zich kunnen ontwikkelen. Daar zeggen ze allang 'la docteure', 'la professeure' en 'la ministre'. Louise Beaudouin, die lange tijd algemeen vertegenwoordigster van Québec in Frankrijk is geweest (zo'n beetje het equivalent van een ambassadrice), was geschokt toen ze bij haar aankomst in Parijs zag dat ze door het ministerie van Buitenlandse Zaken werd aangeduid als 'Madame le délégué'. Toch was ze de eerste die gedaan kreeg dat Laurent Fabius, toen hij haar met het Legioen van Eer onderscheidde, tegen haar zei: 'Ik benoem u tot "Chevalière"...'

Ik heb dat van François Mitterrand niet gedaan gekregen! Toch is 'Chevalier' voor een vrouw belachelijk!

De Frans-Canadezen hebben er ook voor gekozen 'droits de l'Homme' te vervangen door 'droits de la Personne' of 'droits humains', naar het voorbeeld van het Amerikaanse *human rights* dat Eleanor Roosevelt eertijds instelde. In

Frankrijk klampt men zich vast aan die dubbelzinnige uitdrukking 'droits de l'Homme', die afkomstig is uit de Franse Revolutie, die nu juist vrouwen het staatsburgerschap onthield! Het heeft allemaal met elkaar te maken!

Hoe ziet u de toekomst? Is dit een definitieve teruggang? Is het een teruggang die duidt op een nog verdere teruggang? Staan vrouwen in Frankrijk op het punt het bijltje erbij neer te gooien?

Ze staan niet op het punt, het is in volle gang! Waar zie je nog vrouwen die voor vrouwen durven op te komen? Maar ik geloof dat het tij begint te keren. In ieder geval kunnen de Franse vrouwen over de 'vervrouwelijking', evenals over de pariteit in de politiek, niet langer blijven zwijgen, willen ze niet voor achterlijk doorgaan. We komen in Europa al achteraan wat onze vertegenwoordiging in het parlement betreft, en we zijn het meest geremd ten opzichte van onze vertegenwoordiging in de taal. Want Frankrijk wordt voortaan omgeven door Franstalige landen die deze stap hebben gezet. In februari 1990 publiceerde de Raad van Europa een circulaire over 'Het elimineren van seksisme in de taal', waarin alle lidstaten werd aangeraden 'het vocabulaire aan te passen aan de autonomie van beide seksen, waarbij het basisprincipe moet zijn dat de activiteiten van beide seksen op dezelfde wijze zichtbaar zijn'.

Dat was geen feministisch polemisch geschrift, je kunt de Raad van Europa er niet van verdenken een broeinest van relschopsters te zijn... Toch bleven de Fransen zich verzetten tegen iedere ontwikkeling. In de pers werd geen aandacht besteed aan deze circulaire, waarin voor de zoveelste keer werd gewezen op 'de interactie tussen woord en gedrag', en werd opgemerkt dat 'het gebruik van het mannelijk geslacht om personen van beide seksen aan te duiden tot soms storende onzekerheden leidt'.

Natuurlijk, een taal moet een maximum aan informatie kunnen leveren in een minimum aan woorden.

Dat pleit voor 'sculptrice' in plaats van 'femme sculpteur', nietwaar?

Als reactie op de Europese aanbeveling liet Franstalig België een verordening aannemen waarmee de namen van beroepen, rangen en functies in alle overheidsdocumenten werden vervrouwelijkt, met als reden dat 'de taal een instrument is waarmee seksistische macht kan worden uitgeoefend, waardoor vrouwen belemmerd worden zich normaal in de maatschappij te integreren'.

Maurice Druon, onze waakhond, die denkt dat de Franse taal zijn bezit is, kwam toegesneld en riep de Waalse gemeenschap, die toch soeverein is, in stevige bewoordingen tot de orde. Uit naam van de Académie verklaarde hij dat het Belgische besluit 'absurd en aanstootgevend' was!

En ook de Zwitserse Hoge Raad, die zich beriep op het feit dat de weigering om woorden te vervrouwelijken 'het bestaan van vrouwen, die de helft van de mensheid uitmaken, verhult', had besloten door middel van een verordening het opstellen van officiële teksten te moderniseren.

Dit was voor de Vereniging voor bescherming en uitbreiding van de Franse taal, (de ASSELAF), onder leiding van Philippe de Saint-Robert, het moment om weer het oude versleten stokpaard te berijden van het verzet tegen de vrouwelijke benamingen. In zijn maandelijks bulletin *Lettre(s)* had het hoofdartikel in april 1996 de titel: 'De vervrouwelijkingsmanie'! En daarin werd weer de spot gedreven: 'De gedwongen*, eenzijdige** vervrouwelijking van alle beroepen is iets waar zelfs heel wat feministes om moeten glimlachen...'

* Ik zie niet in hoe je bijvoorbeeld Stéphane Brabant, die de vervrouwelijkingsmanie heeft bedacht, of wie dan ook, zou kunnen dwingen 'advocate' of 'substitute' te zeggen, als ze deze woorden niet uit haar mond krijgt.
** 'Eenzijdige vervrouwelijking' is onjuist. Mannelijke 'sage-femmes' (vroedvrouwen) hebben deze benaming verworpen en weigerden 'sage-homme'. Ze hebben 'maïeuticien' bedacht. Iedere sekse probeert de woorden aan zijn grammaticale geslacht aan te passen, hetgeen normaal is.

Ik geloof ook niet dat er om het woord 'vervrouwelijkingsmanie' veel geglimlacht zal worden, noch om de stelling in het bulletin van Philippe de Saint-Robert, die waarschijnlijk is vergeten dat hij in 1984 de commissie-Roudy steunde.

Vooral omdat er zich intussen een nieuw feit heeft voorgedaan: er is in de *Petit Larousse* van 1996 (de andere woordenboeken zouden volgen) een aantal namen van beroepen in de vrouwelijke vorm verschenen. In *Le Monde* werd het verschijnen van die 'geslaagde vervrouwelijkingen waarmee we aan de gedwongen mannelijke vorm ontsnappen' overigens toegejuicht.

Voor de eerste keer vinden we daarin 'la juge', 'la ministre', 'la sculptrice', 'la baroudeuse (vechtjas)' en nog een paar andere. Ik wijs er even op dat 'factrice' en 'inspectrice' sinds 1967 in de *Littré* staan en 'agricultrice' sinds 1982.

Het voorbehoud ten aanzien van het opnemen van vrouwelijke rechters of ministers zegt genoeg over de enorme vooroordelen die men heeft moeten overwinnen. De *Larousse* is zo voorzichtig als een Indiaan op oorlogspad! Bij 'ministre' staat aan het einde van het trefwoord tussen haakjes: 'wordt soms in omgangstaal in de vrouwelijke vorm gebruikt'. Hetzelfde geldt voor 'la juge', dat nog steeds tussen haakjes staat en met de vermelding 'omgangstaal'; bij 'député', mannelijk zelfstandig naamwoord, wordt toegegeven dat men 'soms de schrijfwijze "députée" tegenkomt'. En bij 'sculptrice' staat: 'deze vorm zou acceptabel zijn'.

Aangezien ik twee jaar lang aan debatten van linguïsten heb deelgenomen, kan ik me heel goed voorstellen wat voor hartverscheurende discussies vooraf zijn gegaan aan deze voorzichtige, bijna beschaamde formuleringen.

Het idee om alleen in 'omgangstaal' te vervrouwelijken verwijst weer naar wat we zeiden over het basale probleem. Zodra een beroep is 'vervrouwelijkt' is het niet meer het 'echte' beroep. Dan is het een beroep waarover gekscherend wordt gesproken. In serieuze spreektaal of in schrijftaal gaat men weer over op de mannelijke benaming...

De schrijftaal, die van een edeler soort is, is gereserveerd voor het edelere geslacht, neem ik aan. Maar het belangrijkste is dat je je tot het edele Boek hebt opgewerkt, ook al ben je onder aan de ladder begonnen. Het is nu aan ons om ervoor te zorgen dat 'wordt soms gezegd' verandert in 'wordt vaak gezegd'. En over een paar jaar staat er 'Sculpteur/trice. Nom.' Het zou best eens kunnen zijn dat beeldhouwsters en componistes zich daardoor prettiger zullen voelen... Denk maar aan Madame Claudel, die tegen haar dochter Camille zei: 'Je gaat toch niet een beroep uitoefenen waarvoor niet eens een vrouwelijke benaming bestaat!'

Juist wanneer je weer aan deze woorden denkt, begrijp je nog minder hoe vrouwen zich op dat gebied zo afzijdig kunnen houden. Toen hun werd gezegd 'dat is niets voor vrouwen', 'dat mogen vrouwen niet doen', wilden ze het toch doen, wilden ze eropaf. En plotseling zeggen ze 'laat maar, het is de moeite niet'.

Vrouwen durven alles wanneer het om hun lichaam gaat. Ze aarzelen allang niet meer hun borsten te laten zien. Waarom zouden ze zich er dan nog voor schamen dat ze van het vrouwelijk geslacht zijn?

HOOFDSTUK 10

De verliefde scharretjes

Ouder worden, oké. Ik was gewaarschuwd. Dat staat op het programma. Maar over mijn kinderen hadden ze me niets gezegd. Ik ontdek dat het onverdraaglijk is om hen ouder te zien worden. De eerste rimpel van je oudste dochter is een schandaal dat jou persoonlijk raakt. De eerste keer dat haar gezicht getekend is door vermoeidheid, dat je plotseling ziet hoe ze er op jouw leeftijd uit zal zien, word je zelf twintig jaar ouder.

De dag dat je oudste dochter haar ogen halfdicht gaat knijpen en haar krant op een afstand houdt om te kunnen lezen, de dag dat je tweede dochter een spatader in haar been laat weghalen, de dag dat de derde (dat was 'de kleine'! Met welk recht is het nu niet meer 'de kleine'?) je vertelt dat ze psoriasis heeft, voel je dat als persoonlijke beledigingen.

Nou ja, Blandine, ik heb je nog niet zo lang geleden van volmaakte ogen voorzien. Wat heb je nou gedaan dat ze kapotgaan? Je leest te veel.

Nou ja, Lison, ik heb geen spataders, hoor! Met welk recht heb je een ader in je been laten stukgaan? Je staat altijd maar in je atelier en je gaat te laat naar bed.

Nou ja, Constance, hoe kun je nu psoriasis krijgen, je zorgt niet goed voor jezelf. Dat heb je trouwens nooit gedaan.

Met een beetje moeite hadden ze niet ouder hoeven worden, dat is duidelijk, en het stelt je even gerust hun verwijten te maken. 'Rechtop, schat, kom op!! Je begint op mijn moeder te lijken...' zeg je tegen de dochter die af en toe met een kromme rug staat. Maar je hebt niet naar jezelf gekeken, ouwetje: ze lijkt op jou! Het is waar dat we allemaal een vertekend beeld van onszelf geven. We krijgen het voor elkaar om onszelf nooit en profil of driekwart van achteren te zien. Op foto's die door anderen zijn genomen, ontdekken we ongelovig dat we voortaan een buikje hebben of een ronde rug, of dat ons hoofd naar voren steekt. Of alle drie tegelijk. Waar is onze onbeschaamde gratie gebleven, het ragfijne van toen we twintig waren? Daar is ze, die gratie; ze heeft haar toevlucht gezocht in ons hoofd, waar ze lange tijd ongepaste aanmaningen zal overleven. De beschuldigende foto's zullen snel worden weggemoffeld. Maar je kinderen kun je niet wegmoffelen en je bekijkt ze nauwkeurig met een blik vol droefenis. Want ten slotte heb je splinternieuwe wezens ter wereld gebracht, een onfeilbaar materiaal, en het is niet acceptabel dat het voor je ogen verweert. Daarmee krijgt het moederbedrijf een schandelijk slechte naam.

De firma Rolls Royce was zo zeker van haar auto's dat ze beloofde ze waar ter wereld dan ook te repareren. Ik zou natuurlijk bereid zijn voor mijn dochters hetzelfde te doen, maar ik heb zojuist gehoord dat orgaandonatie na je vijfenvijftigste niet meer wordt geaccepteerd. Zou ik alleen nog maar verouderde organen bevatten? Die kerels zijn gek! Ik gebruik er toch een flink aantal die nog heel wat vlieguren te gaan hebben, neem dat maar van mij aan. Maar de mensen staren zich blind op leeftijd en uiterste gebruiksdata. Ikzelf maak systematisch een heleboel zogenaamd verouderde medicijnen op die nog in mijn laden liggen, en ik heb er, overeenkomstig hun bijsluiter, enorm veel baat bij. Gelukkig gaat het voor mijn dochters voorlopig niet om defecte onderdelen, maar gewoon om een verlaging van het toerental.

'Zo'n twaalf dagen, mama, het is zo over. En ik heb er zo'n behoefte aan eens uit te rusten, er eens tussenuit te gaan... Dus als jij Violette en Clémentine met Pasen in Bretagne zou kunnen hebben?'

'En Pauline dan?' zeg ik met verstikte stem.

'Maak je geen zorgen, ik weet dat ze nog te klein is met die rotsen en de zee zo vlak bij je huis. We zouden haar bij oma Paula onderbrengen en dan zouden wij met vrienden naar Egypte kunnen gaan.'

Dat woord 'zouden' is alleen maar pure beleefdheid, dat weet ik... alles is al beslist, de plaatsen zijn misschien al besproken... Maar hoe kan ik het er niet mee eens zijn dat mijn eigen kinderen, die toevallig de drie vrouwen zijn van wie ik op de wereld het meest houd, weer op krachten komen en daarbij ook nog gratis de piramiden zullen zien? De andere oma wordt ingeschakeld, en daardoor voel ik me aangesproken. Ik durf nauwelijks te vermelden dat ik voor 15 april een lezing moet voorbereiden over 'Mythen, cultuur en seksualiteit'. Er wordt me verteld dat twee kinderen uiteindelijk gemakkelijker is dan één, omdat ze samen spelen en dat het me best zal lukken om te werken.

Bovendien is het waar dat Lison er aan het eind van deze winter doodmoe uitziet. In feite heeft ze het normale voorkomen van een moderne vrouw, dat wil zeggen van een liefhebbende echtgenote, van de moeder van een gezin die haar best doet geen concessies te doen wat haar plichten betreft, van een intellectuele vrouw die van boeken en film en toneel houdt, van een ijverige huisvrouw en een redelijke sportvrouw. Nooit in het verleden hebben zo veel personages, die zulke uiteenlopende en tegenstrijdige activiteiten beoefenen, in dezelfde vrouwenhuid bij elkaar gewoond, waarbij ieder zijn deel van haar lichaam, tijd en energie opslokte. Het resultaat levert deze overbelaste vrouw op, die iedere dag urenlang in haar atelier haaienleer oppoetst of strohalmen vastplakt voor haar mozaïekwerk; die iedere dag aan het eind van de middag haar oudste dochter van de basisschool en haar jongste van de crèche komt halen; die het zichzelf kwalijk zou nemen de Finse of Turkse film te missen die in de niet-nagesynchroniseerde versie aan de andere kant van Parijs draait, maar door *Le Nouvel Observateur* wordt aangeraden; die met haar man open tafel houdt voor hun vele vrienden; die de ene dochter met de auto naar paardrijden brengt, de andere naar dans, en allebei naar pianoles, die met leraren praat, naar de kinderarts gaat, naar de orthodontist voor de beugel die iedere week moet worden bijgesteld, naar de orthopedist voor de platvoeten en de x-benen van de oudste en naar de oogarts voor een lui oog van de kleine, waarbij ze de hemel dankt dat ze voor geen van beiden naar de logopedist hoeft; en niet te vergeten de dierenarts voor de kat. En 's zondags moet ze de kinderen toch wel vermaken, naar het zwembad gaan, naar het museum, naar de vlooienmarkt of ze moet *101 Dalmatiërs* voor de vierde keer zien en vervolgens tijd vrij zien te maken om te lezen, tv te kijken en tegen haar man te klagen dat hij geen moment meer heeft om haar het hof te maken.

Vanwege de consequenties van deze situatie sta ik op een mooie maandag in april weer op het vliegveld van Lann Bihoué en probeer ik in de kudde kinderen met naamkaartjes die uit het vliegtuig komt de twee te ontdekken die voor mij zijn bestemd, Violette, de grootste, die bijna dertien is, met een kapsel à la Louise Brooks, en Clémentine, acht jaar, wier goudglanzende kastanjebruine haar in krullen tot haar middel reikt. Zij herkennen mij het eerst, hun blik klaart op, ze rennen op me af, ik spreid mijn armen, ik vind ze fantastisch, ik druk ze tegelijk dicht tegen me aan, ik heb bijna tranen in mijn ogen, ik ben domweg trots dat ik grootmoeder ben... Het is een mooi moment, het mooiste... samen met het moment waarop ik ze zal terugbrengen naar Lann Bihoué, maar dat weet ik nog niet...

'Ja hoor, Paul, je zult zien, ze zijn nu groter, het zal allemaal veel beter gaan. Ik zal hun dit jaar leren wrikken, ze kunnen al goed zwemmen en dan kunnen ze zich in de haven vermaken met de praam. Ik zal niet meer de hele dag met ze in de weer zijn.'

Ik geloof het oprecht. Iedere keer dat ze komen, heb ik weer dezelfde illusies wat betreft het gezag van grote mensen en het respect van kleinkinderen, en mijn vermogen om ze te laten gehoorzamen en hun verlangen om mij plezier te doen. Ik droom van hoofdjes, gebogen onder de lamp, ijverig bezig met kleurentekeningen of overtrekplaatjes, terwijl ik in mijn kamer zit te schrijven, binnen stembereik, in de geur van aardappelpreisoep die zachtjes in de pan staat te pruttelen. Ik vergeet dat ze niet van soep houden, dat ik de enige ben die overtrekplaatjes leuk vindt en dat ze helemaal niet in watersport zijn geïnteresseerd. Ik droom ervan hen de roeispanen te zien hanteren, zoals dat ventje van de mevrouw naast ons, die nog maar zeven is, of te zien hoe ze bij halftij op de tuinmuur gaan zitten om urenlang naar harders uit te kijken, zoals de zoon van mijn vriendin C. vorig jaar. Ik heb een hengel, een werpmolen en kant-en-klare vishaakjes gekocht. Ik weiger me voor te stellen dat meisjes liever gezelschapsspelletjes doen of met poppen spelen.

De eerste dag is er nog alle hoop. We dalen de zesenveertig treden naar de kustweg af, ik zie de vissersboten tussen de takken van de over het water hangende eiken en ben voor de zoveelste keer opgetogen dat ik bijna in de zee woon en toch in de beschutting van deze machtige bomen die tussen de rotsen groeien.

'Paul, wij zijn het!' roepen we in het wilde weg wanneer we op het terras aankomen dat een paar granieten treden, die zijn overwoekerd door wilde planten, en waar de onuitroeibare blauwe maagdenpalmen al bloeien, boven de haven uitsteekt. Uit voorzorg en om de afstand goed aan te geven heeft Paul zich teruggetrokken in onze slaapkamer en laat meteen weten dat hij belangrijk werk heeft te doen. Dat is zijn recht, maar niet het mijne.

'Arme Paul, hij werkt altijd!' zegt Clémentine, die nog gelooft wat je haar vertelt. Ik werp haar een schuinse blik toe. Mijn eigen werk wacht op me in een map die open ligt op bladzijde 1, waar de eerste regels van mijn exposé staan geschreven: '... Ik ben geroerd dat ik me hier in uw midden bevind, dames en heren, lieve vrienden, voor dit publiek van artsen en wetenschappers terwijl ik maar...' tja, wie ben ik eigenlijk, behalve een arme grootmoeder?

Voorlopig is het mijn werk om de spullen van de kinderen boven uit te pakken en op te bergen en dat is geen werk, want dat is naar men zegt nu eenmaal de vreugde van het grootmoeder zijn. Violette sleept een enorme rugzak mee, vol boeken, schriften en haar geliefde jongerenbladen, waaruit ze onvermoeibaar zoetsappige Adonisfiguren knipt om ze in een kaartsysteem op te nemen in volgorde van toenemend sex-appeal, een volgorde die voortdurend wordt veranderd al naar gelang de nieuwe aanvoer, en waarover ik iedere dag mijn mening zal moeten geven. Ik probeer er het begin van een roeping als documentaliste in te zien, in plaats van als seksmaniak. In hun plunjezakken (de koffers waarnaar ik vraag worden als onhandig afgedaan, vooral als ze wieltjes hebben, dat is iets voor oude dames), zal ik noch het windjack van de een noch de ochtendjas van de ander vinden, maar daarentegen wel flesjes vol blauw water om bellen te blazen, staven boetseerklei die tussen twee mohair pullovers zitten gekleefd, gympen zonder veters en 'kistjes' die twee kilo per stuk wegen, om zware terreinmarsen door de rijstvelden te maken.

'En die mocassins dan, die ik juist voor je had gekocht om hier aan te trekken?'

'Mocassins?' roept Violette, het woord alleen al schijnt haar pijn in haar mond te bezorgen. 'Niemand draagt mocassins, Bounoute!'

Jawel, goedopgevoede kleine meisjes, denk ik bij mezelf, meisjes die de keuze van hun ouders niet in twijfel trekken. Ik heb nog de bittere herinnering aan de eerste schoenen met hakken die ik van mijn moeder moest dragen toen ik zestien werd, gekocht bij de Hannan Shoe Company in de Rue Royale, wat tegenwoordig Aurèle is. Ik herinner me nog die vervloekte etalage, waar ik steels in keek naar de stappers uit mijn dromen, beige suède met een driedubbele crêpe zool, terwijl Nicole wees naar de gruwelijke pumps die zij voor me had bedoeld. Telkens als ik door de Rue Royale kom, denk ik met een medelijdende glimlach aan de arme Zazate.

Ik pak jasjes, truien, broeken uit, allemaal onveranderlijk grijs, zwart of bruin. Rood? Hemelsblauw? Groen? Kleuren zijn superstom.

Terwijl ik opberg, gooien de twee nichtjes alles door elkaar en storten de inhoud van de speelgoedkist uit op het parket. Ik had Trivial Pursuit gekocht, twee Chinese vliegers, rackets en een bal, waar ze niet eens naar kijken. Ze hebben de oude

fetisjen uit de kist nodig om hun territorium weer te vormen: een insect op wieltjes dat met zijn vleugels slaat en 'kling' doet, waarmee ze hebben leren lopen; een blikken springkikker die wanneer je hem opwindt alleen nog een zieltogend sprongetje maakt maar die ik niet mag weggooien; een uit zijn verband geraakte pop met één oog, die een paar weken per jaar de rol van aanbeden baby krijgt toebedeeld en verder losse speelkaarten, schepjes, vormpjes, de loep waarnaar ik in september zo heb gezocht en een hele bende kleurpotloden, overwegend bruine en geelgroenige die ze nooit gebruiken. Ze ontdekken één van de vreugden van het bestaan: terugvinden wat je door en door kent. Nu ik zie dat ze in beslag zijn genomen door hun rituele ceremonie, meen ik dat ik er stilletjes vandoor kan gaan om het nieuwe bloemperk dat ik aan het aanleggen ben af te maken. Het woord 'aanleggen' is trouwens nogal ambitieus, want het gaat om niet meer dan drie vierkante meter grond die opgehoogd en met stenen omgeven moet worden. Maar in een kleine tuin is iedere vierkante meter net zoveel waard als een park en is iedere verandering een evenement.
'Waar ga je heen, Bounoute?'
'Ik ga iets in de tuin afmaken.'
'Wij gaan je helpen.'
Helaas weet ik uit ervaring dat wat voor mij nuttig zou zijn, hen verveelt en dat wat hen zou amuseren schadelijk is. Ze vinden alleen water geven leuk, dat wil zeggen de bollen verdrinken die ik zojuist heb geplant, waarbij ze zich nat gooien met modder, of de levensgevaarlijke snoeischaar hanteren. Gelukkig krijgen ze er na vijf minuten genoeg van en gaan ze liever bloemblaadjes van irissen en camelia's fijnhakken, waarvoor ze denken mijn keukenschaar nodig te hebben, mijn plastic bakjes en, een zeer begeerde schat, mijn oude Roberval-weegschaal met het koperen plateau en het houten blok waarin de gewichten passen in gaten op maat. De twee kleinste zijn vorig jaar al weggeraakt en ik heb gezworen hem niet meer uit te lenen. Paul werpt me een bedroefde blik toe. Hij weet dat ik niet in staat ben te weigeren,

deels uit zwakheid, deels om een moment rust te krijgen om mijn rozen te snoeien, mijn leliebollen te planten en mijn lathyrus te zaaien, terwijl ik mijn tuin toefluister om hem gerust te stellen, hem te vertellen dat ik eindelijk ben teruggekomen na die lange winter.

Maar de hemel wil daarvan niet horen: een stortbui jaagt ons algauw de tuin uit en ik heb nog net tijd om te brullen: 'O nee, geen irissap in de woonkamer, dat geeft afschuwelijke vlekken.' Ze brengen met tegenzin de schalen vol met haksel van blaadjes, die zwemmen in een kleverige inkt, terug naar de tuintafel.

Het moment lijkt gekomen om over te gaan tot mijn geheime wapens voor regenachtige dagen. Munitie nr. 1: een serie fluorescerende stippen die je kunt uitknippen en op 'ieder glad oppervlak' plakken, gekocht bij Chantelivre in de Rue de Sèvres, waar buitengewoon deskundige verkoopsters me hebben verzekerd dat het een onweerstaanbare en DUURZAME aantrekkingskracht zou uitoefenen (heel belangrijk, de duur!) op ieder levend wezen tussen de acht en de veertien. Ik zet mijn twee levende wezens dus aan de grote tafel in de woonkamer en profiteer van de rust om het bureau in onze slaapkamer weer in bezit te nemen, terwijl Paul nog zijn siësta houdt. Omdat de kleine secretaire in de kamer van de kinderen, waar hij gewoonlijk werkt, in beslag is genomen door de pluchen dieren van Clémentine en de tijdschriften van Violette, hebben we namelijk nog maar één bureau voor ons tweeën, waaromheen we voortdurend manoeuvres uitvoeren om het kostbare terrein weer op de tegenstander te heroveren. Voorlopig heb ik zojuist de kazemat veroverd en haastig leg ik er mijn geliefde materiaal neer, veelkleurige bladen, verschillende pennen en viltstiften, plakband en een schaar. Het lukt me zelfs mijn eerste zin te schrijven: ...'Ik ben erg geroerd dat ik het woord mag nemen voor een publiek van wetenschappers en specialisten, terwijl ik nergens in ben gespecialiseerd, want mijn enige titels zijn "vrouw" – wat al met al nogal vaak voorkomt – (hier even glimlachen), "romanschrijfster", waardoor ik niet per se in staat ben het karakter van de mens beter te kennen, (hier een bescheiden mimiek), en ten slotte "feministe", wat misschien interessanter is, want daardoor heb ik me kunnen distantiëren van de traditionele visie op de vrouwelijke seksualiteit.'

Vrouwelijke seksualiteit, ze kunnen me de pot op! Ik heb veel meer zin om hun te vertellen over de geur van de aarde in het voorjaar of over het roodborstje dat een meter van me af gaat zitten wanneer ik aan het spitten ben, ervan overtuigd als hij is dat ik alleen voor hem werk.

Kom, kom, Benoîte Groult! Het gaat om een serieus exposé van vijftien tot twintig pagina's, dat in de handelingen van het colloqium zal verschijnen. Al had ik maar drie dagen voor me, ik voel dat ik dan in rust en concentratie intelligente dingen zou schrijven. Het lastige publiek van de medische faculteit zou onder de indruk zijn, ik zou mijn tekst gerepeteerd hebben, ik zou de juiste woorden hebben gevonden.

Maar Zazate waakt: Kom, kom, Bounoute! Dat is wel leuk, die praatjes van je, maar je weet best dat het niet je belangrijkste taak is om zelf gelukkig te worden, maar om je omgeving gelukkig te maken! Je kinderen wachten op je, met opengesperde snaveltjes, en je man verveelt zich in zijn eentje...

Virginia Woolf had gelijk: 'De perfecte huisvrouw om zeep brengen is nog steeds de eerste plicht van een vrouw die wil schrijven.' Durfde ik het maar! Maar perfecte huisvrouwen zijn taai en in mijn geval zou ik meteen ook de moeder en de grootmoeder om zeep moeten brengen! Woolf onderschatte het probleem: zij had geen kinderen, en De Beauvoir ook niet. Ze hadden me heel lang geleden al moeten waarschuwen, voordat die rottige perfecte huisvrouw bezit nam van alle vezels van mijn lichaam en vooral van de verwachtingen van al mijn naasten.

Er verstrijkt een uur. Er schuifelt een dominee voorbij. Ik werk, Paul zit te soezen of te lezen, de meisjes spelen zonder ruzie te maken. Ik stel mezelf gerust, het zal allemaal heel rustig verlopen. Je zou behoren te weten dat stilte bij kinderen altijd verdacht is... Wanneer ik beneden kom, schrik ik me dood: hoewel de zon nog niet onder is, is het in de woonkamer nacht geworden. Ik kijk om me heen: drie van de vier ramen zijn praktisch verduisterd door stippen in allerlei afmetingen en kleuren.

'Ze zeggen dat het op glas het best blijft kleven. Zo zijn het glas-in-lood-ramen,' zegt Clémentine. 'Prachtig, hè?'

'Glas-in-lood-ramen,' zeg ik werktuiglijk.

Violette is wijselijk naar de badkamer gegaan. Ik vermijd het geven van een artistieke beoordeling en probeer het met het Boemaneffect.

'Als dat allemaal niet weg is voordat Paul beneden komt'...

Meer hoef ik niet te zeggen. De herinnering aan de 'terreur' die Paul vroeger over onze dochters uitoefende, maakt deel uit van de familiesage, en de verhalen zijn op den duur steeds spannender geworden. Vertel ons nog eens over die keer dat Paul waar de verbijsterde familie bijzat zijn riem uit zijn broek had gehaald om Constance te slaan, die voor een weekend aan opa en oma Guimard was toevertrouwd en een hele nacht was verdwenen, zodat zij zowat doodgingen van ongerustheid, en dat vergaf Paul haar niet. Nadat hij urenlang met een zaklantaarn de holle wegen van Kercanic had afgezocht, had grootvader haar bij het krieken van de dag teruggevonden, slapend in het stro van de paardenstal van de buren: ze had een nacht met het paard van de boerderij van Tréguier willen doorbrengen!

En weten jullie nog die keer dat Paul, toen hij zag dat ik ten einde raad was, doodongelukkig – want hij had een hekel aan die rol van politieagent – naar de slaapkamer van jullie tweeën was gegaan (Constance sliep in de kamer ernaast), waar jullie mij al twee uur zaten te tergen en niet naar bed wilden gaan, en met onbewogen blik en toonloze stem op een toon van intense verveling had gezegd: 'Zo, dames, wie is het eerst aan de beurt voor het pak slaag?' Lison had natuurlijk haar achterwerk aangeboden om het mishandelde kind te spelen, terwijl Blandine haastig in het bovenste bed schoot, omdat ze verwachtte dat het pak slaag, wanneer het in de hoogte werd toegediend, flink aan kracht zou inboeten.

En dan, nu onze kinderen zelf kinderen hebben, doorzagen over de exemplaire waarde en het wonderbaarlijke effect van lijfstraffen, mits ze zelden voorkomen, gedenkwaardig zijn en aangepast aan de ernst van de feiten, en met tegenzin worden toegediend, wanneer mooie woorden niet hebben geholpen. Waarbij het miserabelste middel de oorvijg is die vanzelf gaat, of het zielige pak slaag dat door een ouder die publiekelijk is vernederd op straat wordt gegeven aan een kind dat heel goed is beschermd door zijn jas, maar niettemin in beschuldigend gebrul zal uitbarsten.

Twee of drie voorvallen van dat slag waren genoeg om het gezag van Paul voorgoed te vestigen en mij te laten inzien dat al mijn liefde me nooit iets anders zou opleveren dan voortdurende weigeringen om gehoorzaam te zijn en oncontroleerbare verstrooidheden. Zodra de sleutel van Paul in het slot knarste, kregen ze een ander gezicht, veranderden de harpijen in eerste communicantjes, met neergeslagen ogen, honingzoete woorden, was de kamer wonder boven wonder opeens weer opgeruimd en stapten ze bij mijn eerste aanmaning meteen in bed. 'Ze waren vandaag onuitstaanbaar,' zei ik dan tegen Paul, die aan mijn verstand twijfelde als hij de drie heilige boontjes zag. Waren dat echt dezelfde wezens die een ogenblik eerder van de badkamer een zwembad maakten, hun kleine zusje aftuigden, elkaar brullend in de haren vlogen en mij in mijn gezicht uitlachten? Paul hoefde maar aan hun deur te verschijnen, koel, afstandelijk, zonder vertoon van genegenheid, of ze veranderden in verliefde scharretjes.

'Ja, Paul-aul!... Wil je je whisky, Pau-aul?... Ik schenk hem voor je in... Nee, dat doe ik vanavond!... Ja, natuurlijk, daarna gaan we meteen naar bed... Kom je ons in bed welterusten zeggen?'

Ach, wat een smeerlappen! Daardoor ben ik al mijn achting voor kinderen kwijtgeraakt. Ze hebben alleen maar respect voor geweld.

Vandaag zijn de helden vermoeid. Paul heeft geen zin meer om angst aan te jagen. Hij houdt zich liever afzijdig.

Maar achter hem aan, als de staart van een komeet, zweeft de herinnering aan zijn heldendaden. Helaas is de jonge generatie vasthoudender. Vandaag zal er geen wonder geschieden.

Het duurt nog twee uur voordat we gaan eten en ze moeten wel een beetje beweging hebben, wil ik ze om tien uur in bed kunnen krijgen. Met enige tegenzin schuif ik de meubels tegen de muur en ik installeer me op de bank om een demonstratie van ritmische dans en acrobatische gymnastiek te zien.

'Violette heeft aanleg voor acrobatiek, je moet eigenlijk even blijven kijken.' Paul werpt me een blasé blik toe en gaat de trap op naar zijn kamer. Hij doet al niet eens veel moeite om Noerejev te zien!

Ik stel voor mijn cassettebandjes te draaien. Die zijn superstom. Violette heeft de hare meegebracht, die geniaal zijn. De voorstelling begint en ze spreiden die wonderbaarlijke gratie ten toon die bij een kind plotseling even zichtbaar wordt en waardoor je gelooft dat het geniaal is, maar die niet langer duurt dan de onschuld. De woonkamer die voor Paul en mij ruim leek, is plotseling een nauwe kooi geworden, die steeds kleiner wordt naarmate de opwinding van de danseressen toeneemt. Helaas valt één van hen ten slotte met haar slaap op de hoek van de zware eiken broodkist. Er wordt vijf minuten gebruld en dan nog tien minuten gepiept. Een kompres met Synthol, arnicazalf... Violette strekt zich met een gesloten gezicht op de bank uit, met het kompres op één helft van haar gezicht. Ze heeft het leven altijd erg serieus genomen. Ondertussen verkondigt Clémentine, die me helpt de tafel te dekken: 'De volgende keer doe ik me pijn, dan hoef ik de tafel niet te dekken.'

Paul, die deze woorden heeft gehoord, krijgt plotseling een ingeving die past bij zijn verleden: hij is voor het eten naar beneden gekomen met een zelfgemaakt bord waarop de verkiezing van 'de Koningin van de *Tartouilles*' staat aangekondigd. Onder het opschrift twee kolommen waarin iedere *tartouille*streek zal worden gesanctioneerd met een kruis. Ik zou nooit zoiets... *tartouille*achtigs hebben durven bedenken, maar het woord valt in de smaak. De competitiegeest is al op hun gezicht te lezen en het gaat erom wie zal voorstellen de tafel af te ruimen, wie het hardst om onze grappen zal lachen of wie aan zal bieden om de melk bij de boerderij te gaan halen... Ze vragen zich af welke straf de Koningin zal krijgen. 'Ik zal haar een *tartouille* cadeau geven,' zegt Paul. 'En wees maar gerust, ik vind er wel een. En de ander krijgt van mij, als ze niet te veel slechte aantekeningen heeft natuurlijk, een Zwitsers mes met haar initialen erin gegraveerd.'

Ik rekende erop dat, als het nacht was geworden, de beroemde zeelucht mijn eigenwijze meiden wel in slaap zou krijgen. Mijn vrienden, mensen in de kracht van hun leven, zijn de eerste avond als ze bij ons komen altijd uitgeteld. Ik moet mijn verwachtingen wat bijstellen: de jodiumhoudende wind heeft hen juist opgepept en omdat er morgen geen school is, zou het onmenselijk zijn om hen naar bed te brengen.

'Wat zullen we spelen, Bounoute?' Ik ben wat cultureel werk aangaat geen groot talent. Ik heb niet de moed om beginnelingen te leren schaken, Monopoly vind ik niet leuk meer en ik speel vals om bij het bataillespel sneller te verliezen, waar ze boos om worden. Ik zou nog liever kaartjes knippen in de metro dan leidster van een vakantiekamp te zijn! En ik weet dat daarboven mijn publiek ongeduldig begint te worden: 'Dames en heren, lieve vrienden, ik ben steeds meer geroerd dat ik hier voor u sta...'

'Laten we een spelletje kwartetten,' roept Violette.

'Speel jij ook mee, Bounoute? Met zijn tweeën is het niet leuk.'

Het is de eerste avond en ik kan niet weigeren. Vaarwel Aristoteles, Hippocrates, mythologie en seksualiteit van de vrouw. Goedendag kwartetspel. En het heeft geen zin om Paul, die behaaglijk in een hoekje bij het vuur zit en verdiept is in *Ouest-France* en *Le Chasse-Marée*, smekende blikken toe te werpen; hij zal me niet uit de brand helpen, hij is op vakantie.

Omdat ik nog steeds hoop mijn methodes te perfectioneren, had ik gepland om, wanneer de meisjes in bed zouden liggen, hun voor te lezen uit het reglement dat ik voor deze tien dagen heb voorbereid. Artikel 1: je kleren iedere avond op een stoel leggen. Artikel 2: geen lawaai om 6 uur 's ochtends, tot 8 uur wachten voordat je naar de keuken gaat. Artikel 3: niet de natte tuin ingaan zonder laarzen en niet op sloffen naar beneden naar de rotsen. Artikel 4:...enzovoort. Ik had er tien van dit genre. Ik had al zo'n vermoeden dat dit allemaal geen enkel effect zou sorteren, maar ik bleef hopen dat ik op een dag de krachtige hand van mijn grootmoeder Groult zou hebben en iedereen in mijn omgeving zo mak als een lammetje zou zijn. Mensen bang maken, wat een droom! Ik ken vrouwen die zachtaardiger zijn dan ik, maar van wie ieder bevel zonder morren wordt uitgevoerd. En ook nog met alle plezier, want eigenlijk vinden kinderen gehoorzamen net zo fijn als niet gehoorzamen, op voorwaarde dat ze niet de kans krijgen om te aarzelen. Als ze ook maar de geringste toegeeflijkheid in je stem ontdekken, is het met je gedaan. Ik heb nooit krachtig genoeg kunnen zijn, ze weten hoe de zaak ervoor staat. Die dingen weten kinderen al bij hun geboorte.

Violette en Clémentine schijnen bij anderen minder onstuimig te zijn. De twee andere oma's vinden het heerlijk om met hun kleinkinderen bezig te zijn. Ze vragen er drie of vier tegelijk, die heilige vrouwen! Komt het doordat ik weiger oma genoemd te worden dat ik een onwaardige grootmoeder ben? Mijn kleindochters zijn trots dat ze op school kunnen zeggen dat ik schrijfster ben, maar vinden het jammer dat ik weiger mijn etiket van grootmoeder te dragen. Kinderen vinden het heerlijk als de wereld is geritualiseerd en zelfs bij voorkeur helemaal is vastgelegd, waarbij iedere voorouder een klassieke rol krijgt toebedeeld. 'Papa is ingenieur (of dokter, of garagehouder) en mama blijft thuis', geven ze nog steeds als antwoord op de schoolenquêtes, want ze willen niet weten dat de mama's zich ontwikkelen en ze hopen met geweld het gezin van hun dromen te reconstrueren.

Sommige vriendinnen van mij, of vrouwen met plichtsgevoel, een soort dat bezig is te verdwijnen maar waarvan in mijn generatie nog een paar exemplaren bestaan, of oprecht enthousiaste vrouwen, vragen me waarom ik geen zin heb mijn kleindochters met daarbij nog hun eventuele vriendinnetjes in huis te nemen in de schoolvakanties die... vijf keer per week plaatsvinden, zoals Ferré zingt, en waarom ik in Bretagne liever vriendinnetjes van mijn eigen leeftijd uitnodig. Dat wordt beschouwd als het ongeoorloofd verlaten van je post en als een weigering dit uiterlijke teken van ouderdom te accepteren. Bovendien, waarom zou ik de naam 'oma' weigeren, terwijl ik 'mama' altijd op prijs heb gesteld? Ik voer als argument aan dat Buh-nwaat niet is uit te spreken voor een kind. Clémentine kwam toen ze twee was niet verder dan Bounoute, dat bij gebrek aan beter is overgenomen.

'Ik heb zelden zo'n lelijk woord gehoord,' merkte Paul op. Maar ik ben gewend aan een rare naam die niemand mooi vindt. En ik verdenk Paul ervan dat hij me sowieso lelijk vindt in die rol van grootmoeder, die geen tijd overlaat voor hem of mij.

Om tien uur eindelijk het doven van de lichten. Ik ga met onbepaald verlof. Maar voordat ik naar bed ga, zal ik nog even komen kijken hoe ze slapen. Ik zie ze graag in bed, met hun mond halfopen maar zwijgend, Clem verborgen onder haar haren en Violette weggekropen onder haar dekbed, met haar voeten eronderuit. De gympen staan in alle hoeken van de kamer, de slipjes, de spijkerbroeken en de sokken liggen op de grond waar ze zijn neergevallen. In dit heel kleine kamertje, dat geen rommel duldt, kan ik geen voet meer verzetten. Een echte oma zou weten dat onmiddellijk artikel 1 moet worden toegepast en dat ik op een toon die geen tegenspraak duldt moet zeggen: 'Dames, wakker worden en jullie spullen opruimen.' Alles zou anders kunnen worden. 'Bounoute is veranderd!' zouden ze vol bewondering zeggen. Maar ze liggen zo lekker te slapen! En ze zijn moe! Het is vakantie, geen strafkamp. En ik ben ook moe. Slechte redenen, ik weet het. Zachtjes raap ik de kleren op en leg ze over de spijlen van ieders bed. Ik ben verloren.

De volgende dag staat het weer aan mijn kant en is iedereen in de tuin. Mijn drie are en tachtig centiare worden algauw omgetoverd in een manege, en ik mag genieten van een brullende instructrice en een weerspannige hengst. Tirésias stuift over het pad heen en weer, springt met een grote sprong over mijn bloemperken en verdwijnt tussen mijn struiken. Hun figuurtjes tekenen zich af tegen de zee, de paardenstaart van Clémentine wappert, de vuurtoren bij de ingang van de haven ziet eruit alsof hij daar is neergezet voor een reclame voor de Finistère; deze ochtend lijkt veel op geluk. Maar de tuin heeft het zwaar te verduren gehad: twee heidestruiken platgetrapt en mijn enige pioenroos onthoofd. Het duurt drie jaar voordat een pioenroos wil bloeien, nadat je haar hebt geplant. En dat zou dit jaar gebeuren! Ik plaats een stokje langs de halfgeknakte stengel, waar je de zwelling van de knop al kon zien. Maar als Tirésias op dat stokje valt? Ik laat mijn pioenroos voor wat ze is en zal proberen er een spalk voor te maken wanneer mijn vandalen zijn vertrokken.

Om twaalf uur smullen we in de zon van de Noordzeekrabben, zwemkrabben en kreeften die ik heb meegebracht. Een van de meisjes besluit scharen te verzamelen en legt ze op het muurtje te drogen. De andere weigert te eten omdat ze zo-even de dieren levend heeft gezien, toen ik thuiskwam van de overdekte markt van Quimperlé.

'Jij bent wreed,' zegt ze tegen me.

Lof lusten ze niet. Konijn? De juf van Clémentine is vegetariër en heeft een verwoestende invloed op onze menu's. Paul kan geen gebraden kip meer opdienen zonder een preek over zich heen te krijgen. We verbergen fijngehakte ham onder de macaroni, opdat ze zonder het te weten vlees eet. We gaan door voor moordenaars wanneer we gebraden rundvlees op tafel zetten. 'Daar zit bloed in... net als bij ons!'

'En als aardappels nou ook een ziel hebben, heb je daar wel eens aan gedacht, Clémentine?'

Misprijzende blik. Ik vertel haar dat ik dol ben op kikkers, en het is alsof ik vader en moeder heb vermoord. Ik weet dat ik het er alleen maar erger op maak, maar ik houd vol.

'En waar stop je op de ladder van beesten die niet gegeten mogen worden? Slakken bijvoorbeeld, mogen die wel?'

'Alle dieren die pijn lijden, die eet ik niet. Mijn juf zei...'

'Ik verplicht je niet om vliegen te eten, maar vind je het wel goed dat ik ze doodsla met een vliegenmepper?'

'In India maken mensen een omweg om niet een insect dood te trappen. Mijn juf zei dat in India...'

'Goed, in India maken ze geen mug dood, maar ze laten de kinderen doodgaan aan malaria die wordt overgebracht door muggen. En als je de honden in India eens zag, broodmager, ze worden geslagen, ze zitten onder het ongedierte... Weet je, als wij de kippen niet zouden opeten, zouden ze allemaal door de vossen worden verslonden, en de schapen door de wolven en de garnalen door de krabben...'

'Nou, wat heeft het dan voor zin om intelligenter te zijn, als je je toch als een beest gedraagt.'

Dat klopt eigenlijk wel. Beslist geen kruisje erbij op het bordje van de *tartouilles*. Clem is al een geduchte polemiste.

Paul werpt me wanhopige blikken toe. Ik bereik niets met dat gepraat en ik ben een heel slechte pedagoge. Clémentine is op de leeftijd waarop de juf altijd gelijk heeft, omdat zij je heeft bevrijd van de almacht van je ouders. Laten we het maar niet hebben over die van de grootouders, die arme oudjes... Onze eigen ouders kenden hun geluk niet: 'Eet je bord leeg, alsjeblieft... Je krijgt die spinazie vanavond weer, als je die vanmiddag niet hebt opgegeten... Een kind spreekt zijn ouders niet tegen en trouwens, jouw mening wordt niet gevraagd. Om negen uur kom ik boven het licht uitdoen.' En ik doe voorstellen, onderhandel, verzin uitvluchten, en geef het op. 'Was je handen.' 'Ze zijn niet vies.' 'Doe je sloffen aan.' 'Ik kan ze niet meer vinden.' 'Doe je trui aan.' ' 'k Heb het niet koud.' 'Doe hem toch maar aan... Aaargh!' zoals Agrippine van Bretecher altijd roept.

Je zou nooit moeten discussiëren. De bevelen moeten eenvoudig en dom zijn, zoals in militaire dienst. Maar wat heeft het dan voor zin om intelligent te zijn, als je je toch als een adjudant gedraagt, zou Clémentine zeggen.

Nou ja, vanavond komt Blandine en staan we er met zijn tweeën voor. Dan heb ik Hippocrates, Aristoteles en de hele misogyne bende, van de oudheid tot onze tijd, voor mezelf.

De middag begint slecht: het is donkerder geworden en er hangen van die fijne regendruppels in de lucht, die ze in Ierland 'drizzle' noemen. Wat geeft het: de rijschool zal naar de woonkamer worden verplaatst. We hoeven alleen nog maar de kleden onder de kast te rollen, springtouwen tussen de eetkamerstoelen en de afgesloten badkamerdeur op te hangen, en de kussens van de bank op de grond te stapelen om hindernissen na te bootsen. Algauw weerklinkt in de kamer het gehinnik van de hengst en het geknal van de zweep.

'Kunnen we geen spelletjes bedenken die minder lawaai maken,' kreunt Paul, die ondertussen ons bureau weer heeft veroverd en beweert dat hij daar zit te werken.

Maar hoe kun je tegen kinderen zeggen: Nee, geen paardenrennen. Nee, geen slappe lach. Nee, geen Olympische Spelen in de woonkamer en nee, geen muziek, terwijl Clémentine, die gisteren nog heerlijke oude liedjes op haar klarinet speelde, nu bezeten is van ons elektronische orgel en we dol worden van de rumba's en de begeleide jazz.

Om vijf uur gaan we eindelijk Blandine afhalen op het station van Lorient. 'Jij hebt mazzel, jij hebt straks je moeder!' zegt Clémentine, die plotseling ontdekt dat ze haar moeder mist. 'Gelukkig zijn is niet alles, de anderen moeten het ook nog níet zijn', een opmerking* die bijzonder goed van toepassing is op kinderen die altijd stiekem kijken of een ander niet méér heeft. Violette denkt nog dat ze haar moeder voor zich alleen zal hebben, want ze vergeet dat Blandine in de eerste plaats, in volgorde van opkomst, mijn dochter is. Ze is nog maar net gearriveerd of ze kondigt inderdaad aan dat ze naar bed gaat, dat ze doodmoe is en niet meer op haar benen

* *Journal*, van Jules Renard.

kan staan. Ik weet best dat ze is gekomen om eindelijk eens te slapen en niets te hoeven zeggen, en zo zie ik ook mijn rol als moeder: bij mij thuis worden ze weer kleine meisjes van veertig en ik geef hun een maternotherapiebehandeling. Maar in de eerste plaats is mijn dochter geen veertig. Ze is dertig plus tien. Dat is een bevredigender formulering. En ik, ik heb geen leeftijd, want ik ben mama. Mij wordt nooit gevraagd of ik doodmoe ben.

Blandine doet de gordijnen van haar kamer dicht, trekt haar oude kasjmieren bedtrui aan en verdwijnt tot 's avonds onder haar dekbed. Na het eten gaat ze om negen uur weer naar bed, waardoor de kinderen zich gelukkig ook eerder terugtrekken. Maar vanavond weigert Violette om in het bovenste bed te slapen, omdat ze een spin heeft gezien. Ze slaakt ongearticuleerde kreten en krimpt in elkaar van afschuw. Ik zet een kruisje in de kolom van de *tartouilles*. Clémentine wil niet hebben dat het wezen wordt gedood... nog steeds de verwoestende invloed van de juf. Violette gaat ten slotte slapen in het bed van haar moeder en laat haar nichtje over aan haar tegenstrijdigheden: zij is ook doodsbang voor spinnen.

Ze hadden zonder te protesteren hun tanden gepoetst, maar wanneer ik ze welterusten kom zeggen zie ik dat de kleren zoals gewoonlijk op de grond liggen. Blandine bekommert zich daar niet om.

'Je kunt niet op alle fronten vechten,' zegt ze tegen me. 'Dat is slopend. Tanden, dat is essentieel, en rommel is niet erg. Ik wil mijn krachten niet verspillen voor iets van secundair belang.'

Ik herinnerde me een tijd waarin Flora en ik onze tanden poetsten *en* onze kleren op een stoel legden, zonder iemand uit te putten! Dr. Spock heeft een eind gemaakt aan die methoden. Die waren onmenselijk, naar het schijnt, en fnuikend voor de kleine persoonlijkheden. Het is niet aardig om op vakantie over discipline te praten. Ik houd mijn mond.

De volgende dag schittert de natte tuin in de opgaande zon en biedt Bretagne ons zo'n dag waarop je gelooft in de onschuld van de wereld. De vochtige aarde glimlacht tegen het eerste zachte weer van het jaar, een visser komt terug bij zijn ankerplaats en legt met een paar essentiële gebaren zijn bootje vast, de geluiden klinken karakteristiek voor rustige ochtenden waarop je je niet meer afvraagt wat je op aarde doet. Er zijn is voldoende en ieder ding op zijn plaats. Het getijde is 96 en de meisjes zijn in de rivier gaan vissen. Vanmiddag gaan we naar het strand.

Tegen tien uur komt Blandine tevoorschijn, haar gezicht bedekt met een groenig smeersel.

'Ik heb drie dagen om er weer als een mens uit te gaan zien,' kondigt ze aan.

'Een druk programma!' zegt Paul, maar Blandine kan niet lachen, dan zou haar masker barsten.

'Drie dagen? Blijf je niet de hele week in Doélan?'

'Lieve mama, ik heb vakantie nodig als moeder. Dan kan ik echt even alles loslaten. Ik praat op mijn werk zoveel, dat ik maar één ding wil: geen telefoon, geen gepraat. Dus drie dagen bij jou om weer in vorm te komen en dan komt een vriend me ophalen en zijn we van plan drie dagen naar de Morbihan te gaan en bij een paar goede restaurants te stoppen. En omdat ik maandag weer werk, kom ik zondag pas mijn Violette ophalen... als je het niet vervelend vindt.'

'Dames en Heren, lieve oma's... pardon: lieve vrienden... Wat zal ik jullie op 15 april nu eens kunnen vertellen?'

In ieder geval gaan we vanmiddag onverwijld naar Dour Veil. Terwijl we lunchen, neemt de zee langzaam weer bezit van de rivierbedding, de boten schudden en richten zich weer op, de harders beginnen weer achter elkaar aan te zwemmen tussen de schepen door, waarbij ze het oppervlak met de zilveren weerschijn van hun flanken besprankelen. Wanneer we vanavond terugkomen, zal het water de bovenste tree van de trap raken en zal het zijn alsof we op een eiland zitten.

Op het strand heb ik het rustgevende gevoel dat ik nergens

ben. Het is land noch zee, en het is alsof ik zweef tussen droom en werkelijkheid, terwijl ik de oeroude herinnering aan de ruimte waar ik oorspronkelijk was in me voel opkomen. Het geroep en geruzie van de kinderen lost op in het blauw van de lucht, te midden van de kreten van vogels, de tijd dijt uit, er gebeurt niets dan de golven, de een na de ander, we doen idiote spelletjes, we vinden het leuk om het water in te lopen en luidruchtig te spatten alsof we vijf zijn, en 's avonds keren we enigszins melancholiek terug zonder te weten waarom.

Zoals de meeste mannen houdt Paul niet van het strand. Vrouwen zijn waarschijnlijk minder vergeten waar ze vandaan komen.

Clémentine en Violette hadden gewed het water in te gaan. Ze zijn op de leeftijd waarop je je tot elke prijs aan je weddenschappen houdt en duiken onverschrokken het ijskoude water in. Ik benijd hen om hun dwaasheid. Weet je nog wel, Rosie?

Bij onze terugkeer treffen we de Baai der Gestorvenen aan na een storm. De meisjes hadden de opbrengst van hun visvangst van 's ochtends willen bewaren om die later nader te bestuderen. Maar honderden alikruiken zijn uit hun huisje ontsnapt en kleven zo'n beetje overal op de tegels van het terras. De tuintafels bezwijken onder het zeegras dat als maaltijd voor de schaaldieren was bedoeld, de krabben zijn liever meteen het grasveld op gevlucht en de garnalen liggen dood in hun emmer, waarschijnlijk doordat ze te veel brood hebben gegeten. Terwijl zij aan de zee teruggeven wat haar toebehoort, inspecteer ik zoals iedere avond mijn tuin. Vanavond is de stokroos, die sinds een paar jaar in de muur groeide, aan de rand van de stenen afgebroken. Ieder voorjaar kwam ze tussen de stenen tevoorschijn, maakte een rechte hoek om weer verticaal te komen en groeide de lucht in net als de andere. Zelfs nog mooier dan de andere, die de voorgevel sieren, alsof haar diep tussen het graniet en het cement doordringende wortels beschut waren tegen de insecten en ziektes die alle stokrozen treffen.

De dag daarna heeft Bretagne alweer last van zijn voorjaarsgrillen. Het regent alsof het nooit mooi weer is geweest. Blandine heeft haar gordijnen een stukje opengeschoven en meteen weer dichtgedaan. Ze houdt hoe dan ook alleen van het Zuiden, en met haar programma, baden met etherische oliën, ginsengshampoo, manicure, pedicure, epileren met was, houdt ze nog maar net genoeg tijd over om met ons mee te gaan naar het pannenkoekenrestaurant. Mijn munitie voor regenachtige dagen begint op te raken, het laatste wat ik nog in voorraad heb, is de *Christ jaune* van Gauguin te gaan bewonderen in het kerkje van Trémalo, de Sérusier-tentoonstelling bekijken in het gemeentehuis van Pont-Aven en Traou-Mad-koeken kopen. Je kunt er zeker van zijn dat ze een ontevreden smoel trekken, maar ik troost mezelf wel met de Sérusiers.

Een heerlijke verrassing, de volgende dag is het zonnig en waait er bovendien een zwakke wind vanuit het westen, zodat ik eindelijk tot het hoofdstuk watersport en matrozenwerk kan overgaan, zonder risico mijn twee sirenen door de verschrikkelijke oostenwind die de rivier opjaagt, naar de uitgang van de haven te zien afdrijven, niet in staat tegen de stroom op te roeien, een roeispaan verliezend en onverbiddelijk verder wegdrijvend in hun notendopje, zonder dat ze de tegenwoordigheid van geest hebben de resterende roeispaan als roer te gebruiken om één van de twee oevers te bereiken voordat ze in hoge zee terechtkomen. Ik heb weinig hoop, want Violette is in haar hart een Savoyarde, die weinig interesse heeft voor boten, en Clémentine een echte intellectuele die, afgezien van paarden, geen enkele belangstelling vertoont voor sport.

Dus verplichte roeiles en zwemvesten ondanks de protesten. Maar ik durf mijn ogen niet af te wenden van de kleine praam waarin ze, nadat ik eruit ben gestapt, snel de miserabele peddels van een strandsetje hebben opgepakt en de edele roeispanen, die zogenaamd te moeilijk te hanteren zijn, laten liggen. Na enig gemodder en na een aanvaring met de kajak van onze buurjongen, die hij met meesterhand bestuurt, en nadat ze een of twee keer de rivier zijn overgestoken om een chocolade-ijsje te kopen bij het café aan de overkant, komen ze bij het huis aan, waarbij ze beweren dat ze het bootje keurig hebben aangemeerd en laten weten dat ze liever winkeltje willen spelen.

Ook mijn kleinkinderen zullen me niet de Florence of Isabelle* leveren waar ik nu eenmaal van droom. Ja, misschien Pauline, die, zo klein als ze nog is, blijk geeft van doorzettingsvermogen, handigheid en een avontuurlijke instelling. Maar ik ben bang dat mij over tien jaar alleen nog de avontuurlijke instelling rest en geen enkele mogelijkheid meer om die in de praktijk te brengen.

Voorlopig is het het streven van Violette om een parfum- en souvenirwinkel te hebben in Chamonix, en dat van Clémentine een trimsalon voor honden in Parijs. Er zouden wel een paar *tartouille*kruisjes voor uitgedeeld mogen worden. En een erekruis voor mij, omdat ik klaag dat ze op hun tiende niet de nobele gedachten hebben die ik op mijn veertigste kreeg!

Al met al kunnen ze nog steeds niet wrikken, maar ze hebben het toch voor elkaar gekregen, toen ze in het wier terechtkwamen, in het water te vallen, de praam op een rots te laten lopen doordat ze slordig hebben vastgemeerd, en een roeispaan te laten wegdrijven, die een zeeman ons gelukkig heeft teruggebracht. Dat zijn toch zeeavonturen die ze als ze weer thuis zijn aan hun vriendjes en vriendinnetjes kunnen vertellen. Er gaat altijd wel iets mis voor wie aan de zee moet leren wennen.

Op de derde dag, als de slaapkuur van Blandine vruchten heeft afgeworpen, zien we een droomvrouw verschijnen, haar heupen omgord door een strook rekbare stof die ik step-in noem, maar waarvan zij volhoudt dat het een rok van Alaïa is, en gekleed in een zilverkleurig jack waarover de ge-

---

* Florence Arthaud en Isabelle Autissier zijn beroemde Franse zeevaarsters.

friseerde krullen van haar kapsel vallen. Venus Anadyomene loopt door ons nederige huisje en verwaardigt zich het brood met ons te breken. We waren gewend geraakt aan die mummie met krulspelden op haar hoofd, met een bepleisterd gezicht en haar tenen met behulp van watjes als een waaier gespreid, om haar purperen nagellak te laten drogen. En we weten dat de vrouw die zojuist tevoorschijn is gekomen, zich slechts kort zal laten zien. Ze is voor andere ogen bestemd. De twee meisjes werpen verrukte blikken op haar, want die kwebbels dromen al van kanten step-ins, push-up beha's, minirokken en maxiflirts, en ik voel me alsof ik van een andere planeet kom, ik die tot mijn veertiende, misschien nog langer, Petit-Bateau-broekjes heb gedragen zonder te dromen van de jarretelgordels van mijn moeder. De kwebbels van tegenwoordig zijn van *Bambi* overgegaan op de fotoroman *Nous Deux*, van sprookjes op televisieseries, en slaan die lange angstige puberjaren over, waarin heel voorzichtig je toekomstdromen gestalte kregen. De kwebbels eisen op hun achtste bikini's, want ze zien zonder angst hun toekomst als seksobject tegemoet, kijken vanuit hun ooghoeken naar schone jongelingen, weten in theorie hoe ze ermee om moeten gaan en kunnen haast niet wachten tot ze het in praktijk mogen brengen.

Ik kijk met weemoed naar ze, en denk aan die vage kinderjaren waarin we lange tijd buiten de werkelijkheid leefden, aan die lange jaren waarin je je zo nuttig verveelde, ver weg van de echte jongens, die jaren waarin je al je tijd bewaarde voor de denkbeeldige helden, de helden uit de geschiedenis van Frankrijk en de literatuur, uit de grote rood met gouden boeken van Jules Verne, Hector Malot, Jules Sandeau, en zelfs uit *Het grote avontuur*, in de tijd dat we nog niet van de duivel bezeten waren.

Dat Barbie aan het eind van de kleuterschool als ideaal wordt aangereikt, vind ik heel erg. Ik probeer mijn walging duidelijk te maken wanneer ik voor de kerst het boudoir van Barbie, de kapsalon van Barbie of het paard van Barbie moet kopen, een soort zielenpiet in giftige kleuren, met een platinablonde haardos... maar als ik al te onverzettelijk ben, verlies ik ook daarbij terrein ten opzichte van de andere oma's; ik kan maar beter het hoofd buigen.

Blandine verlaat ons in een stroom van geparfumeerde lucht. Nu kan ik haar kamer weer krijgen en er mijn denkbeeldige publiek installeren met het oog op een nog veel denkbeeldigere voordracht. Zondag zal ze haar dochter weer komen ophalen.

Na het vertrek van Violette is er een ongewone rust over het huis neergedaald. Ik ontdek dat één kind niet de helft van twee is, maar een heel andere hoeveelheid. Met haar rijke fantasie en haar aanleg voor spelleidster in een vakantieclub was de oudste voor de kleine, die vier jaar jonger is, heel vermoeiend. Clémentine heeft de hele middag op de grote bank liggen slapen, terwijl de zon een gouden glans aan haar haren gaf. Ik heb ook een andere status gekregen: nu wordt er naar me geluisterd, wordt mijn mening gevraagd, bespreken we dingen. Bevrijd van de dictatuur van de Doors, Téléphone of Nirvana, luisteren we naar Anne Sylvestre, Barbara en Gilles Servat. 's Avonds vertel ik haar verhalen. Dat is één van mijn sterke punten... ik heb nog steeds succes wanneer ik de reus met zijn zevenmijlslaarzen nadoe.

Wanneer ze samen zijn, verschansen ze zich in hun vesting, dan is het één blok kind, dat het egoïsme en de onbewuste wreedheid uitstraalt die bij die leeftijd hoort. Ze vormen een hermetisch gesloten koppel, waar ik geen vat op heb.

Heb ik werkelijk permanent drie kinderen in huis gehad? Hoe heb ik genoeg energie kunnen overhouden om te leven, om van een man te houden, om van hen te houden, om te schrijven? Het antwoord kan in een paar woorden worden samengevat: ik was dertig.

Op de dag van het vertrek gaat Paul met ons mee naar het vliegveld, plotseling helemaal vertederd, zonder dat ik weet of dat is omdat hij afscheid neemt van Clémentine of omdat hij mij weer voor zich alleen heeft. Ik sluit mijn armen om haar heen en al mijn emoties van haar aankomst komen weer boven: ik vind haar prachtig, ik heb een traan in mijn ooghoek en ik voel me domweg trots dat ik grootmoeder ben. Als ik haar zie weglopen, zo klein en zo groot voor haar acht jaren, slaak ik een zucht die niet alleen van opluchting is, dat durf ik te zweren.

Morgen doe ik de pluchen dieren en de verzameling kreeftenscharen, dode krabben en stinkende schelpen weg en installeert Paul zich weer in de kinderkamer. Ik krijg mijn grote bureau weer terug en begin mijn lezing weer van voren af aan: 'Dames en Heren, lieve vrienden' was uiteindelijk superstom. Ik zal ervan maken: 'Hallo allemaal', dat ziet er onwijs veel jonger uit.

Ik heb uiteindelijk mijn tijd deze week niet verspild!

HOOFDSTUK II

Zout op mijn huid

Josyane Savigneau — *In dit land, waar men het zo fijn vindt schrijvers en genres in te kunnen delen en van een etiket te voorzien, had men u gerangschikt onder de afdeling 'feminisme' en 'bestsellers', tot u in 1988* Zout op mijn huid *schreef, een roman die met zijn openhartigheid sommige mannen heeft verrast. Het is het verhaal van een onwaarschijnlijke liefdesgeschiedenis die toch een levenlang duurt, tussen George, een intellectuele vrouw, en Gauvain, een zeeman. Ze hebben elkaar al jong leren kennen en hun bijzondere geschiedenis is begonnen toen zij achttien was en hij vierentwintig. Ze leven niet samen, ze delen niets van het dagelijks leven, ieder leidt zijn eigen leven. Ze hebben 'niet veel gemeen', zoals gewoonlijk wordt gezegd, behalve die merkwaardige liefde, dat voortdurende gedeelde verlangen dat hen bij elkaar brengt. Het is een verhaal van wellust, sensualiteit, gevoelens, heftigheid ook, zonder schuldgevoel, zonder pathos en zonder enige sentimentaliteit. Het is een blijmoedig verhaal van seks en plezier. Een roman zoals vrouwen niet durven te schrijven, waarvoor je bevrijd moet zijn van alle onnozelheid, waar je energie, moed en waarheidsliefde voor nodig hebt.*

Dit boek was een bestseller in Frankrijk, en had een geweldig succes in Duitsland (meer dan twee miljoen exemplaren verkocht) en in heel Noord-Europa. Vrouwen voelden zich als het ware bevrijd door deze woorden van een werkelijk vrije vrouw. In het Latijnse Zuid-Europa daarentegen bleven de vrouwen huiverig tegenover het relaas van die hartstochtelijke liefde en vonden de mannen het waarschijnlijk zelfs een afschuwelijke gedachte dat een vrouw zo'n soort roman kon schrijven.

Ik zou graag willen weten hoe u het hebt kunnen schrijven. Of liever gezegd, hoe u de beslissing hebt genomen 'tot de daad over te gaan'. Hoe hebt u uzelf zo'n volledige vrijheid kunnen toestaan?

Benoîte Groult — Ik bedacht dat ik nog nooit over zinnelijk genot had durven schrijven. Ik wilde het helemaal op een feministische manier aanpakken, breken met de traditionele zienswijze van het wegschenken van jezelf, om het egoïsme van de liefdesdaad te laten zien. Bovendien, vooral erover praten zonder poëtische beeldspraak, maar door de echte woorden te gebruiken die de betrokken geslachtsorganen aanduiden. Ik moest proberen die een soort onschuld, misschien iets poëtisch en soms iets obsceens te verlenen. Daar heeft de liefde ook behoefte aan. In ieder geval aan een soort vrijmoedigheid.

Dat hebben heel weinig romanschrijfsters gedaan.

Dat was niet een register dat was toegestaan voor dames! George Sand heeft het natuurlijk gedaan, zij was gewend om grenzen te overschrijden, maar het nageslacht had een heel ongunstig oordeel over haar. Er wordt vaker gesproken over haar minnaars dan over haar talent! Colette ook, over wie de letterkundige Pierre de Boisdeffre zegt dat ze 'haar laagste instincten aan het woord heeft gelaten'. En verder Anaïs Nin, wier *Journals* ik net had gelezen en waaruit bleek dat je op een vrolijke manier, zonder schuldgevoel, over seks kon praten, wat zeldzaam is in de traditie van de erotiek, die meestal vreselijk serieus is. Maar het kwam er ook op aan nieuwe woorden te vinden, of woorden die op een nieuwe manier gebruikt zouden worden, en daarbij kreeg ik te maken met de armoede van het vocabulaire als het gaat om genot bij vrouwen. Zoals ik voor het schrijven van *Ainsi soit-elle* was begonnen bij 'vrouw' te zoeken in de Nationale Bibliotheek, zo heb ik voor *Zout op mijn huid* bij 'anatomie' gezocht in de grote Quillet van 1936, die mijn vader me had nagelaten. Ik dacht dat er aan de anatomie van de vrouw sinds 1936 niets was veranderd. Maar jawel! Op de anatomische prenten

'Man/Vrouw' van een hele pagina was het vrouwelijke geslacht niet meer dan een driehoek. De clitoris werd niet vermeld en was niet afgebeeld. Het woord vagina kwam er niet in voor. Terwijl op de prent 'Man' de penis wel was afgebeeld, de eikel, de zaadballen, allemaal heel herkenbaar. Er was sprake van een werkelijk verontrustende discriminatie... Ik wilde onder andere de woorden om onze geslachtsorganen mee te benoemen in ere herstellen.

Voelde u, jaren na Ainsi soit-elle, *dat u voortaan de behoefte had nog eens vrijuit te spreken, misschien op een meer persoonlijke manier? Had u* Zout op mijn huid *eerder kunnen schrijven, zonder het hele feministische parcours dat aan dit boek voorafging?*

Ik had het niet gekund en niet gedurfd. Ik profiteerde hierbij van de vrijheid die mijn leeftijd me verschafte, van een lef dat ik op mijn twintigste en mijn veertigste niet had, en ten slotte van een lange levenservaring, ervaring met hartstochtelijke en alledaagse liefde, met wat duurzaam is. Ik kon het eindelijk hebben over het mysterie van de hartstocht, dat zelfs in het computertijdperk aangrijpend, verwoestend en magisch blijft. Misschien omdat ik veel Bretonse heldendichten had gelezen, heb ik van mijn held een dolende figuur gemaakt, dat wil zeggen een zeeman, en heb ik hem de voornaam Gauvain gegeven, naar een ridder van koning Arthur, die ook over de zee doolde. Ik wilde een beetje terug naar het oerbeeld van de hartstochtelijke liefde, die van Tristan en Isolde, van Romeo en Julia en anderen, die van alle tijden zijn. Na hun eerste nacht op het eiland zijn George en Gauvain door elkaar gefascineerd, alsof ze een liefdesdrank hebben gedronken, net als Tristan. En hun liefde zal onbeperkt zijn, want er valt niets uit te wisselen, geen contract, wederzijdse diensten of een sociaal leven. Hun relatie zal intens blijven, op voorwaarde dat ze zich niet in de werkelijkheid laten invoegen.

Maar wat is de rol van het feminisme in dat verhaal?

Ik ben blij dat die niet zo duidelijk zichtbaar is, want het gaat om een roman, maar het boek is door en door feministisch. Zonder liefde en vrijheid in de liefde ontbreekt er een deel van de zin van het leven en een dimensie van de ontwikkeling van een vrouw. En het is een feministisch verhaal omdat voor één keer de hartstocht niet leidt tot vervloeking, en de vrouwelijke hoofdpersoon niet gek of ongelukkig wordt of zelfmoord pleegt, en geen hemelse straf over zichzelf afroept... Aan het eind van het verhaal is het een vrouw die geslaagd is in haar leven en in nog wel wat meer dan dat.

Ik zie in de grote hoeveelheid post die dit boek u heeft opgeleverd – en deze keer vaak afkomstig van mannen – dat men u herhaaldelijk de vraag stelt: 'Waarom hebt u Gauvain aan het eind van de roman laten doodgaan?'

Nou, juist omdat het niemand had verbaasd als de vrouw was doodgegaan! Men vraagt zich niet af waarom Emma Bovary zelfmoord pleegt... dat is normaal. Anna Karenina werpt zich voor een trein, het gezicht van Madame de Mertueil wordt verminkt door de pokken; Justine van De Sade wordt door de bliksem getroffen. Madame de Rênal sterft van verdriet en Marguerite Gautier doet niets om zichzelf te redden van de tuberculose... Vrouwen worden stelselmatig gestraft omdat ze te veel van iemand gehouden hebben. Ik weet zeker dat als George een langdurige en moeizame psychoanalyse had moeten ondergaan, of als ze een dodelijk auto-ongeluk had gekregen op weg naar Gauvain, ze veel aandoenlijker zou worden gevonden. Dan zou het een mooi verhaal over een tragische liefde zijn, zoals alle mythische liefdesverhalen. Het idee dat ze haar minnaar overleeft, dat ze zelfs zonder hem nog plezier in haar leven heeft, is choquerend, veel meer dan het vocabulaire. Maar ik wilde per se dit einde omdat ik meer dan genoeg had van al die ongelukkige vrouwen, die verleid en in de steek gelaten waren, bedrogen, frigide, veroordeeld tot smaad, ellende, eenzaamheid en waanzin... En ik walgde ook van de traditionele erotische boeken, van het type *Histoire d'O*, met zwepen, kettingen, vernederingen en fijne martelingen – die ik misschien wel met plezier heb gelezen, daar gaat het niet om –, maar waarin de vrouwen regelmatig tot slavernij worden gedwongen, zogenaamd dolgelukkig door de minachting en het geweld van hun minnaars, en altijd afgeschilderd in een toestand van absolute inferioriteit en onderwerping. Ik voelde de dwingende noodzaak een beschrijving te geven van de vreugde van de lichamelijke liefde, de gedeelde hartstocht, en... van een triomfantelijke vrouw zonder wroeging of spijt.

Zijn er mensen die u die stap hebben verweten, omdat ze vonden dat die niet feministisch was?

Ja, een paar; mensen die het niet goed gelezen hadden, denk ik. Ik geloof juist dat het succes van dit boek wordt veroorzaakt door het feit dat het leven van de heldin door deze liefde iets extra's krijgt. Maar vrouwen hebben hun man niet altijd durven bekennen dat ze plezier hadden in zulk immoreel gedrag!

Een criticus schreef dat het 'een lofzang op de fallus!' was, en hij was blij omdat hij dacht dat u 'eindelijk de wapens neergelegd' had. Men heeft u ook verweten dat George egoïstisch was.

Maar egoïsme is gezond! Het wordt juist bij vrouwen veroordeeld omdat het voor hen zo noodzakelijk zou zijn. Het wordt beschouwd als echt verraad en dat is het trouwens ook. Plotseling ontdoen ze zich van het imago dat hun met geweld is opgelegd, weigeren ze de rol die voor hen is geschreven... O ja, egoïsme is een bevrijdende kracht! Het is waar dat George niet het sympathieke personage is in deze roman. Dat is Gauvain, die ontroerend is omdat hij gekweld wordt en een schuldgevoel heeft door deze liefde, die voor hem een obsessie is.

Natuurlijk, omdat George niet ongelukkig is, wordt ze onsympathiek gevonden! Maar ervaart u zelf ook dat gelukzalige egoïsme?

Ja, ik denk het wel; gebaseerd op een zekere dosis onverschilligheid en op het gevoel dat ik verzoend ben met mezelf, dat ik halverwege mijn leven heb gekregen. Dat klinkt niet erg sympathiek, maar op die manier ben ik ontsnapt aan het soort al te grote verdraagzaamheid ten opzichte van ongeluk, dat zo veel vrouwen ontwikkelen. 'Nou zeg, je bent egoïstisch!' zeggen ze tegen me, alsof dat iets onvergeeflijks is. Oké, ik ben egoïstisch. Nou en? Ik denk dat ik door van mezelf te houden juist guller voor anderen ben geworden. Mensen die eeuwig gedeprimeerd zijn, dat zijn echte egoïsten. Niets is veeleisender, narcistischer en egocentrischer dan iemand die chronisch gedeprimeerd is. Bij mannen wordt egoïsme best getolereerd: 'O, Alain is zo egoïstisch!' zeggen ze bijna vertederd.

Dacht u toen u dit boek schreef al dat het aanstoot zou geven?

Op een bepaalde manier wilde ik dat graag, maar ik verwachtte niet zo veel hypocrisie! Beweren dat je gechoqueerd bent door een liefdesavontuur waar geen perversies in voorkomen of ontucht of martelingen, alleen simpelweg een relatie, laat wel zien hoezeer men een romanschrijfster de vrijheid of het woordgebruik van een romanschrijver ontzegt. Wie zou het in zijn hoofd halen te zeggen dat hij van Patrick Grainville, Philippe Sollers, Yann Queffélec, Michel Braudeau, Pierre Guyotat of zo veel anderen 'een kleur krijgt'?

Een detail was geloof ik choquerend, en wel dat ik de mannelijke seksuele uitrusting met ironie durf te beschrijven. In erotische teksten draait het altijd om de pik, een goddelijk orgaan, altijd fantastisch. De gedachte dat een vrouw zo oneerbiedig spreekt over de attributen van de mannelijke macht, is bijna een overtreding! Ik herinner me dat lezeressen stiekem tegen me zeiden: 'Het is waar dat testikels op padden lijken wanneer je ze in je hand neemt... Het is vochtig, het is koud en zacht... Dat had ik nooit bij mezelf durven zeggen!' En ze kirden van het lachen, met hun hand voor hun mond, als kinderen die spotten met meneer de pastoor.

Maar er is nog één vraag, dé vraag misschien, die je jezelf en u wel moet stellen: hoe en tot welke prijs kun je je zo'n vrijheid permitteren? Wat voor relatie van waarheid en vrijheid word je dan verondersteld te hebben met je man, als je bent getrouwd? – en u was getrouwd, u bent getrouwd. Op grond van wat voor soort betrekkingen tussen een vrouw en een man durft een vrouw te doen wat u hier hebt gedaan?

Dat vroeg Bernard Pivot me onmiddellijk toen hij me uitnodigde voor 'Apostrophes'. 'Benoîte Groult, oké, vrijheid voor vrouwen wordt tegenwoordig toegestaan, maar een paar jaar geleden zou men uw roman toch wel een beetje pornografisch hebben gevonden, nietwaar?'

En wat hebt u geantwoord?

Ik gaf een heel slecht antwoord. Ik verwachtte dat woord niet. Later was ik op mijn hoede! Ik had in het begin een definitie moeten geven van het woord pornografie. Dat is exploitatie van het lichaam van de ander. In porno komt geen enkele liefde voor. Maar ik heb me de rol van de schuldige laten aanleunen. En dan zat Michel Tournier er nog, die het erg leuk vond om te zien hoe ik van dat woord afkwam, en Cavanna en Jean Vautrin, die niet waren gekomen om mij te verdedigen... Een liefdesgeschiedenis uitleggen is een beetje belachelijk.

'Praten over de liefde en schrijven over de omhelzing is een onverbiddelijke beproeving,' zei Etiemble. Pivot had misschien het gezelschap zo samengesteld om u in moeilijkheden te brengen. Hij had u uitgenodigd met lastige jongens!

Dat was het niet eens, geloof ik. Eén vrouw tegenover vijf mannen, dat is de gebruikelijke verhouding. Maar zodra een vrouw *'vagina'* zegt, wordt er *'pornografie!'* geroepen. Ze schenen allemaal te denken dat ik had geprobeerd succes te behalen door over seks te praten. Toen ik die avond thuiskwam, zeiden mijn dochters: 'Je hebt je heel slecht verdedigd. Sommige mensen zullen denken dat je op jouw leeftijd nog aan pornografie bent begonnen!'

Vervolgens wees Pivot er nog op dat ik de vrouw van Paul Guimard was. 'En wat vindt uw man van een boek als dit?' Hebben ze Sollers ooit gevraagd wat Julia Kristeva van zijn erotisch-vertrouwelijke romans vond? Maar op pornografie focussen betekende de aandacht afleiden van wat ik wilde zeggen over de vrijheid van vrouwen. Door de nadruk op de seks te leggen, werd het feminisme weggemoffeld.

Zodra vrouwen de moed hebben om dingen bij de naam te noemen, beweren mannen dat 'er een probleem is'. Er is inderdaad echt een probleem, want met Zout op mijn huid *nam u de beslissing dingen te 'zeggen'. Toen Annie Ernaux* Alleen maar hartstocht *schreef, waarin meteen al aan het begin van de tekst de woorden 'sperma' en 'lul' voorkwamen, wilden ze haar ook kapotmaken. Een man zei in een radioprogramma: 'Ze heeft de stijl van een stenotypiste die seksueel opgewonden is...'*

Hoe dan ook, zodra het gaat om het lichaam, om seks, en zelfs om echte pornografie, raken de verhoudingen tussen mannen en vrouwen onvermijdelijk vergiftigd. U hebt in Ainsi soit-elle, *terwijl het nog geen kwestie was van 'politiek correct' zijn, het probleem meteen al in alle vrijheid aan de orde gesteld. U zegt natuurlijk wel dat u walgt van een aantal pornografische geschriften, maar u concludeert, wat bij bepaalde feministes van tegenwoordig niet zo vaak het geval is: 'Natuurlijk, die teksten moeten net als alle andere het recht hebben om te verschijnen, gelezen te worden, men mag er eventueel van genieten, ze in praktijk brengen met z'n tweeën, met z'n drieën of met z'n tienen, wat men maar wil.' Ik vond het bijzonder knap dat u meteen al voorzag waar uw analyse op kon uitlopen. Ik moet bekennen dat ik zeer gekant ben tegen die hele Amerikaanse bewe-*

ging van 'politieke correctheid', tegen dat fanatisme dat heel vaak uitloopt op een ontkenning van kunst en kunstenaars. Bovendien geloof ik dat vrouwen voor de zoveelste keer, uit puritanisme, vanwege het vasthouden aan stereotypen, de verkeerde vijand voorhebben. Het is heel duidelijk dat kunstenaars, schrijvers, zelfs degenen die extreem gewelddadige dingen hebben geschreven, niet zo volkomen vijandig tegenover vrouwen staan als sommige 'zogenaamd feministische mannen', de 'begrijpenden', de paternalisten van diverse pluimage die eigenlijk vrouwen willen onderwerpen, die de confrontatie willen vermijden en hen stilletjes en definitief afhankelijk willen maken. Een confrontatie is per slot van rekening niet meteen iets rampzaligs. Net als in de relatie tussen ouders en kinderen ben je des te beter in staat je te bevrijden als je je kunt verzetten.

Mits je niet van tevoren wordt verpletterd. Je moet een flinke dosis zelfrespect en een verdomd goede gezondheid hebben om niet wanhopig te worden van het feit dat je een vrouw bent, wanneer je sommige van die teksten leest!

Zegt u daarom in Ainsi soit-elle *dat sommige schrijvers, onder wie in de eerste plaats Henry Miller, pornografische teksten hebben geschreven die u vernederend voor vrouwen vindt?*

Ik was erg onder de indruk van *Sekse en macht* van Kate Millett. Daarin laat ze zien hoe D.H. Lawrence, Norman Mailer of Henry Miller vrouwen herleiden tot 'een seksuele akker' waarmee je alles kunt doen wat je wilt, zonder de gedachte aan wederkerigheid. Dat is op den duur vernietigend.

Misschien. Maar men is heel snel van die constatering, van de analyse, overgegaan op afkeuring, op willen verbieden. Kun je niet beter, zoals u hebt gedaan door Zout op mijn huid *te schrijven, zelf een antwoord inbrengen? Waarom altijd een verdedigende houding aannemen en klagen, alsof dat de favoriete zijnswijze van vrouwen is? Ik herinner me een discussie waarbij ik vrouwen choqueerde die zojuist een van de aanwezige schrijvers, Philippe Sollers, hadden aangevallen op zijn roman, die nu juist* Femmes *heet. Ze vonden het onuitstaanbaar dat ik tegen hem zei: 'Ik verwijt u niet dat u* Femmes *hebt geschreven, maar het verontrust me dat ik in een maatschappij leef waar geen enkele vrouw ertoe komt* Hommes *te schrijven.'*

Een Amerikaanse romanschrijfster als Erica Jong heeft dat wel gedaan. Maar het duurt lang voordat de vroegere slaven over hun onderdrukkers durven te schrijven! Al duizend jaar lang verdiepen filosofen zich in een wereld waar zij *alle* plaats innemen in het denken en in de macht. En het is nog maar zo kort dat vrouwen mogen nadenken en dat ze gewoon het recht hebben om te lezen en te schrijven!

Juist de filosofie... Net als u houd ik niet zo van het zogenaamde differentialisme. De gedachte dat vrouwen en mannen door en door verschillend van aard, ja zelfs tegengesteld zijn. Vrouwen zouden bijvoorbeeld minder geschikt zijn voor het hele domein van de abstractie. En afgezien van Hannah Arendt en misschien Simone Weil, zie ik inderdaad weinig vrouwen die werkelijk een filosofische instelling hebben.

Ik geloof dat filosofie pas kan ontluiken op de humus van eeuwen. Misschien moet je grootmoeder filosofisch hebben gedacht voordat jij zelf in alle gemoedsrust dat domein kunt betreden. Je kunt niet bloeien op een generatie van mensen die zich hebben opgeofferd of slachtoffer zijn.

Zoals altijd hebt u een optimistische interpretatie van de zaak. Het lijkt wel alsof het u gelukt is om aan de meeste 'vrouwenneurosen' te ontsnappen. Waarschijnlijk hebt u het geluk gehad – dat geen toeval is – dat u een harmonieus huwelijk hebt. Met Zout op mijn huid *had dat toch problematisch kunnen worden... U hebt nog steeds niet verteld hoe de man die uw echtgenoot is, die met u leeft, zo rustig kon accepteren dat u zo'n soort boek schreef.*

Rustig, daar ben ik niet zo zeker van.

Maar u had er van tevoren toch wel met hem over gepraat?

Natuurlijk, maar oppervlakkig. Ik laat de boeken waar ik aan bezig ben nooit zien. Dan zijn ze nog te vormeloos. Paul heeft het pas gelezen toen het af was, en ik had liever gehad dat hij het nooit had gezien. Maar je hebt het over een 'harmonieus huwelijk'... dat is snel gezegd. Een huwelijk van vierenveertig jaar kan niet zonder wanklanken, zonder momenten van moedeloosheid, van wanhoop zelfs. Of anders heeft een van de partners in zichzelf alles wat de ander niet zou kunnen bevallen, volledig onderdrukt. En we weten sinds Jung dat *'het niet-geleefde leven'* een vergif is dat een mens kan slopen. Je moet af en toe durven niet in de smaak te vallen...

Maar dat u dat hebt gedurfd, is toch omdat u de zekerheid had dat u leeft met een man die geen last heeft van die stereotype omgangsmanieren die in het algemeen de verhoudingen tussen mannen en vrouwen beheersen.

Ja, waarschijnlijk wel. Zeker. Anders zouden we, neem ik aan, niet veertig jaar lang bij elkaar zijn gebleven. Hij kende mijn leven zoals ik het zijne kende; hij moest wel in een boek accepteren wat we in het leven ook accepteerden.

Met het verhaal van Gauvain en George hebt u een relatie tot uitdrukking gebracht die schrijfsters nooit hebben durven verwoorden. Terwijl het voor mannen tamelijk gewoon is. Zij vermengen in hun romans graag fictie en autobiografie om deze of gene hartstochtelijke liefde te beschrijven. Het wordt vanzelfsprekend gevonden dat dit voor hen een kwestie van artistieke vrijheid is en dat hun vrouw (of zelfs vrouwen) geacht wordt daar geen aanmerkingen op te maken.

Ja.

Maar het mannelijke model is zo overheersend dat het nog steeds niet mogelijk is dat een vrouw aanspraak maakt op dezelfde 'artistieke vrijheid', zonder het risico te lopen dat er represailles tegen haar ge-

nomen worden. U was, neem ik aan, niet van plan met uw man te breken. U wist dus zeker dat hij uw vrijheid zou respecteren?

Dat heb ik me niet afgevraagd. Ik moest dit boek schrijven.

Hoezo 'moest'?

Nou, het belangrijkste op dat moment van mijn carrière (dat woord heeft iets doms, maar goed, het is waar dat dertig jaar schrijven zo langzamerhand een 'carrière' genoemd kan worden) was het beschrijven van de passie, dat wil zeggen iets irrationeels, wat je met je verstand niet begrijpt, wat je redelijkerwijze verwerpt, maar wat jou raakt in je diepste wezen, daar waar je teruggrijpt op je primitieve, authentieke krachten. Het was boeiend om die kracht van de begeerte met woorden vast te leggen.

Besefte u dat veel mannen, zelfs mannen die zelf heel vrij zijn, alles zouden hebben gedaan om u te beletten dat boek te publiceren? En dat de man met wie u uw leven deelt nogal uitzonderlijk heeft gereageerd?

Daar heb ik nooit bij stilgestaan, je hebt gelijk. Ach, natuurlijk heb je gelijk. Maar tegelijkertijd is het zo dat de afspraken die we in het begin hebben gemaakt niet alleen vrijheid op seksueel gebied betroffen, maar vrijheid zonder meer.

Jawel, maar ik weet zeker dat sommige romanschrijvers, die van zichzelf beweerd hebben dat ze vrij zijn, de vrouw met wie ze hun leven delen onder druk zouden zetten als ze iets in hetzelfde genre zou schrijven als zijzelf.

We weten dat Scott Fitzgerald dat bij zijn vrouw Zelda heeft gedaan. En de man van Sylvia Plath. En anderen ook. Ik heb nooit aan die mogelijkheid gedacht... Dat is een compliment voor Paul, trouwens. Maar ik was misschien in staat geweest tegen hem te zeggen: 'Als je er niet tegen kunt, laten we dan een halfjaar uit elkaar gaan. Als het boek helemaal geen succes heeft, vergeten we het.' Ik zou dit boek niet hebben opgegeven, ik was eraan gehecht als aan een kind. Ik was waarschijnlijk – eindelijk – een romanschrijfster geworden.

Maakt het feit dat u al zo lang met deze man getrouwd bent het voor u moeilijk om te zien dat hij een bijzondere instelling heeft, niet alleen vergeleken met de mannen van zijn generatie, maar ook vergeleken met mannen die zijn zoons of zelfs zijn kleinzoons zouden kunnen zijn?

In de eerste plaats heeft hij respect voor mensen, met inbegrip van zijn vrouw, wat zeldzaam is. Hij houdt er niet van om druk uit te oefenen op het leven van wie dan ook, zozeer dat hij die ander zou laten verdrinken als die daar zin in heeft. Ik overdrijf nauwelijks. Dat heeft iets afschrikwekkends, maar tegelijkertijd iets moois. Bovendien heeft hij respect voor schrijven. En mijn boek is per slot van rekening een roman en geen bekentenis. Ik heb nooit een zeevisser gekend! Ik had zelden mannen als hoofdpersoon genomen. Gauvain is mijn eerste echte romantische creatie, ook al heb ik me laten inspireren door details die ik werkelijk heb beleefd.

En ten slotte moet ik zeggen dat ook Paul, minder in zijn romans maar vooral in zijn leven, zich altijd een flinke portie vrijheid heeft veroorloofd. We waren, om het zo maar eens te zeggen, zo'n beetje van start gegaan met een contract als dat van Sartre en De Beauvoir, wat betreft de contingente liefdes en de noodzakelijke liefdes. Ik heb het contract er vaak op moeten naslaan, het moeten overlezen... om mezelf te dwingen me er onder alle omstandigheden aan te houden.

Had u beloofd elkaar alles te vertellen, net als zij, die elkaar uiteindelijk waarschijnlijk te veel vertelden?

Nee. Ik denk dat dat een groot gevaar is en bovendien veel pijn veroorzaakt. Sartre was in feite degene die uitweidde over zijn contingente liefdes. Zijn brieven aan 'Castor' zijn vreselijk. Wanneer het om de liefdes van anderen gaat, begrijp je zoveel, terwijl je blind bent voor jezelf! Ik denk dat het bijna altijd de mannen zijn die voordeel hebben bij zo'n soort contract.

Ik heb grote bewondering voor hen, en die zal ik altijd blijven houden, maar ik weet niet helemaal zeker of zo'n contract een goed idee was.

Dat je het koppel Sartre en De Beauvoir graag mag, is voor mij heel belangrijk. Dat is een scheidingslijn. Ik zou me niet vertrouwd, niet bevriend voelen met iemand die hun werk onderschat of hun manier van leven veroordeelt. Wat hun contract betreft, dat heeft er toch voor gezorgd dat ze de mythische reputatie behielden van het koppel dat bij elkaar blijft tot de dood. Daar blijf ik De Beauvoir dankbaar voor. Zo veel van hun vijanden zouden tevreden zijn geweest als ze elkaar hadden verraden!

U beiden had een meer onuitgesproken vrijheidscontract gesloten.

Precies. Zonder geheimzinnigdoenerij, maar ook zonder gedetailleerde verhalen.

Kende u degenen waar het om ging?

Die ken je bijna altijd, helaas. En af en toe is dat bijna ondraaglijk. Maar ik was het immers met hem eens over het principe! Ik vind het onmenselijk om in deze tijd en in ons Parijse milieu, in ons beroep waarin je voortdurend in verleiding wordt gebracht, van iemand te eisen dat hij afziet van al het andere behalve jou. Ik trouw met je, en dat wil zeggen dat je van nu af aan geen andere vrouw meer aanraakt, geen liefdesavontuur meer aangaat, dat je nooit meer het Spel van de liefde en het toeval speelt en geen toegang meer hebt tot de vrijheid. Dat is afschuwelijk! Bovendien voelde ik me niet in staat iemand zoiets op te leggen.

Bent u van mening dat u uiteindelijk gelijk hebt gehad door te speculeren op de wederzijdse vrijheid?

Dat lijkt mij de fatsoenlijkste houding. Maar het valt niet mee voor diegene van de twee die het meest of het langst van de ander houdt. Ik herinner me nog altijd dat Paul en ik op een avond vierden dat we twee jaar getrouwd waren en dat Paul met een volkomen onschuldig en vrolijk gezicht tegen me zei: 'Ik drink op mijn twee jaar huwelijkstrouw. Ik had nooit gedacht dat ik het zo lang zou volhouden!'

Wanneer je zoiets met humor tegen elkaar kunt zeggen, is dat toch mooi?

Mooi voor wie? Het was voor mij als een koude douche. In de eerste plaats impliceerde het dat de periode van trouw was afgesloten. Maar goed, dat stond in mijn contract, alleen de datum was nog open! Hij werd weer de man die ik eerst had gekend. Mijn moeder had me genoeg gewaarschuwd! Er zat niets anders op dan het te aanvaarden, en ik heb het aanvaard omdat we het in de meeste dingen zo goed met elkaar konden vinden... Ik herinner me dat moment nog steeds, we zaten met z'n tweeën te eten aan een klein tafeltje; ik zie nog hoe hij zijn glas heft, me verliefd aankijkt en me vol vertrouwen zegt wat hierop neerkomt: ik houd van jou, maar ik begin mijn ogen te openen voor anderen en weer de jonge man te worden die ik in werkelijkheid ben. Ik was het verstandelijk gezien met hem eens, maar ik was er nog niet rijp voor, omdat ik toevallig langer verliefd op hem ben gebleven. Ik leerde pas veel later dat je van twee mensen tegelijk kon houden. Hij heeft dat altijd geweten. Twee, drie, tien... Hij houdt van amateurisme, niet van specialisatie.

Maar hij bleef toch bij u? We komen weer terug op Sartre en De Beauvoir, op de contingente liefdes en de noodzakelijke liefde.

Dat zei hij ook steeds tegen me.

Vindt u het nu, van een afstand, bevredigend?

Laten we zeggen dat het heeft gewerkt. Maar op een keer moest ik *Le féminin pluriel* schrijven om me af te reageren, om met andere ogen te huilen. En op dit soort routes lijd je van tijd tot tijd schipbreuk, haal je de romp van het schip open aan onvoorziene klippen... je moet wel kunnen zwemmen, de gaten afdichten, glimlachen tegen anderen, tegen je kinderen...

Als ik u zo hoor, maar misschien is dat een verkeerde indruk die u graag wilt corrigeren, ben ik ervan overtuigd dat u beiden bent ontsnapt aan wat vóór alles paren ondermijnt en hun relatie aantast, en dat is rancune.

Ja... ja. Omdat het ons zo ongeveer gelukt is om ons aan onze beloften te houden.

Omdat de meeste mensen die hebben samengeleefd rancune voelen. Terwijl u die blijkbaar geen van beiden voelt.

Nee, ik zie niet in waarom je iemand kwalijk zou nemen dat hij is wie hij is. Dan had je hem maar niet moeten kiezen. Je trouwt niet om de ander zo te maken als je zelf bent. En ook niet om jezelf te veranderen. Dat had ik al eens geprobeerd...

Waarschijnlijk kun je daar dankzij die vrijheid aan ontkomen, anders leidt de frustratie tot rancune.

En wat een vergif is rancune in een relatie. Maar er is een vergif waaraan je ook niet ontkomt, en dat is jaloezie. Die is onvoorspelbaar en verwoestend. Maar dat is het leven. Het is infantiel om te denken dat je jezelf pijn kunt besparen. Tegenwoordig kan een relatie vijftig jaar duren! Het is ontoelaatbaar om tegen jezelf te zeggen dat je vijftig jaar lang – de helft van je leven of meer – nooit meer het begin van de liefde zult kennen, nooit meer de eerste minuten van de begeerte zult meemaken, dat je je de opwindende ontmoeting in de trein of in het vliegtuig zult ontzeggen en je, vanwege een gelofte van trouw die vaak geen sterke fysieke realiteit meer heeft, jezelf unieke momenten zult onthouden. Bovendien betekent het voor schrijvers een voorraad bouwmateriaal!

Was Zout op mijn huid *niet een manier om wraak te nemen?*

Volstrekt niet. Geen seconde. Ik denk dat ik het sowieso zou hebben geschreven. Misschien zelfs nog eerder met een man die een en al trouw was.

Begreep u dan op het moment dat u besloot die tekst aan te durven dat u in uw vrijheid als schrijver tot het uiterste ging?

Op dat moment heb ik daar niet zo bij stilgestaan. Later heb ik het geanalyseerd. Op dat moment was het belangrijk om te zorgen dat dat boek er kwam.

Dat is dus eigenlijk de drijvende kracht van schrijvers: een vorm van noodzaak. Niets kon u tegenhouden. Maar u vertelde me dat Ainsi soit-elle *uw grootste voldoening was. Heeft* Zout op mijn huid *u een nog grotere voldoening gebracht?*

Niet echt groter, omdat ik in een situatie was gekomen waarin ik minder behoefte had aan troost. Maar daarbij kwam het boosaardige genoegen de critici van de wijs te brengen, althans de misogyne: 'Wat krijgen we nou, die feministe, die dame van in de zestig die zo'n verhaal schrijft en zulke onfatsoenlijke taal gebruikt...' Ja, je blijft altijd een beetje een klein meisje dat niet het recht heeft om grove woorden te gebruiken, zoals de jongens. Ik vond het leuk om mijn imago te verstoren!

Het is een veel provocerender boek dan Ainsi soit-elle. *Vrijer, en er worden meer sociale conventies aan de kaak gesteld. Waren er nega-*

tieve reacties van feministes op Zout op mijn huid*? Feministes zijn jammer genoeg vaak nogal preuts en moralistisch.*

Vreemd genoeg waren die er wel. De 'echte' feministes hebben het waarschijnlijk niet gewaardeerd. Maar het is net als wanneer je zegt 'een echte vrouw'. Dat betekent niet zoveel. Die beperkende definities accepteren, is zoiets als met de vijand heulen.

Hoe verklaart u die vorm van moralisme, die mij altijd erg verbaast bij vrouwen die beweren te werken voor de bevrijding van alle vrouwen?

Dat valt niet te verklaren, het is een van de facetten van het feminisme. Je kunt ook het 'moralisme' van de een of andere sekte, van de een of andere behoudende religieuze stroming niet verklaren, je constateert die en je kijkt ergens anders naar. Men wil altijd graag dat feministes met elkaar in de pas lopen en het geringste verschil van mening wordt tegen hen gebruikt. Dat is onterecht en belachelijk. Bij de socialisten heb je stromingen, net als bij de communisten en de milieubeschermers. En wij zijn veel talrijker en veelsoortiger dan een politieke partij. En wanneer je bij de theorie ook de seksualiteit meetelt, zoals onvermijdelijk is, dan is het helemaal een zootje. Kijk maar eens naar de verdeeldheid tussen seksuologen en andere psychologen. Ik weiger de banvloek uit te spreken over wie dan ook. Dat is de rijkdom van het feminisme.

De moralistische feministes waar jij het over hebt zijn waarschijnlijk de radicalen, die beweren dat iedere vrouw lesbisch zou moeten worden. Hun slogan is: 'Een heteroseksuele vrouw is in het beste geval reformistisch, en in het slechtste geval een collaborateur.' In theorie ben ik het daar wel mee eens. Maar tegelijkertijd wil ik kunnen 'collaboreren' als ik daar zin in heb. Renaud heeft in het programma 'Faut pas rêver' hetzelfde gezegd op een veel leukere manier en daar sluit ik me bij aan: 'Een vrouw die voor een man stemt, is als een krokodil die een leerwinkel binnenstapt!' Dat is geniaal, zoals mijn kleindochters zouden zeggen.

Maar accepteert u dan dat u leeft in tegenspraak met uw theorieën?

Het is dat of zelfmoord! In feite is het stalinisme, die ene denkwijze, en wat daarvan is afgeleid, de 'political correctness', onacceptabel; niet de tegenstellingen, die het zout van het leven zijn. Ze maken je soms gek, maar ze leveren ook kunstenaars, dichters en utopisten op. Je houdt van het leven en je loopt voortdurend de kans dood te gaan; je wordt verliefd op een man en je hebt een hekel aan mannen, vooral wanneer ze in een groep zijn; je houdt van vrijen en je haat de afhankelijkheid waartoe het kan leiden... Wat een geestverrijkende complicaties...

Kon u vóór de tijd dat u zich feministe noemde niet moeilijk opschieten met vrouwen? Met vrouwen die zich op hun gemak voelden in hun conventionele imago?

Die vrouwen hebben mij het vaakst afgewezen. Ik hoopte steeds weer hen daaruit te halen, een greintje opstandigheid te zaaien. Soms is een kleinigheid voldoende. Ik begin te praten als die pastoors waar ik een hekel aan heb, die de ongelovigen weer terugwinnen als ze op sterven liggen: ik ben ervan overtuigd dat alle vrouwen zonder het te weten feministes zijn. Zelfs Margaret Thatcher, begrijp je; wanneer zij in een televisieprogramma verschijnt, zou ik haar wel willen begroeten. Met een paar woorden, hoor! Wanneer je al die internationale ontmoetingen weer ziet, die Europese topconferenties, en je beseft dat mannen – oude mannen, jonge mannen, zwarte mannen, gele mannen, maar altijd mannen – beslissen over het leven van alle vrouwen en ik zie dan een vrouw, eentje maar, met haar onberispelijke watergolf en haar blauwe ogen die nergens bang voor zijn, nou, dan ben ik ontroerd. Ook al heeft ze voor de vrouwen nog geen pink uitgestoken, ze heeft hun alleen al door haar imago en moed een dienst bewezen. En van de vrouwen die verraad plegen, denk ik bij mezelf: 'Wat moeten die op hun donder hebben gehad, dat ze er nog steeds niets van hebben begrepen!'

U zei net dat uw boek nog meer choqueerde omdat het was geschreven door een vrouw van vijfenzestig. Hoe hebt u het ouder worden ervaren? Al die waanideeën over ouder wordende vrouwen? Al die dingen waar vrouwen toe worden gedwongen?

Men wil dat we ons schuldig voelen, zelfs omdat we ouder worden en de mannen niet meer het beeld bieden van de vrouw als seksobject, de enige vrouw die zij bevoordelen! Ik neem het onze tijdschriften kwalijk dat ze meedoen aan die samenzwering en niets moeten hebben van vrouwen van boven de vijftig. Zelfs een jaar of veertig is al verdacht. Topmodellen zijn tegenwoordig steeds jonger. Ze zijn niet meer achtentwintig of dertig, zoals de mannequins van mijn moeder, maar tussen de vijftien en de twintig! Tegelijkertijd laat men ons zien dat geen enkele vrouw te jong is voor geen enkele man, mits het natuurlijk geen zwerver is. Antony Quinn, vijfenzeventig jaar, gaat een vierde huwelijk aan met zijn secretaresse van achtentwintig, die een kind van hem verwacht, terwijl hij al zes kinderen heeft! En de vader van Sylvester Stallone, zevenenzeventig, die in 1996 een baby kreeg van een jonge vrouw die vijfenveertig jaar jonger is dan hij! Er zit iets pathetisch in die babywedloop: het lijken wel heel kleine jongetjes die een wedstrijd houden wie de grootste piemel heeft! Dus wanneer moralisten moord en brand schreeuwen omdat enige tientallen vrouwen op de wereld nu of in de toekomst graag zwanger willen worden na hun vijftigste, vind ik dat men het verkeerde doelwit te pakken heeft. Een vrouw van vijfenvijftig heeft een hogere levensverwachting dan een papa van zevenenzeventig! En de ethiekcommissies, die zo bezorgd zijn over de moraliteit van vrouwen, zouden zich beter bezig kunnen houden met de mannelijke moraliteit, die pedofilie en prostitutie voor lief neemt, want wie zwijgt stemt toe.

Hoe hebt u op dit alles gereageerd? Wat uw uiterlijk betreft bijvoorbeeld, hebt u gebruik gemaakt van plastische chirurgie?

Ik heb me langzamerhand verzoend met dat uiterlijk, met het idee dat ik nu eenmaal een vrouw ben. En ik heb ontdekt dat ik misschien geen charme had omdat ik niet van mezelf hield. Een banale ontdekking! Ik heb de indruk dat mijn eerste lezeressen me weer zelfvertrouwen hebben gegeven. Dat zijn al die brieven waarin staat dat ik hun levenslust had geschonken en de moed om zichzelf te zijn. Maar op het moment dat ik in mijn hoofd weer jong werd, liet mijn gezicht me in de steek! Ik wilde mijn innerlijke ik met mijn uiterlijk verzoenen. Dus heb ik gebruik gemaakt van het middel dat me werd geboden door plastische chirurgie en heb ik een facelift genomen.

Kon u niet tegen die plotselinge discrepantie tussen uw innerlijke verjonging en uw lichamelijke veroudering?

Op mijn twintigste wist ik niet dat ik jong was, of in ieder geval kon ik er niet van profiteren. Op mijn vijftigste voelde ik me plotseling steeds zelfverzekerder en gelukkiger; ik had het beroep waarvan ik hield, aan mijn zijde had ik een man van wie ik hield, met de gebruikelijke moeilijkheden natuurlijk, maar over het geheel genomen had ik mijn dromen zo ongeveer verwezenlijkt. En op dat moment liet mijn huid me in de steek! Mijn lichaam helemaal niet, want ik ben altijd sportief geweest – skiën, roeien, vissen, tuinieren... Het was echt een probleem van mijn gezicht. Dus, omdat ik vals kon spelen, vond ik dat ik een lange neus maakte tegen het leven door te zeggen: 'Morgen laat ik mezelf door middel van een operatiemes vijftien jaar jonger maken!'

Voelde u geen enkele angst bij de gedachte aan de operatie, aan de verandering van uw gezicht, dus van uw eigen persoon?

Veel minder dan bij de gedachte dat ik langzaam oud zou worden. Ik wilde het zo graag, dat niets me had tegengehouden. Er komt een moment waarop je jezelf niet meer in een spiegel kunt zien. 's Ochtends word je jong en energiek wakker, je gaat naar buiten, je loopt met grote passen over straat zonder ergens aan te denken, en dan zie je jezelf plotseling in de spiegelruit van een winkel – meedogenloos is dat vale ochtendlicht in de winter! – en dan schrik je! Ben ik dat? Dat kan niet! Dat is een vergissing! Goed, er werd me de mogelijkheid geboden die vergissing te herstellen (nou ja, dat woord klopt niet: het is bepaald niet 'geboden'), laten we zeggen dat me werd voorgesteld om me in een paar uur vijftien jaar jonger te maken! Het leven, de maatschappij een poets te bakken!

Denkt u dat u bent bezweken voor de sociale druk?

Alles heeft meegespeeld. Het feit dat de ouderdom tegenwoordig volkomen in diskrediet is geraakt. Het heeft geen enkel voordeel om grijze haren te hebben! Jonge blondjes worden geholpen hun koffers in de trein te hijsen, niet 'oma's', zoals neerbuigend wordt gezegd.

Hebt u zich daardoor laten beïnvloeden?

Ja, ik heb me laten beïnvloeden. En mannen ontkomen er ook niet aan. Een oude leidinggevende functionaris, dat kan niet meer. Iedereen wiens gezicht zo'n beetje het visitekaartje is, laat zich behandelen: toneelspelers, tv-presentatoren, politici... Ze laten haar op hun hoofd implanteren, hangwangen wegzuigen, spataders weghalen om naast hun jonge vrouw te kunnen rennen over de stranden van Mauritius of de Antillen... Wat vreselijk is, is dat de vrouwen die zich verzetten, die weigeren, er algauw uitzien alsof ze van een andere generatie zijn dan hun tijdgenoten! Ik denk aan een actrice die wat jonger is dan ik en die bij een César-uitreiking eruitzag als de moeder van Micheline Presles, Danielle Darrieux of Michèle Morgan, al die vrouwen die een nog verbazingwekkend jong gezicht hebben. En iemand als Elizabeth Taylor, die twee keer zolang is meegegaan als de Schepper had verwacht; dankzij de vooruitgang in de chirurgie heeft ze een extra leven gehad.

Een vriendin van mij, die verscheidene keren gebruik heeft gemaakt van plastische chirurgie omdat ze ook zo'n representatief beroep heeft, zei met een soort komische scherpzinnigheid: 'Hoe dan ook, je ziet eruit als een oude vrouw óf als een opgelapte oude vrouw... Maar jonger word je niet.'

Daar ben ik het niet mee eens. Wanneer je jezelf terugziet zonder wallen onder je ogen, zonder rimpels bij je mondhoeken, zonder onderkin, dan juich je. En juichen is goed voor de gezondheid, dat wekt endorfine op, daar word je jonger van. Tussen je vijfenveertigste en je vijfenzestigste kun je echt een soort onbestemde leeftijd houden. Dat is nuttig voor je beroep, voor de liefde en voor je eigen persoon.

Bovendien ben ik een jaar ouder dan Paul en praktisch al onze vrienden, mijn ex inbegrepen, zijn bij hun tweede of derde huwelijk getrouwd met vrouwen die twintig, soms dertig jaar jonger zijn dan zij.

Dat Paul Guimard er niet vandoor is gegaan met een jonge vrouw, zou dat zijn omdat hij diepzinniger is dan anderen?

Het is geen kwestie van intelligentie, het is de behoefte om... terug te keren naar Venetië voor de eerste keer.

Maar eigenlijk kost het ze in alle opzichten veel meer dan ze denken. Je hoeft hun pathetische pogingen maar te zien om jong te lijken, weer te gaan surfen, een hele nacht te dansen... er zijn er zelfs die er vroegtijdig aan doodgaan.

Ik veronderstel dat ze liever vijf of tien jaar liefde en een infarct hebben dan vijftien of twintig jaar leven als een gepensioneerde en dan toch nog een infarct...

Over ouder worden gesproken, ik zou het graag willen hebben over dat waar vrouwen al zo lang zulke negatieve voorstellingen van hebben, de menopauze. Er wordt gezegd dat die angst voortaan tot het verleden behoort. Toch blijven mannen er nog steeds mee spotten. Een vrouw van tegen de vijftig hoeft maar een slecht humeur te hebben of te klagen, en meteen hoor je ze fluisteren dat ze al last heeft van de menopauze. Maar u schijnt te geloven dat de menopauze niet meer dan een voorval is en dat het feminisme u op de een of andere manier heeft geholpen die periode onbewogen door te komen.

Zoals men wel zegt *panem et circenses*, zo zal ik je antwoorden: feminisme en oestrogenen. Ze zouden ons willen wijsmaken dat de menopauze de wachtkamer voor de aftakeling is, maar veel vrouwen zijn tegenwoordig fantastisch op hun zestigste, zeventigste! En dan heb ik het niet eens over vijftig jaar. Als je vijftig bent, kun je van alles meemaken, liefde, geen liefde meer, een nieuw beroep, het ontdekken van een vorm van kunst... een lijst die geen beperkingen kent. Jammer genoeg durven nog te veel vrouwen niet voor hun gezondheid te zorgen en worden ze daar in Frankrijk ook niet toe aangemoedigd. Onze dokters zijn in de eerste plaats man. Als dokter zouden ze voor onze gezondheid moeten zorgen, maar als man vinden ze het wel fijn dat wij ons nog steeds moeten onderwerpen aan onze biologische cycli! Ik heb altijd liever een gynaecolo*ge* gehad. Maar vrouwen hebben de menopauze al zo lang verdragen, in het beste geval zwijgend en in het ergste geval met afschuw van zichzelf, dat ze vaak aarzelen om een behandeling te vragen. Toch is het de laatste hindernis, het laatste duivelse mechanisme dat ons laat berusten in onze fysiologie. En hoe kun je nu accepteren dat je voor een kwart van je leven bent uitgerangeerd? Een kwart!

Vanwege de schaamte, een schaamte die eeuwenlang op een gemene manier is gecultiveerd.

En zoals gewoonlijk met behulp van de taal. Het vocabulaire en de beelden die betrekking hebben op de vrouw in de menopauze zijn zodanig dat ze het moreel ondermijnen en de vrouw vernederen en kapot maken. In het boek dat professor Rozenbaum in 1993 aan de menopauze heeft gewijd, wijst hij erop dat Amerikaanse artsen iedere vrouw tussen de puberteit en het wegblijven van de menstruatie 'premenopauzaal' noemen! Alsof je het leven een premortale toestand zou noemen! En waarom geen uitgestelde doodsstrijd?

Ook al kan een ouder wordende vrouw zich slecht en ellendig voelen op grond van die hormonale verandering, is het niet vanzelfsprekender dat haar malaise wordt veroorzaakt door de blik waarmee de maatschappij kijkt naar 'de vrouw in de menopauze'?

Ten eerste kun je je voor een verstoord hormonaal evenwicht tegenwoordig laten behandelen, op voorwaarde dat je niet alles wat sommige artsen voorschrijven accepteert. Ten tweede, wat de blik van de maatschappij betreft, ook daardoor moet je je niet meer laten beïnvloeden. Ik herinner me nog dat, toen ik twintig jaar geleden in Hyères kwam wonen, een kerel, die niet jong was, me bij een moeilijke manoeuvre vanuit zijn auto toeriep: 'Schiet op, hé, menopauzewijf!' Ik zat ook in de auto, in de smalle, hellende straatjes van de oude stad, maar ik had zijn carrosserie beslist niet beschadigd, alleen was die meneer niet gewend dat een vrouw het recht heeft om auto te rijden, want hij behoorde tot het soort dat vroeger tegen stemrecht voor vrouwen was en dat nu zijn eigen vrouw ervan overtuigd heeft dat ze niet in staat is een stuur vast te houden. Ik geef toe dat ik die minachting heel vervelend vond! Zou het ooit bij een vrouw opkomen om te antwoorden: 'En jij dan, schiet op, ouwe prostaat!' Dat zou misschien een eind maken aan dit soort agressie.

Eigenlijk zijn we nog niet helemaal af van het Tota mulier in utero, *dat vrouwen gereduceerd worden tot hun geslachtsorganen!*

Een ander voorbeeld van moordend taalgebruik is die uitdrukking die je vaak hoorde: 'Ze hebben alles bij me weggehaald!' Vrouwen zijn al zo lang beperkt tot hun rol als seksobject en fokdier dat ze vergeten dat ze in de eerste plaats mensen zijn en geen koeien. En dat ze zonder baarmoeder of zonder borsten evengoed mensen zijn. Voor de zoveelste keer zeg ik dat je je dankzij feministische bewustwording kunt bevrijden van geringschattende meningen. Soms valt het niet mee. Ik had voor mijn lesbevoegdheid in de letteren Diderot op mijn studieprogramma staan, een van mijn favoriete schrijvers, van wie ik dacht dat hij een vrouwenvriend was. Ik was des te meer ontmoedigd toen ik erachter kwam wat hij van de andere sekse vond, als haar jeugd voorbij was: 'Wat is een vrouw in de menopauze? Door haar echtgenoot wordt geen aandacht aan haar besteed, door haar kinderen is ze verlaten, in de maatschappij stelt ze niets voor, dus devotie is haar enige en laatste redmiddel.' Wat een voorstelling van zaken!

U hebt zelf dus een probaat middel gevonden om ondanks alles die hele fase op een positieve manier te beleven?

Ook daarbij gaat het erom wat voor instelling je hebt. Vervangende hormonen gebruiken is niet voldoende, want geen enkel doktersvoorschrift kan het leven aangenaam en de moeite waard maken als je je leeg van binnen voelt en denkt dat je nutteloos bent. Je moet je absoluut losmaken van dat beeld van de bewonderenswaardige echtgenote, de toegewijde moeder en de perfecte huisvrouw, en je een beetje meer met jezelf bezighouden. Daaraan ontsnappen duurt je hele leven. Je moet het steeds weer opnieuw doen. De tralies groeien weer aan.

We komen weer terug op uw dierbare egoïsme.

Ja, maar ook op de vriendschap, met name de vriendschap tussen vrouwen, die 'zusterschap' genoemd zou kunnen worden, als dat woord in zwang zou raken, net als 'broederschap' dat zo'n waardevol, zo'n nuttig begrip is geweest voor het mannelijk ego! Die ontwikkeling is trouwens gaande. Kijk maar naar films als *Thelma and Louise*, *Beignets de tomates vertes* of het prachtige *Company of Strangers* van de Canadese Cynthia Scott. Die films zou je moeten voorschrijven, en alles boycotten wat in de lijn ligt van de traditionele vrouwenhaat, bijvoorbeeld films als *Les mamies*, waarbij je alleen al door de titel zit opgesloten in de persoon van een vrouw in de menopauze.

Naar aanleiding van Zout op mijn huid *zou ik graag willen dat u een nadere verklaring geeft van het verschijnsel succes. U bent bijna een jaar nummer één en vervolgens nummer twee geweest op de lijst van de bestverkochte boeken in Duitsland. Alleen Jean-Paul Sartre had met* De woorden *die score gehaald. U hebt een miljoen exemplaren verkocht in de gewone editie en 900000 in de pocketeditie. Wat vindt u van die cijfers, terwijl u in Frankrijk 150 000 exemplaren heeft verkocht, cijfers die vergelijkbaar zijn met die van uw andere romans –* Een eigen gezicht *bijvoorbeeld had 200 000 gehaald.*

Ik heb er helemaal geen verklaring voor, maar ik geloof dat zich bij een boek af en toe een soort liefdesverschijnsel voordoet, dat een sneeuwbaleffect heeft. Ik verwachtte het des te minder omdat ik geen Duits spreek en ik vóór dit succes nog nooit over de Duitse grens was geweest. Mijn uitgever, Droemer Knaur, die al mijn boeken vanaf *Dagboek voor vier handen* met redelijk succes in vertaling had laten verschijnen, verwachtte het ook niet. Van *Salz auf unsere Haut* is daar tien keer zoveel verkocht als in Frankrijk, en ten slotte besefte ik dat mijn succes afhing van het klimaat! Net als in Duitsland waren er in Nederland en in de Scandinavische landen, Finland meegerekend, recordoplagen! In de mediterrane landen daarentegen is het boek nooit goed van de grond gekomen!

Dus in het noorden van Europa heeft men dat verhaal herkend en gewaardeerd, terwijl het de mensen in het zuiden niet heeft geraakt. Waarschijnlijk een kwestie van culturele verschillen tussen 'de Latijnse volken' en de anderen.

In ieder geval, toen ik later door Duitsland reisde voor lezingen, ontmoetingen in de bibliotheken van talrijke steden, kreeg ik de gelegenheid met academici en lezeressen over dit verschijnsel te praten. Met lezers ook, want in Duitsland kwam ik niet die typisch Franse spottende houding tegenover het feminisme tegen. Ik was een normale schrijfster ('Autorin' in de vrouwelijke vorm in de Duitse taal, die geen last heeft van dezelfde grammaticale complexen als wij!), en niet een feministe die tendensromans schrijft. Ik was ook erg geroerd door de eerbied die het publiek heeft voor schrijvers, wat je in Frankrijk niet tegenkomt. Daar is schrijven nog steeds een activiteit die prestige geniet en iets magisch heeft. De mensen kwamen naar Keulen, Hamburg of Wiesbaden om naar mij te luisteren als ik bladzijden uit mijn boek in het Frans voorlas, terwijl ze heel vaak nauwelijks Frans spraken. Maar ze luisterden... eerbiedig, als bij een mis. Ik vind dat respect voor de literatuur, voor de stem van een schrijver, voor zijn gezicht, ontroerend... In Frankrijk neemt men niet meer de moeite om naar een schrijver te luisteren... behalve wanneer zijn werk wordt voorgelezen door een acteur als Fabrice Lucchini! Je hebt vijftig schrijvers op een festival nodig, wil je dat het publiek in beweging komt!

Hebt u bij die ontmoetingen meer inzicht kunnen krijgen in de redenen van dat geografisch bepaalde succes?

Ik ben op twee hypotheses uitgekomen. De eerste is dat het beeld van de vrouw dat in de roman wordt gegeven, overeenstemt met de plaats van de vrouw in de Scandinavische, Keltische, Germaanse of Vikingbeschavingen. Bij die noordelijke volken vind je sterke vrouwelijke personages in een grote verscheidenheid van rollen. Terwijl in Rome, de bakermat van het verschrikkelijke 'Romeinse recht', dat wij helaas geërfd hebben, de vrouw geen naam had (ze droeg de naam van het geslacht waarvan ze afstamde) en geen rechten. Daar is nog iets van overgebleven in Italië, waar de vrouwen zo vaak worden voorgesteld in de rol van Messalina of van heilige. Het is de Mamma of de Hoer. Het lijkt wel alsof mijn vrouwelijke hoofdpersoon in de mediterrane landen in zekere zin is afgewezen omdat zij het tegendeel van hun eigen onderworpenheid liet zien. Ik profiteerde nog van een ander voordeel: omdat ik een Française was, konden mijn lezeressen het zich veroorloven mijn boek te waarderen. Ik geloof dat ze me mijn schendingen van de huwelijksmoraal minder hadden vergeven als ik Duitse was geweest – nu dachten ze met een nauwelijks gechoqueerde toegeeflijkheid en veel afgunst: 'Dat is typisch Frans. Alleen in Frankrijk kun je zulke dingen beleven en schrijven!'

En het is waar dat in Duitse romans de rivaliteit tussen man en vrouw zich vaak op een gewelddadige manier afspeelt. Ik denk aan *Lust* van Elfriede Jelinek, dat tegelijk met mij op de lijst van de bestsellers stond en waarin de mannelijke personages bruten en seksmaniakken zijn en de vrouwen verachtelijke slachtoffers.

De tweede hypothese: op een of andere manier hebben vrouwen – en dat zijn degenen die de boeken kopen, onderzoek bewijst dat – er genoeg van zich te projecteren op de persoon van wanhopige wezens. *Zout op mijn huid* gaf een beeld van vrijheid dat hen deed dromen, vooral in een puriteins land. En in tegenstelling tot wat vaak was gebeurd met *Ainsi soit-elle*, hebben mannen hun vrouw dit boek niet verboden, want het was immers maar een roman.

Is Ainsi soit-elle *inderdaad een boek dat door sommige mannen werd verboden?*

Tot mijn grote verbijstering gebeurt dat nog steeds. Ik heb twee of drie van die echtparen persoonlijk gekend. De man is bang dat het zaad van de onafhankelijkheid zijn 'gezin' zal ondermijnen. 'Dat moet je niet lezen, dat is niet goed voor je.' In feite is het niet goed voor hém, voor zijn status als gezinshoofd! Mannen hebben nog niet begrepen dat je juist met een geëmancipeerde vrouw een echte, duurzame relatie kunt opbouwen.

Hetzelfde had ik geconstateerd met F Magazine. *Bijvoorbeeld een arts uit de provincie, die ik kende en die in die tijd veertig jaar zal zijn geweest, dynamisch, sportief, altijd van alles op de hoogte...*

Dynamisch? Sportief? Dat zijn de ergsten!

...hij had zijn vrouw gedwongen haar abonnement op F Magazine *op te zeggen, hij zei: 'Dat is wat voor lesbiennes, dat wil ik in huis niet meer zien.' Zoals we u kennen, zal dit soort reacties u eerder hebben aangemoedigd om door te gaan. Maar bij het schrijven van* Zout op mijn huid *schijnt u nooit twijfels te hebben gekend.*

Jawel. Zo tegen het midden heb ik me afgevraagd of een verhaal dat bijna uitsluitend is gebaseerd op verlangen en genot het driehonderd pagina's lang zou volhouden. Of ik het zelf zou volhouden om zo in de liefde te zitten ploeteren. Nu en dan walgde ik ervan, had ik zin om over de Gobiwoestijn te schrijven! Toen heb ik het manuscript aan mijn dochters gegeven, en zij hebben me aangemoedigd om door te gaan. En dan was er ook nog dat voorwoord, waar niemand iets van wilde weten. Ikzelf ook niet. Ik kan het trouwens niet hardop lezen. In Duitsland werd me bij lezingen telkens gevraagd te beginnen met het voorwoord en ik merkte dat ik daar niet toe in staat was. Ik kon de mensen niet recht in het gezicht kijken en die woorden lezen!

Waarom niet?

Er zijn teksten die niet voorgedragen kunnen worden. Ik heb deze tekst kunnen schrijven, hoewel ik die nu te cru vind. Ik zou het nu anders doen. Maar ik had die inleidende verklaring nodig. Jean-Claude Fasquelle, mijn uitgever en vriend, had tegen me gezegd: 'Je hoeft geen excuusbrief te schrijven om duidelijk te maken dat je een aanstootgevend onderwerp aansnijdt.' Maar ik heb me eraan vastgeklampt. Ik had het geschreven voordat ik aan de roman begon, in zekere zin als een afweer. Ik hoopte aan te tonen dat ik geen Amerikaanse *love story* schreef en ook geen Frans melodrama.

Het is juist het tegendeel van een melodrama, en het is zelfs een boek dat mensen die niet noodzakelijkerwijs van de rest van uw werk hielden, kan raken en boeien. Het boeiendst, en dat is meer dan alleen een kwestie van feminisme, is de manier waarop u de kern raakt van het probleem van de relaties tussen mannen en vrouwen. U hebt gemerkt dat de hele maatschappij er eigenlijk op is gericht de mensen in een sociaal kader te plaatsen. En de liefde, en hier in het bijzonder die passie tussen George en Gauvain, gaat kapot als die wordt gezien als een sociaal probleem. In Zout op mijn huid *worden veel van dat soort dingen gezegd of gesuggereerd. Zonder een theorie op te hangen, maakt u duidelijk dat wat zich werkelijk tussen een man en een vrouw afspeelt meestal zo asociaal is als het maar kan.*

Precies. En daarin verschilt hartstocht fundamenteel van de liefde. Hartstocht kun je niet herleiden tot de maatstaven en criteria van de maatschappij. Hartstocht is onleefbaar. En toch...

HOOFDSTUK 12

Pluk en Plok van zeventig gaan vissen

> 'Weten jullie dat ik, hoewel heel jong,
> vroeger nog jonger was!'
> HENRI MICHAUX

Een hevig gekletter slaat tegen het raam, dat uitziet op de opkomende zon. Nou ja, laten we zeggen het oosten, zon is te veel gezegd.

'Hé, het is oostenwind vanochtend,' denkt Pluk, terwijl ze nog wat verder wegkruipt onder haar dekbed. Ze heeft niet eens even gekeken hoe laat het is, want Plok slaapt nog of doet alsof. Hoe dan ook, wat heeft het voor zin aandacht te schenken aan de windrichting, want in Ierland kunnen alle winden regen brengen, of ze nu uit het oosten, het zuiden of ergens anders vandaan komen. Vanuit haar bed lijkt de gedachte aan de vochtige kleren die op haar liggen te wachten, aan de boot die ze zullen moeten leeghozen voordat ze vertrekken en aan de twee gele gestaltes die vechten tegen het stuifwater en de regenbuien maar vastbesloten zijn iedere kreeftenfuik binnen te halen, zoals de herder die niet terugkeert zonder zijn verdwaalde schaap, lijkt dat beeld lachwekkend, onwerkelijk en absurd. Maar het hangt in de lucht.

'Misschien wordt het tijd om te gaan,' insinueert inderdaad een stem die wordt gesmoord door het kussen.

'We hebben de tijd,' antwoordt Pluk. 'Het weerbericht voor de scheepvaart voorspelde een windkracht van niet meer dan 4 of 5 in de ochtend, die vervolgens afneemt.'

'Het wordt weer vloed. Volgens mij zal het met het tij toe-

nemen. Maar we kunnen ook níet gaan, als je moe bent.'
 Moe? Als enig antwoord springt Pluk uit bed. Nou ja... staat ze op. In haar gedachten is ze eruit gesprongen. In haar gedachten is ze altijd gesprongen en tot nu toe kwam er niets tussen de opdracht van boven en de uitvoering, maar sinds kort is er een kleine discrepantie ontstaan. Van trouwe drager wordt het lichaam soms een last. Zij en haar lichaam vormden altijd één geheel en nu is er een tweedeling ontstaan. Ze wil het nog niet toegeven en gaat gauw de gordijnen opendoen. De ruit is bezaaid met druppels, die over elkaar heen schuiven en zich aaneenrijgen in een metaalachtig geratel; door een opening in het wolkendek baadt een deel van de baai van Derrynane in fel zonlicht, waardoor de niet-verlichte zone er loodkleurig uitziet. Het is schitterend, zoals gewoonlijk. Hier schieten gematigde adjectieven te kort voor een beschrijving. Het is altijd twee soorten weer tegelijk. Door het raam op het zuiden zie je op zee een gekartelde horizonlijn, een teken dat de zee daar flink in beweging is. Maar in de beschutting van Lamb's Island zullen ze nog steeds een of twee uur lang het schakelnet kunnen uitzetten, dan kunnen ze in die tijd genoeg vis vangen om de laatste kreeftenfuiken mee op te tuigen. Ze hebben er maar twee uitgezet. Toch zijn Pluk en Plok al een paar dagen in Ierland, maar ze konden nog niet echt gaan vissen omdat er een dichte mist hing, waardoor je zelfs Ptite Poule niet op haar ankerplaats kon zien liggen. Ptite Poule is turkoois-blauw, rond en bol, een beetje als een Twingo, en ze beweegt zich voort als een kip wanneer ze over de golven waggelt. Toch is het een stevig bootje, 4,60 meter, met een dubbele romp, wat geruststellend is op deze zee vol klippen, en gebouwd door Beneteau, wat ook geruststellend is in dit land waar de weinige vissersbootjes zijn opgelapt met oude planken, die zelf weer afkomstig zijn van oude karren, en waar de kleine moderne dinghy's van polystreen de dikte en consistentie van een eierdoos hebben.
 'Heilige Beneteau, houd ons in leven,' bidden ze telkens als een windvlaag hen een beetje te dicht bij die angstwek-

kende rotsen brengt waar de kreeften zo van houden en die, bij slecht weer, de golven lijken in te ademen en vervolgens uit te braken in een helse beweging van aanzuigen en uitstoten.

'Kijk, het is niet koud,' roept Pluk geruststellend terwijl ze de glazen deur opent. 'Twaalf graden voor augustus om acht uur, dat is niet vreselijk...'

Wanneer het koud is, zegt ze: 'Kijk, het regent niet...' Wanneer het regent en koud is, zegt ze: 'De regen heeft de zee mooi vlak gemaakt, we zullen niet al te veel moeite hebben met de kreeftenfuiken.' En wanneer het regent, koud is en hard waait, zegt niemand iets, maar zouden ze bijna willen lachen als ze zien hoe verbeten dit land is... en hoe verbeten ze zelf zijn.

Deze ochtend valt er niets te melden, het is normaal lelijk weer. Tenue nr. 2 zal voldoende zijn: ondergoed, katoenen lange broeken, oliebroeken, jekkers, zuidwesters en wollen mutsen.

Pluk heeft vanochtend pijnscheuten in drie van haar tien vingers, een teken dat het vochtig is. Dat is belachelijk hier, waar de vochtigheidsmeter altijd meer dan 70% aangeeft. Haar twee wijsvingers zijn al misvormd en wanneer ze haar hand naar het zuiden strekt, wijst het topje van haar vinger naar het westen. Je moet het even weten. En haar rechterduim is gezwollen en knobbelig. Het doet geen pijn, nou ja, op het ogenblik niet al te veel, tot de volgende aanval. Op een dag zal ze wijnstokken aan haar handen hebben.

'U moet niet met uw handen in het water gaan,' had de reumatoloog gezegd, 'en rubberen handschoenen dragen.' Ha, ha, ha, had Pluk gedacht.

De Ierse lucht dringt sowieso tot diep in je gewrichten door, alsof het niets is. De Ierse lucht weigert het wasgoed te drogen, verschroeit de planten, doet de lakens in de kasten beschimmelen en doet al je inspanningen teniet. Het geverfde en gepermanente haar van Pluk verandert in poetskatoen als de krullen van recente datum zijn, en in kleverige tagliatelle als het permanent zijn beste tijd gehad heeft. Het is de moeite niet om ertegen te vechten: de wind en de regen zijn koning en koningin. En Ierland heeft iets waardoor je de moed opgeeft. Wanneer je er maar één maand per jaar doorbrengt, profiteer je nog een tijdje van de energie die je had toen je aan boord van de ferry ging in Roscoff. De eerste week blijft Pluk hardnekkig vier krullers inzetten, ondanks de bobbelige aanblik die haar wollen muts dan biedt. Ze zou in Bretagne niet zo uitgedost de deur uit durven te gaan, maar hier wordt niets raar gevonden. En houdt ook niets stand. Zodra ze de krullers eruit haalt, hoeft ze de deur maar open te doen of de Ierse lucht zorgt ervoor dat haar krullen inzakken. Aan het eind van de eerste week geeft ze het op. De tweede week ziet ze af van lippenstift en vervolgens laat ze haar nagels voor wat ze zijn. Ze hoeft ze niet meer te vijlen, want ze breken af telkens als ze in de haast met een vinger in een maas van haar netten blijft vastzitten of in de kieuwen van de vissen die ze iedere dag moet schoonmaken. Een goed excuus om ze 's avonds rustig verder af te bijten, terwijl ze zoals ieder jaar *The Aran Islands* van Synge weer leest om zichzelf nog eens te sterken in het besef dat je op het 'Eiland van Tovenaars en Heiligen', zoals het duizend jaar geleden werd genoemd, werkelijk heel ver van Europa vandaan bent en dat hier de Poëzie waarachtiger is dan de Geschiedenis.

De derde week ziet Pluk haar ware hoofd tevoorschijn komen, zonder de opsmuk van de beschaving. Er is geen reden tot juichen. De vierde week kijkt ze niet eens meer in de spiegel. Ze ontbeert iedere vorm van raffinement, als een pasgeboren baby. Vijfenzeventig jaar na dato.

Bij het ontbijt heeft Plok zijn vijf pillen van 's ochtends genomen. Dat moet hij al twee jaar doen en er moet gezegd worden dat de werking van het diureticum in ieder geval gedurende een paar uur indrukwekkend is. Geen enkele voorzorgsmaatregel voordat ze aan boord gaan is voldoende om te voorkomen dat zich aan boord een gevaarlijke handeling afspeelt. Voortaan is Pluk erop voorbereid dat ze zullen kapseizen elke keer als de kapitein gedwongen is het roer los te laten en met zijn lange gestalte rechtop te gaan staan, waardoor het hulkje begint te wankelen, en met de ene hand het hoosvat te grijpen, terwijl de andere hand gaat proberen de drie onder elkaar zittende gulpen op elkaar te laten aansluiten, het klittenband van zijn oliebroek, de rits van zijn spijkerbroek en de opening van zijn slip, waarbij er niet één tegenover een ander zit, om ten slotte de verborgen vogel te bevrijden. Het stond op de bijsluiter: frequente drang tot urineren. Zou Plok het niet zittend kunnen doen? vraagt Pluk zich af. Blijkbaar niet. Mannen zijn vreemde wezens.

Ten slotte gaat hij weer zitten, zijn zwaartepunt daalt, het bootje stopt met zijn ongecontroleerde bewegingen en Pluk kan weer ademhalen. Vroeger was ze nooit bang geweest op zee. Noch in Concarneau op de boot van haar grootvader, noch op een van de vele schepen die ze vervolgens in de loop van hun leven als zeevissers hebben gehad. Maar toen Plok steeds minder stabiel werd en zijn legendarische traagheid, die was afgestemd op het hoogstnoodzakelijke, overging in aarzeling, en zijn schaarse maar precieze gebaren onhandig werden, en toen ook hun boten steeds kleiner en minder veilig werden, ontdekte Pluk wat angst was. Ze weet dat zij ook niet meer zou kunnen opspringen, hem de bootshaak toesteken, hem aan boord hijsen. Ze stelt zich voor hoe hij in zee valt, hoe zijn rode k-way even opbolt als een kauwgombel en zijn laarzen hem algauw naar de diepte trekken. Hij verdwijnt. De zee sluit zich weer. Hij heeft niet eens geprobeerd te zwemmen, dat weet ze zeker. Zijn hart is heel snel stil blijven staan, dat hart dat in de open lucht al moeilijk doet.

Iedereen zegt het tegen hen: ze zijn stapelgek dat ze hier aan het einde van de wereld zijn neergestreken, dat ze met alle geweld willen varen op die ongastvrije zee, waar al zo veel boten zijn verzwolgen, van de wrakstukken van de Onoverwinnelijke Armada tot de schepen van de Expeditie van generaal Hoche in de baai van Bantry, vlakbij, in 1796.

Overigens hebben Pluk en Plok het vroeg in de ochtend al moeilijk. Je aankleden om te gaan vissen is al een beproeving, wanneer je stijf en klam oliegoed moet aantrekken, jassen die naar vis stinken en zware laarzen. Plok ziet er nog goed uit met zijn Keltenharen, die onder zijn schipperspet uit krullen. Pluk met haar lelijke wollen muts, weggedoken in haar jassen over elkaar, lijkt wel een oude scheepsjongen. Ze werkt trouwens ook zo hard als een scheepsjongen terwijl Plok, zoals alle Kapiteins, wacht tot het werk gedaan is. Ze loopt heen en weer, verzamelt de manden, het schubmes, de vislijnen, de nieuwe Zweedse paravaan, het Japanse plankje, en wurmt het oude schakelnet dat ze uit Bretagne hebben meegenomen en dat al zeven of acht jaar van trouwe dienst achter de rug heeft, uit de jutezak. Trouw is het woord niet. Niets is trouw op zee, alles is eropuit om je te verraden, in de steek te laten, je te laten verdrinken in feite. Dat is het uiteindelijke doel van iedere golf.

Het oude schakelnet van doorzichtig nylon is vorige september verkeerd opgeborgen. Op de dag dat ze de boot hebben onttakeld, heeft Plok zich zoals gewoonlijk niets aangetrokken van het perfectionisme van Pluk, die de bovenkant van het net, maar ook het met lood verzwaarde deel, in lussen wilde ordenen voordat het voor de winter in de zak werd gedaan.

'Het zal toch niet vanzelf in de war raken. Je hebt de dobbers vastgeknoopt, dat is wel genoeg.'

Maar niets is genoeg voor materiaal dat je op zee gebruikt. Het maakt meteen gebruik van je geringste zwakheden, en alles wat je niet op zijn tijd volgens de regelen der kunst hebt gedaan, verandert, wanneer het moment is aangebroken, in een grote ramp.

'Zullen we het een keer helemaal nalopen, alleen om even te controleren, voordat we het overboord zetten?' stelt Pluk voor.

Maar Plok accepteert inspanningen alleen met het mes op de keel.

'Ach, luister eens, de bovenkant ziet er prima uit, dan moet de onderkant ook wel gaan...' Pluk geeft zich gewonnen. De neiging de weg van de minste weerstand te kiezen is op den duur aanstekelijk.

Hun Gast, die gekleed is in een uitrusting die hem te groot

is en die vorig jaar is achtergelaten door een vriend van een meter negentig en met te kleine laarzen die zijn achtergelaten door een ander, is naar de scheepshelling gegaan om op ze te wachten. Het is een vriend die ze al lang kennen en van wie ze veel houden. Aan land. Bovendien komt hij na tien jaar nu met zijn nieuwe vrouw, en zij hielden van de oude. En verder moet gezegd worden dat vrienden zo tactloos zijn om tegelijk met jou oud te worden en dat ze je steeds minder diensten bewijzen. Er komt een leeftijd waarop iedereen in je omgeving ziek of dood is. Moeilijk om dat iedereen niet kwalijk te nemen! Bovendien was de Gast altijd al incompetent, wat niet wegneemt dat hij er iedere ochtend voor in is om te gaan vissen, terwijl zij liever rustig, ver van alle blikken, de zee op zouden willen gaan. Binnen een paar dagen zullen ze de vertrouwde gebaren weer gevonden hebben en zullen de manoeuvres moeiteloos uit elkaar voortvloeien.

Over de dam sleept Pluk haar groene plastic Sportyak met zich mee. Vorig jaar was die minder zwaar, vreemd is dat... Ze installeert de bank van houten latten, die ze heeft laten maken om niet op de bodem te hoeven zitten, de roeipinnen en de lichte aluminium roeispanen, en gaat dan op weg naar zee om Ptite Poule op te halen bij de ankerplaats, een paar honderd meter verder, want er is geen haven in Derrynane! Zij is altijd degene die heen en weer vaart, want de bijboot is veel te klein en niet stabiel genoeg voor een man van een meter tweeëntachtig die negentig kilo weegt en zich niet meer in vieren kan vouwen. De Gast is klein, maar in hem heeft ze geen vertrouwen: hij is zo dom geweest om uit te leggen dat hij heeft leren roeien op het meer van Genève! Bovendien is hij van het soort dat nadenkt voordat het handelt... De oceaan weet wel raad met mensen die aarzelen. Hij is een van de vele intellectuelen van zijn generatie die zich erop laten voorstaan dat ze niets met hun handen kunnen.

'Ik ruim niet af, dat is voor je eigen bestwil, want ik breek alles wat ik aanraak,' waarschuwt hij opgetogen.

Door dat te zeggen mag hij van zichzelf in zijn fauteuil blijven zitten terwijl Pluk afruimt, mag hij de asbakken blijven vullen zonder ze ooit leeg te gooien, nietsdoend, onverantwoordelijk en aandoenlijk, denkt hij. Er zijn momenten waarop Pluk de opmerkingen over Franco of de oorsprong van het nazisme – hun vriend is historicus – veel minder interessant vindt dan het goed ontstoppen van de verstopte sifon van de gootsteen.

Wanneer Pluk vastligt aan de flank van de blauwe motorboot, moet ze, omdat er een beetje branding is, het kloppen van haar hart controleren. Sinds een jaar of twee is dat voor haar de beslissende opgave, van de praam in de motorboot stappen en daarbij de tegengestelde bewegingen die de boten maken en de dreigende duizeligheid in bedwang houden. De dag waarop ze die angst niet meer kan beheersen, blijft er niets anders over dan de boot te verkopen, hun laatste boot. Het volgende voortbewegingswerktuig zal een looprek zijn, dat is duidelijk. Dus het MOET dit jaar nog gaan. En het volgende jaar en het jaar daarna. Als er hier een echte haven was met een dam en ringen, in plaats van die vreemde ankerplaats, dan zouden ze tot hun honderdste kunnen blijven doorvaren! Maar de Ieren bekommeren zich niet om functionele installaties of noodzakelijke reparaties; ze hebben er een handje van die zo lang uit te stellen dat ze nutteloos worden: de dam is uiteindelijk bezweken, de helling naar beneden is gebarsten... Het zou onzinnig zijn geweest om werkzaamheden te gaan verrichten, *indeed*! Ook daarom houden ze van dit land: ze weten zeker dat ze het ieder jaar weer zullen aantreffen zoals het was, alleen een beetje meer vervallen, net als zijzelf. De wegen hebben dezelfde gaten op dezelfde plaatsen, geen bouwterreinen 'om u nog beter van dienst te zijn', geen betonmolens of ploegen werklui. Iedereen kan alles, niet goed, maar het houdt een tijdje, en er slingert altijd gereedschap op de scheepshelling, spijkers, verschillende metalen voorwerpen, gebroken roeiriemen, en om alles te laten functioneren nemen ze genoegen met half werk en zijn ze net zo bereid elkaar te helpen als ze slordig zijn.

Niets om je aan vast te grijpen op die kunststof boten, potverdorie! Geen kikker en geen handvat. Het plankje dat aan de zijkanten als zitplaats fungeert, zit los en je houdt het in je hand als je je eraan vastgrijpt. De bank in het midden is van gemouleerde kunststof. Waarom zou de heer Beneteau voor een handvat hebben gezorgd? Zijn boot is geen badkuip voor gehandicapten, we zijn hier op zee en niet in het bejaardentehuis! Gisteren nog was het voldoende om haar rechterbeen hoog genoeg op te tillen – want de praam ligt dicht bij het wateroppervlak en het vrijboord van de motorboot is tamelijk hoog – en het overboord te zwaaien. Het meest simpele gebaar dat er is. En jawel, het been blijft nu halverwege steken! Aan land, bijvoorbeeld om over een muurtje heen te stappen, help je het een handje, niemand die het ziet. Aan boord hebben alle ledematen hun eigen werk te doen en kunnen ze andere niet vervangen. Het is een grap, dacht Pluk de eerste keer, het is stramheid, voorbijgaande kramp. Maar het volgende jaar kwam het been ietsje minder hoog. En je kunt niet sjoemelen met de zee, die mensen die aarzelen of onzeker rondtasten niets vergeeft. Het is een moordenares. Staand in de wankele praam geeft Pluk zichzelf een standje. Maar een plotseling opkomende lichte duizeligheid, meegevoerd door een golf, vliegt haar naar de keel. Je moet nooit afwachten, want die monsters krijgen je steeds meer in hun greep als je ze hun gang laat gaan. 'Nou, kom op, Rosie! Ik wil het.' Ze gehoorzaamt zichzelf nog onder die naam, maar op het nippertje. Het is voldoende het probleem te omzeilen door snel een knie op het schandek te leggen. Dan lijk je wel een invalide, maar alleen de zeemeeuwen zien het. Dan de andere knie en, hop, je bent aan boord. Nou ja, niet hop, maar ploem... Het belangrijkste is dat je snel aan boord gaat.

    Ouder worden, dat moet toegegeven worden, is ook de schoonheid van het gebaar kwijtraken. Je komt steeds verder af te staan van de ideale beweging, waarbij precisie gepaard gaat met spaarzaamheid. Langzamerhand verliezen de gebaren hun spontaniteit: ze beginnen meer te lijken op gegesticuleer, stuitend op een pijngrens, nutteloos en onhandig tegelijk. Nog een hele tijd zal het hoofd, mits je jezelf niet de vrije hand laat, het lichaam met zijn verwarde reflexen compenseren.

Aan boord van Ptite Poule vindt Pluk haar routine weer terug: de musketonhaak losmaken, de Sportyak met een dubbele knoop aan de meerboei vastleggen (wat zou die jongen van het meer van Genève doen, hé? Een 'boerenknoop'?), de brede roeispanen pakken en naar de pier roeien, waar de boot met een handige roeibeweging langs het afstapje komt te liggen. Plok zal moeiteloos naar beneden komen. Pluk heeft hem niets verteld van haar moeilijkheden, want door ze te beschrijven zou ze ze erger maken. Hij installeert zich bij de stuurinrichting van de boot met zijn buitenboordmotor en begint aan het touwtje van de Johnson te trekken. Het kost tijd om motoren te temmen. Ze houden er niet van zich in dienst van je te stellen voordat je hun kleine hebbelijkheden hebt ontdekt. Deze wil graag gekieteld worden. Op de eerste verzoeken reageert hij nooit. Het vliegwiel blokkeert.

'In het botenhuis zeiden "ze" dat "ze" hem zojuist hadden laten draaien.'

Ze weten allebei dat je nooit op 'ze' kunt rekenen. Door de telefoon loopt de motor feilloos, *everything okay*, zeiden ze. Intussen speelt de buitenboordmotor zijn gebruikelijke komedie: hij kucht en sputtert en zwijgt vervolgens.

'De Mercury startte beter, vind je niet?'

De vorige motoren liepen altijd beter, je bent hun gebreken vergeten. En de volgende, nee maar...

'Hebben jullie die advertentie gezien in *Bateaux*,' zegt de Gast. 'Daarin wordt een nieuwe Yamaha aangeboden met een elektrische startmotor!'

'Jij hebt geen boot,' zegt Pluk, 'koop jij dan watersportbladen?'

'Ik bedrijf de liefde ook niet meer sinds mijn bypass, maar ik koop wel liefdesromans!'

'Niet dat die Johnson zo lastig is,' zegt Plok, die vreselijk zijn best doet, 'maar ik heb de laatste dagen een akelige reumatische pijn in mijn pols. Ik zal me wel hebben verzwikt bij een verkeerde beweging.' Bestaan er ook 'prettige' reumatische pijnen en zijn op onze leeftijd bewegingen niet altijd 'verkeerd'?

'Ik kan je wel helpen, aan het touwtje trekken,' stelt de Gast vriendelijk voor.

Maar aan boord wordt Plok, die aan land zo hoffelijk is, onhandelbaar: een niet-zeeman is een soort dat je tegen elke prijs moet beletten schade aan te richten.

'Gelukkig staat er geen zuchtje wind,' voegt de domkop eraan toe.

Pluk en Plok hoeven elkaar niet aan te kijken. De Gast stelt nog minder voor dan ze dachten.

'Dat merk je hier niet,' zegt Plok, 'maar kijk maar naar de open zee: je ziet wel dat het daar woelig is. Er staat juist een flinke bries.'

Flink, dat wil zeggen dat het gemeen begint te worden. Op zee spreek je altijd in eufemismen. Er liggen daar op de bodem zo veel schipbreukelingen die zijn meegesleurd door een golf – je zegt nooit door een berg schuimend water, en toch is dat wat ze zagen toen ze verdwenen – of die zijn verdronken door een 'flinke bries'. Maar de gast, die er niets van gelooft, lacht onnozel.

'Zullen we de lijnen uitzetten?' vraagt hij.

De lijnen! Als hij denkt dat hij een vislijn in zijn hand krijgt, vergist hij zich. Laat hij eerst de anderen maar eens laten vissen en laat hij de vishaakjes maar losmaken en daarbij de vis fatsoenlijk bij zijn kieuwen vastpakken. Dan zien we daarna wel weer. Misschien.

Ptite Poule verlaat de baai en snijdt door het water. Het landschap wordt groter, gaat langzaam open als een enorm boek, waarbij aan de linkerkant, kaal, groen, zachtpaars en bruin, als tweed, de machtige bergen van Beara tevoorschijn komen, die nauwelijks zeshonderd meter hoog zullen zijn, en aan de rechterkant op de helling van de heuvel honderden minuscule akkertjes, sommige bijna verticaal, omzoomd door muurtjes van los op elkaar gelegde stenen en tot aan de top bespikkeld met de witte stipjes van schapen.

Hebben ze te ingespannen naar die schoonheid gekeken, die ze iedere zomer vol ongeloof weer terugzien? Of levert de Ierse Oceaan hun weer zo'n streek, om hen er even aan te herinneren dat je hem nooit uit het oog moet verliezen? Zoveel is zeker, dat de boot zojuist dwars door een kussen drijvend wier is gevaren en dat de motor plotseling is gestopt. Stilte op een motorboot belooft niet veel goeds. Alle drie buigen ze zich voorover: een lange sliert van die algen die grootvader 'Chorda Filum' noemde, heeft zich om de schroef heen gewikkeld. Pluk weet wat haar te doen staat: snel de roeispanen pakken om koers te houden en te voorkomen dat de boot dwars gaat liggen. Vooral omdat ze in de buurt van de 'ademende rots' zijn, waarover de zee als een tong naar voren schuift en zich dan met een akelig zuigend geluid weer terugtrekt. Ze hebben hem dus een andere naam gegeven, zoals ze dat hebben gedaan met veel klippen in de baai, waarvan ze de Keltische namen op de zeekaarten maar niet in hun geheugen konden prenten. Plok zet de motor overeind en probeert met behulp van de bootshaak, de vishaak en zijn Opinel de draden Chorda Filum, met die goed gekozen naam, stuk te trekken, terwijl Pluk uit alle macht roeit, haar blik gericht op die rots waarheen ze bij de geringste verkeerde manoeuvre zouden kunnen afdrijven. Ze weet dat ze niet meer onvermoeibaar is zoals vroeger, en wat zal er gebeuren als ze de roeiriemen loslaat? Dan zullen ze misschien nog blij zijn dat ze kunnen rekenen op de roeier van het meer van Genève...

Maar wat spoken ze daar ook uit in plaats van hun gemak ervan te nemen in het kasteel Du Rondon, in de Cher, het rusthuis voor Oude Schrijvers? Wat doen die twee oude mensen in hun sjofele zeemanskleren, de een in de weer met haar roeiriemen en de ander met zijn kleverige algen? Wie zal er *Oceano Nox* komen voordragen op hun zeemansgraf 'terwijl ze zullen slapen onder de groene wieren'?* Eén enkel geluid zal voldoende zijn om die morbide gedachten te

---

* Dat Victor Hugo me die kleine verdraaiing van zijn gedicht vergeeft.

verjagen: het geluid van een motor die weer begint te lopen. De pin van de schroef is niet gebroken, de Johnson draait weer, Plok is een bolleboos en hij vormt samen met Pluk de beste bemanning die er is. Er rest hun nog één formaliteit: het schakelnet uitzetten.

De boei, de boeireep, de steen en de eerste meters in het water gooien... en je ziet meteen dat het niet gaat. Banen van het middenstuk zijn door de grote mazen heengeraakt en maken dat het net zich niet verticaal in het water kan ontvouwen. De verleiding is groot om het net om de boeireep heen te kiepen of gebruik te maken van het gat dat een spinkrab vorig jaar heeft gemaakt, om het hele uiteinde, dat een streng vormt, door de opening te halen. Een manoeuvre die altijd tot mislukken is gedoemd. Maar die Pluk toch probeert. De Gast schudt als een gek aan het net. Hij schudt en schudt maar, dat is alles wat hij kan bedenken.

'Kom op, we zetten dit gedeelte uit zoals het is. Dan blijft er nog veertig meter over om te vissen, dat is wel genoeg,' beslist Plok.

Tien meter schakelnet wordt in de vorm van een vlecht uitgegooid, maar de rest gaat nauwelijks beter, het is de ene warboel na de andere, de loodjes zitten boven de dobbers en het net is één grote dweil, uitgewrongen door een krankzinnig geworden huisvrouw. De aanvechting om het mes erin te zetten wordt steeds groter. 'Als je alleen deze maas doorsnijdt,' adviseert de Gast, 'dat zou voldoende zijn om alles los te maken...' Dat lijkt logisch, maar uit ervaring weten ze dat die remedie erger is dan de kwaal. Ze worden overweldigd door moedeloosheid en schaamte. Pluk is niet langer de Koningin van de Warboel, die in staat is in een recordtijd een Noordzeekrab die een halfopgegeten prooi te pakken heeft, los te wikkelen, of een spinkrab, die in de mazen vastzit als in een dwangbuis.

Er gloort aan de horizon nog een laffe oplossing: een nieuw schakelnet. Ze hebben er juist nog een op zolder liggen, in prima staat, zonder gaten, dat hun voorlopig geen problemen zal geven. Plok geeft het bevel het op te geven. De

Kapitein is de Kapitein. Op zee gaat Pluk niet over bevelen onderhandelen. Het ding wordt weer opgehaald en in zijn zak teruggestopt. Misschien zal het schakelnet, wanneer het op het gras is uitgestald, zijn geheim prijsgeven. Nu moeten ze nog aas vinden voor de twee al uitgezette kreeftenfuiken. Daar zal de Ierse Zee wel voor zorgen, dat heeft ze nog nooit nagelaten. Tien minuten later komen er inderdaad twee makrelen en een kleine pollak aangespartseld, ze worden ogenblikkelijk in tweeën gesneden en zijn klaar om in de fuiken gehangen te worden. Terwijl Pluk haar hengel terugspoelt, haalt ze als extraatje nog het topstuk binnen: een pollak van twee kilo, van een volmaakte schoonheid, die algauw de smaak van sjalotjes en blanke boter zal leren kennen. De Gast zet grote ogen op. Waren die vissersverhalen van ze, aan het eind van een etentje in Parijs, dan toch geen grootspraak?

De zee heeft voor haar aanbidders na een slechte behandeling altijd een beloning in petto. Ze hoeven maar twee fuiken op te halen, maar in de eerste, die ze de vorige dag slim in een holletje in het zand hebben geplaatst, dat ze ontdekten aan de voet van een overhangende rots, is er al een kreeft 'voor vier pers.', met zijn scharen naar de vijand opgeheven, naar boven gekomen. Het ongelukkige schaaldier weet niet dat die grapjas van een Schepper hem schijnt te hebben uitgevonden om zonder problemen door de Mens te worden opgegeten. Hij die op de bodem van de zee alleen de zeepaling te duchten heeft, die vlakbij huist en afwacht tot hij vervelt, lijkt als hij bovenkomt voorbestemd voor de kookpan. Gemakkelijk vast te pakken bij zijn borststuk, terwijl je buiten het bereik van de scharen blijft, gemakkelijk in plakjes of in helften te snijden, al naar gelang het aantal tafelgenoten, zijn smakelijke vlees netjes bij elkaar aan één uiteinde, zijn ingewanden aan het andere, geen botjes, geen graten... het is bijna Japanse surimi, zo goed is het afgewerkt. Zijn staart trekt zich terug met krampachtige schokken, klapperend om angst aan te jagen, de arme lieverd! Hij beweegt tevergeefs zijn te zwaar geworden scharen heen en weer en weet bovendien niet dat hij tweehonderd francs per kilo waard is en dat dit zijn vlees nog lekkerder maakt en degenen die hem hebben opgespoord nog meer plezier bezorgt.

In de laatste fuik, die achteloos wordt opgehaald, is de eer al gered, twee zwemkrabben en driehonderd gram grote roze garnalen completeren het tafereel. Het is een kub met kleine mazen en alles wat erin komt, zit in de val.

De sfeer aan boord wordt ontspannen en ook de lucht klaart op, zodat in het westen de onwaarschijnlijke contouren van de Skelligs tevoorschijn komen. De hoge klif van de Kleine Skellig, loodrecht boven het water, wit van de poep van duizenden vogels die daar in lagen boven elkaar nestelen, de jan-van-gents met de gele snavels op de bovenste verdieping, en dan de pijlstormvogels, de stormvogels, de zeekoeten, de zeemeeuwen en onderaan de kokmeeuwen. Een enorm flatgebouw voor zeevogels, tegen iedere vorm van indringing beter dan door een verordening beveiligd door gekartelde klippen, haaienbekken en duivelse zee-engten, waar voortdurend altijd razende golven uiteenspatten, die de wind uitstrooit en doet vervliegen in sjerpen van schuim die de hele omtrek van het eiland bedekken, waardoor zelfs het idee dat je er aan land zou kunnen gaan onwerkelijk wordt.

Enkele kabellengtes verder de andere Skellig, St Michael, een smalle rots van 215 meter, waar zich aan de top een paar cellen van monniken en de ruïnes van een piepklein kapelletje en een bakkersoven vastklampen. 432 duizelingwekkende treden leiden erheen, in de rots uitgehakt door een handjevol 'Fous de Dieu', de Keltische monniken die ervoor zorgden dat het christelijke geloof zich al vanaf de zesde eeuw over het barbaarse Westen verspreidde. Dat Sint Columba of Sint Gall, de stichters van de beroemdste abdijen in Europa, dat Bretonse edelen en Merovingische prinsen daar vijf eeuwen lang de bron van het mystiek ascetisme kwamen zoeken, is ook één van die Keltische legendes die de basis van de Ierse geschiedenis vormen, die in de loop van eeuwen nog vele andere legendes heeft geteld, alle even weinig geloofwaardig en toch erkend.

De lucht zelf is ook weinig geloofwaardig, want die probeert ons wijs te maken dat het mooi weer gaat worden. Maar er is altijd *something rotten* in het koninkrijk Ierland, het verraad zit altijd verscholen in de onschuld, het slechte weer in het mooie. Je voorvoelt het aan een plotselinge windvlaag, aan een huivering die je zonder reden overvalt terwijl de zon volop schijnt, aan een nevel die nergens vandaan komt en zich in een paar minuten overal verspreidt als bij een slechte mise-en-scène.

De terugkeer aan land is bescheiden maar trots. Pluk zet de twee mannen aan land en keert terug om Ptite Poule aan haar meerboei vast te leggen, de bodem schoon te sponsen en haar praam weer op te halen. In die volgorde biedt de onderneming geen enkel probleem. Pluk vergeet dat ze nu al vijfenzestig jaar met hetzelfde kinderlijke plezier vist, de roeiriemen hanteert en zo'n beetje overal tegen scheepshellingen opklimt, met de mooie wiegelende gang van een zeeman, een mand in haar hand en in haar hart de kinderlijke voldoening je plicht vervuld te hebben en de kost verdiend te hebben. Het is een moment van eeuwigheid zoals de zee dat soms verleent.

Ze komt op de scheepshelling vaak twee van de vijf zonen van de buurman tegen, die koeien en ongeveer honderd schapen houden, 's zomers op kreeften vissen voor de enkele hotels in de omgeving en er nauwelijks in slagen de kost te verdienen. Twee andere zoons zijn al vertrokken naar Australië of Amerika, met die stroom emigranten mee waardoor sinds drie eeuwen dit land leegbloedt. Degenen die blijven, zijn zelden de bedrijfsleiders waaraan het eiland eigenlijk behoefte heeft.

De oudste zoon, een roodharige kolos met krullen zoals Brian Boru, de legendarische koning, heeft haar altijd beschouwd als een geweldige vrouw, verleidelijk als alle Françaises dat in zijn ogen zijn. Zij waardeert die vergissing, die misschien geen vergissing is. Hij blijft staan om met haar te praten, waarbij hij zinnen aaneenrijgt waarvan ze maar een klein gedeelte snapt, vanwege dat vreselijke Ierse accent waardoor hun taal dichter bij het Bretons staat dan bij het Oxford-Engels. In zijn naïeve bewondering beschouwt hij haar niet als iemand buiten zijn bereik, dat is duidelijk. Vijfendertig jaar? Vijftig? Zestig? Je weet het toch nooit met die te goedgeklede buitenlandse vrouwen? Zeventig kan hij zich niet voorstellen. Dan zou hij haar moeten vergelijken met de oude vrouwen uit zijn dorp, die zijn versleten door de bevallingen en de armoede, en wier gezichten door weer en wind zijn getekend. Maar hier ben je zo oud als je bent en is dat geen criterium om iemand ter dood te brengen. In Frankrijk durf je pas op je tachtigste weer trots te zijn op je geboortedatum. Wanneer je een veertiger wordt, het eerste decennium waarvoor in Frankrijk een woord bestaat om je mee aan te duiden, kom je in een onfatsoenlijk gebied terecht, waar je niet al te goed weet hoe je je moet gedragen.

De grote, roodharige jongen, met zijn kinderogen en zijn mannenblik, doet haar vergeten hoe oud ze is. Hij draagt haar mand en haar roeispanen tot het tuinhek. Ze zal morgen niet vergeten haar lippen weer te stiften.

De rust van de kleine zeehaven, de eerlijke manier waarop een tuin je verwelkomt en de geur van het gras voegen nog iets weldadigs toe aan het plezier van het varen. Toch is het heideland van Kerry ruig en de 'tuin' van Pluk is niet meer dan een stukje van dat heideland, met overal rotsen, de bodem bedekt met heide en dwergbrem en langs de randen een paar hortensiastruiken, aan de voet van de muurtjes van los op elkaar liggende stenen, die deze struiken een beetje beschermen. Een niet-gecultiveerde plek, waar je aan iedere door de wind verwrongen tak, aan ieder door het zout bruin geworden blad de wil om te overleven kunt aflezen. Dat de bloemblaadjes van de hortensia's fluweelzacht blijven, dat de enige rozenstruik, in de beschutting van een rots zo rond als een ei, de hele zomer hardnekkig blijft bloeien, is een wonder dat je vervult met dankbaarheid.

Pluk houdt van sobere tuintjes. De bijna indecente uitbarsting van haar tuin in Le Var in mei staat haar een beetje tegen. Al haar rozenstruiken, de meerjarige en de eenjarige, de klimmende en de struikrozen, haasten zich, opgezweept door het felle licht, met zijn allen in de richting van de zon en ontluiken in een wilde bloeseming die hen uitput. Alle soorten verdringen elkaar en groeien over elkaar heen, je overstelpend met bewondering. In de herfst geeft ze de voorkeur aan haar tuin in Zuid-Frankrijk, wanneer die de straf van de zomer te boven is en iedere plant, iedere struik weer op krachten komt en opnieuw begint te bloeien, alsof het nooit winter zal worden.

Haar Bretonse tuin is juist spaarzaam met bloemen en houdt een deel van zijn schatten geheim om ze op het juiste moment uit te delen.

Het woord schat is hier niet op zijn plaats. Op de door de zoute wind geteisterde kusten bereikt geen enkele plant of boom zijn normale grootte. Krom, meedraaiend met de overheersende wind, vol littekens staan ze daar, uitgeput, sommige zomers niet meer in staat weer groen te worden, wanneer hun knoppen in de lente zijn afgerukt, maar het jaar daarna beginnen ze weer dapper opnieuw en ze weten niet eens dat ergens anders gewassen bestaan, die nergens door gehinderd worden. Dat het eeuwig weer lente wordt in de natuur, dat is misschien het ontroerendste aan Ierland. Iedere roos is de eerste, iedere nieuwe bloei is het begin van de wereld.

Ik vraag me vaak af hoe we zo gek kunnen zijn geweest om Pluk en Plok hier al tien jaar lang iedere zomer te installeren. En waarom ze met alle geweld steeds weer doornat willen worden, gebroken, verstijfd, woedend, scheldend op het weer, de zee en hun ouderdom, of het moest zijn omdat ze door iedere ochtend dat ze gaan vissen, iedere avond voor het turfvuur, dat, blauw als de vlammen van methaangas, stilletjes brandt met zijn subtiele doordringende geur, de tijd vergeten en vergeten dat de toekomende tijd voortaan met de voorwaardelijke wijs wordt vervoegd.

We komen er hier achter dat Pluk en Plok tegelijkertijd bejaarde ouders zijn, die bij ons zijn komen wonen zonder onze mening te vragen, en onverbeterlijke kinderen die je in slaap moet wiegen. We weten nog steeds niet wie het meest onuitstaanbaar zijn...

Met de Gast, die weer een vriend is geworden toen hij voet aan wal zette, met zijn vriendin – die al met al nog niet zo beroerd is, hoewel ze geen leeftijdsgenote van me is en ze de oostenwind niet van de westenwind kan onderscheiden – zitten we als het avond is geworden rondom een schaal met grote roze garnalen, en terwijl we een beetje te veel Paddy drinken, praten we over onze wereldreizen en over onszelf, en vervolgens over het onuitputtelijke onderwerp, het vissen en de boten uit ons leven. Al die vissen die we hebben gevangen en al die schepen die we hebben gehad, weer hebben verkocht, hadden gewild, misschien nog eens gaan kopen, wie weet? De boten waar Paul naar terugverlangt en waarvan ik niet hield, de boten die ik in mijn eentje kon besturen en waar ik met bijzondere genegenheid aan terugdenk, de boot waarop Paul en ik elkaar in 1949 voor het eerst zoenden, in het zicht van de Iles de Glénan en in het zicht van onze respectieve echtgenoten, die naar de horizon stonden te kijken zonder de golf te zien die op het punt stond hen weg te vagen; de boot waarop ik Yves bijna had laten verdrinken, één van mijn virtuele schoonzoons, die helaas niet verder is gekomen dan het stadium van verloofde; de boot waarop we op een ochtend met slecht weer François Mitterrand aan boord namen in Raguenès, om een schakelnet dat in gevaar verkeerde binnen te halen. Als we waren gekapseisd, was Frankrijk slechts een Eerste Secretaris van de socialistische partij kwijtgeraakt, die niet veel aanleg had om te sturen... En dan de Tam Coat, onze Bretonse boot, en ten slotte Ptite Poule, waarmee we Pluk en Plok in Ierland kunnen blijven spelen... kortom, al die boten die banden tussen ons hebben gevormd die meerkabels zijn geworden en ons hele leven een filiaal van onze echtelijke woning zijn geweest.

Zolang ik een plek heb om te wonen, zolang ik bij mijn aankomst word verwelkomd door de glimlach van mijn tuinen, zolang ik zo sterk de behoefte voel om terug te keren en niet om ervandoor te gaan; zolang het land nog niets van haar kleuren heeft verloren en de zee nog niets van haar dierbare bitterheid, noch de mannen van hun eigenaardigheid, noch het schrijven en lezen van hun bekoring; zolang mijn kinderen me tot de kern van de liefde terugvoeren, kan de dood alleen maar zwijgen.

Zolang ik leef, krijgt ze me niet te pakken.

BIJLAGE

Vervrouwelijking van de namen van beroep, functie, graad of titel

CIRCULAIRE VAN 11 MAART 1986
betreffende de vervrouwelijking van de namen van beroep, functie, graad of titel

(Staatsblad van 16 maart 1986)

De minister-president

Dames en Heren ministers en staatssecretarissen

De toetreding van een steeds groter aantal vrouwen tot een steeds grotere verscheidenheid aan functies is een realiteit die haar weergave moet vinden in het taalgebruik.

Om de taal aan deze maatschappelijke ontwikkeling aan te passen heeft Mme Yvette Roudy, minister van de Rechten van de Vrouw, in 1984 een terminologiecommissie aangesteld die belast is met de vervrouwelijking van de namen van beroep en functie, en die wordt voorgezeten door Mme Benoîte Groult.

Deze commissie heeft onlangs haar werkzaamheden beëindigd en haar conclusies overgedragen. Ze heeft een geheel van regels ontwikkeld, die de vervrouwelijking van de meeste namen van beroep, graad, functie of titel mogelijk maken.
Deze regels zijn gedefinieerd in een bijvoegsel bij deze circulaire.

Ik verzoek u toe te zien op het gebruik van deze termen:

— in ministeriële besluiten, verordeningen, circulaires, instructies en richtlijnen;

— in de correspondentie en documenten die afkomstig zijn van het bestuur, de diensten of openbare instellingen van de staat;

— in de teksten van transacties en contracten waarvan de staat of de openbare instellingen van de staat partij zijn;

— in geschriften voor onderwijs, opleiding of onderzoek die gebruikt worden in etablissementen, instituten of organisaties die deel uitmaken van de staat, onder zijn gezag of toezicht staan, of zijn financiële steun genieten.

Voor wat betreft de verschillende sectoren van economische en maatschappelijke activiteiten waarvoor u de verantwoordelijkheid draagt, is het uw taak zo nodig contact op te nemen met de betrokken sociaal-economische organisaties, teneinde de specifieke regels voor de toepassing van deze bepalingen te bestuderen.

LAURENT FABIUS

Op advies van genoemde commissie en na een positief oordeel van het Algemeen Commissariaat voor de Franse taal, is het volgende besloten:

Artikel 1: De vrouwelijke vorm van de namen van beroep, functie of titel heeft recht van bestaan.

Artikel 2: De vrouwelijke vorm van de namen van beroep, functie of titel wordt ten minste aangeduid door de aanwezigheid van een vrouwelijk lidwoord of een woord of zinsdeel met een bepalende functie, en vaak ook door een specifieke vorm van de naam zelf.

Artikel 3: De specifieke vorm van de vrouwelijke benaming wordt gevormd of gecreëerd naar de voorbeelden die op een levende wijze functioneren in de Franse taal. De regels voor de vervrouwelijking van de namen van beroep, functie of titel staan vermeld in het bijvoegsel van dit besluit.

Artikel 4: Met het oog op de taalkundige coherentie zal er voor de vrouwelijke beroepsnamen waarvan niet is aangetoond dat ze een mannelijke vorm hebben een overeenkomstige mannelijke vorm worden afgeleid, volgens de regels die staan vermeld in het bijvoegsel.

BIJVOEGSEL I

Regels voor het vormen van het vrouwelijk zelfstandig naamwoord in het Frans

1 — Het vrouwelijk zelfstandig naamwoord wordt altijd aangeduid met ten minste de aanwezigheid van een vrouwelijk lidwoord (une, la) of een bepalend woord (cette, celle, enz.).
2 — De mannelijke zelfstandige naamwoorden die in geschreven taal eindigen op een stomme 'e', hebben een identieke vrouwelijke vorm, die echter wordt voorafgegaan door het vrouwelijke bepalende woord (bijvoorbeeld: un cadre/une cadre; un architecte/une architecte, enz.). N.B.: het vrouwelijke achtervoegsel 'esse' is in modern Frans niet productief meer (bijv.: la demanderesse, la venderesse, la diaconesse, verouderde termen).
3 — De mannelijke zelfstandige naamwoorden die in geschreven taal eindigen op een andere klinker dan de stomme 'e', hebben een vrouwelijke vorm op 'e' (bijv.: un chargé de mission/une chargée de mission; un délégué/une déléguée, enz.).
4 — De mannelijke zelfstandige naamwoorden die in geschreven taal eindigen op een medeklinker, hebben een vrouwelijke vorm op 'e' (bijv.: un agent/une agente; un huissier/une huissière, enz.). De medeklinker wordt eventueel verdubbeld (bijv.: un mécanicien/une mécanicienne; un patron/une patronne).

5 — De mannelijke zelfstandige naamwoorden eindigend op 'teur' die niet herkenbaar van een werkwoord afstammen, hebben een vrouwelijke vorm op 'trice' (bijv.: un moniteur/une monitrice; un auditeur/une auditrice).

6 — De mannelijke zelfstandige naamwoorden eindigend op 'teur' die wel herkenbaar afstammen van een werkwoord op 'ter', hebben een vrouwelijke vorm op 'teuse' of 'trice' (bijv.: un acheteur/une acheteuse; un inventeur/une inventrice; un éditeur/une éditrice). De huidige tendens laat zien dat het achtervoegsel 'trice' productiever is dan het achtervoegsel 'teuse'. Daarom beveelt de commissie in dit geval deze woordvormingsregel aan. Soms vindt men beide vormen: bijv.: enquêteuse of enquêtrice.

7 — De mannelijke zelfstandige naamwoorden eindigend op 'ateur' en 'iteur' hebben een vrouwelijke vorm op 'atrice' en 'itrice' (bijv.: un animateur/une animatrice; un compositeur/une compositrice).

8 — De mannelijke zelfstandige naamwoorden op 'eur' (zonder 't') die van een herkenbaar werkwoord afstammen, hebben een vrouwelijke vorm op 'euse' (bijv.: un danseur/une danseuse; un vendeur/une vendeuse; daarin herkent men 'danser' en 'vendre'). Op dezelfde wijze hebben de vrouwelijke zelfstandige naamwoorden op 'euse' een mannelijke vorm op 'eur' (bijv.: une ouvreuse/un ouvreur).

9 — Voor de meeste mannelijke zelfstandige naamwoorden op 'eur' die hetzij qua vorm, hetzij qua betekenis, niet herkenbaar van een werkwoord afstammen, is er op het ogenblik geen enkele regel voor het vormen van de vrouwelijke vorm.

— De commissie zou hebben gewenst dat deze vrouwelijke vormen op een logische wijze gecreëerd zouden worden. Bijv.: un auteur, une autrice. Un professeur, une professeuse. Maar omdat ze zich bewust is van het feit dat die vormen misschien niet geaccepteerd worden, stelt ze een gemeenslachtige vorm voor. Bijv.: un auteur, une auteur. Er moet op gewezen worden dat het in Québec al gebruikelijk is om de mannelijke zelfstandige naamwoorden op 'eur' of 'teur' te vervrouwelijken door de toevoeging van een 'e', naar het voorbeeld van 'prieure', 'supérieure' of 'mineure'. Er dient opgemerkt te worden dat deze voorbeelden zijn afgeleid van comparatieven. Het is in Québec algemeen beschaafd om te zeggen 'une docteure', une ingénieure'. Het spraakgebruik is beslissend bij deze verschillende vormen van het vrouwelijk zelfstandig naamwoord, *waarbij het er in de eerste plaats om gaat dat er een bepalend vrouwelijk woord wordt gebruikt.*

10 — De regels die hiervoor staan vermeld, zijn ook van toepassing voor samengestelde woorden: une expertecomptable, une décoratrice-ensemblière.

Staatsblad 16.III.1986.

Benoîte Groult
Het leven zoals het is

roman
Eenmalige goedkope editie!

Negen mensen maken op een luxejacht een wereldreis en worden geconfronteerd met hun onderlinge afhankelijkheid en onverwachte gevoelens van liefde en haat.

f 25,- / 500 BF
Gebonden, 296 pagina's
ISBN 90 6974 048 6

Benoîte Groult
Zout op mijn huid

roman

De levenslange passie van een intellectuele
Parisienne en een Bretonse visser.
Alleen al in Nederland werden meer dan 400.000
exemplaren van deze roman verkocht!

f 44,90 / 898 BF
Gebonden, 243 pagina's
ISBN 90 6974 014 1

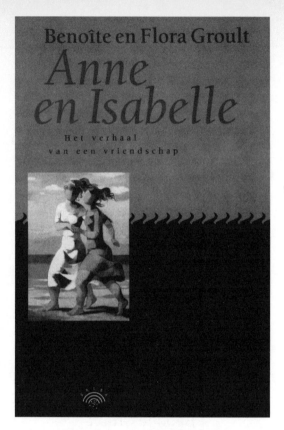

Benoîte en Flora Groult
Anne en Isabelle

roman

Ontroerend portret van de vriendschap tussen twee onafscheidelijke schoolvriendinnen, die elkaar na twintig jaar weer ontmoeten.

f 44,90 / 898 BF
Gebonden, 337 pagina's
ISBN 90 6974 118 0

Benoîte Groult
Op de bres voor vrouwen

essays

Studie naar schrijvers, politici en filosofen die zich vanaf de zeventiende eeuw hebben opgeworpen voor gelijke rechten van de vrouw. Met een uitgebreid voorwoord van Selma Leydesdorff, historica en hoogleraar-directeur van het Belle van Zuylen Instituut.

f 29,90 / 598 BF
Paperback, 200 pagina's
ISBN 90 6974 228 4

Ook in Rainbow Pocketboeken verkrijgbaar

Zout op mijn huid

Een eigen gezicht

Dagboek voor vier handen

f 15,- / 300 BF